Navid Kermani

Schöner neuer Orient

Navid Kermani

Schöner neuer Orient

Berichte von Städten und Kriegen

C. H. Beck

Mit sechs Abbildungen

Der Verlag C.H.Beck dankt der Agentur **Lookat**, Zürich
für die freundliche und kompetente Unterstützung bei der Suche
nach geeigneten Photographien für diesen Band.

Satz: Janß, Pfungstadt
Druck und Bindung: Ebner & Spiegel, Ulm
Gedruckt auf säurefreiem, alterungsbeständigem Papier
(hergestellt aus chlorfrei gebleichtem Zellstoff)
Printed in Germany
ISBN 3 406 50208 3

www.beck.de

Inhalt

Kein Drinnen und kein Draußen

Die heile Welt ist nach Quadratkilometern zu zählen. Die großzügigen Parklandschaften, in denen die Reichen ihre Villen, Einkaufszentren und Eliteschulen errichtet haben, sind umgeben von hohen Mauern, an deren Eingängen hochtechnisierte Sicherheitsdienste darüber wachen, daß niemand den Frieden stört. Zur Arbeit müssen sie ihr Paradies zwar verlassen, aber auf sechsspurigen Autobahnen gelangen die leitenden Angestellten sicher in die Zentren, wo die Verwahrlosung dank einem ständig erweiterten Netz von Hochstraßen in gebührendem Abstand bleibt, bis die Tiefgaragen der Bürotürme sich gleich den Armen einer guten Nanny öffnen.

Was wie eine Vision anmutet, ist in vielen Metropolen der Dritten Welt längst Realität. Ob in Karatschi, Kairo oder Lima – nicht mehr die Elenden, Aussätzigen, Andersfarbigen leben in Ghettos, sondern die Reichen. Außerhalb ihrer Mauern bleibt die Stadt sich selbst überlassen; daß die Versorgung mit Wasser und Strom kollabiert, die Infrastruktur zerfällt, die Schulen geschlossen bleiben und die Kriminalität sich frei entfaltet, ist in den Villen allenfalls ein Thema bedrohlicher Fernsehreportagen oder schauererregender Anekdoten, die man sich abends auf der Veranda erzählt. Bloß der Form

nach die eigene Heimat, wird die Welt draußen nurmehr als Quell möglicher Gefahren wahrgenommen.
Man mag diese Wahrnehmung als skurril abtun, dabei drohte sie in den letzten Jahren mehr und mehr zu unserer eigenen zu werden. Der Unterschied bestand vor allem darin, daß unser Ghetto ein bißchen größer und die Wege zu unseren Stützpunkten draußen, den Hotellobbys, Feriensiedlungen und den lokalen Umschlagplätzen der Weltwirtschaft, ein bißchen länger waren. Unsere Hochstraßen verliefen auf dreißigtausend Fuß. Aber genauso wie in den gut bewachten Villenvierteln von Karatschi, Kairo oder Lima erreichte die Welt außerhalb unserer Mauern und Stützpunkte ein breites öffentliches Bewußtsein fast nur noch, wenn dort den eigenen Leuten etwas zustieß. Dann schickte selbst SAT 1 seine Kameramänner auf die Philippinen und diskutierte Maybrit Illner über den Islam. Ansonsten waren mit der Welt außerhalb unseres westlichen Wohlstandsghettos Auflage und Einschaltquoten nur dann noch zu erzielen, wenn es Fernsehprominenz war, die sich unter ausführlicher Schilderung ihrer Strapazen in die Fremde begab, um sie als so wüst zu schildern, wie man sich das zu Hause immer schon gedacht hat, ein Wilder Osten oder Süden aus Gotteskriegern, atavistischen Instinkten, mythischem Haß und mittelalterlichen Irrationalismen, der uns mit dem wohligen Schauer des Abscheus versorgte. Insofern er das Fremde, statt es vertraut zu machen, als gruseliges Gegenbild entwirft, dient ein solcher Exotismus, so sehr er in der Ferne schweift, nur der eigenen Selbstvergewisserung. Damit aber ist er nur der raffinierteste Akt unserer Nabelschau. Wenigstens ist die Globalisierung so umfassend, daß der bornierte Provinzialismus, der sogar das Lachen als zivilisatorische Errungenschaft für sich reklamiert, nicht bloß bei uns ihre Kehrseite ist. Auch in vielen der Gesellschaften, die dieses Buch behandelt, stehen die humane Größe der je eigenen Kultur in Widerspruch zur Stupidität jener, die sie am lautesten verteidigen.

Mit der Lokalzeit schien es nach dem 11. September 2001 vorbei zu sein. Vielen Lesern, Zuschauern und sogar Redakteuren ging auf, daß der Tarifabschluß in der südwestfälischen Metallindustrie und die Vorstandswahlen eines FDP-Landesparteitags vielleicht doch von geringerer Bedeutung sind als das mögliche Kollabieren der Atommacht Pakistan. Talkshows, Sondersendungen, Feuilletons lernten, die Außenpolitik zu buchstabieren; sie entdeckten, daß es eine Welt außerhalb der westlichen gibt und daß sie uns betrifft. Schlagartig fiel unser Blick auf Regionen, ja ganze Erdteile, die über Jahre sich und ihren Kriegen überlassen worden waren. Daß diese Entdeckung ausgerechnet in die Amtszeit von George W. Bush fällt, ist von bizarrer Logik.

Wenn es vor dem 11. September einen westlichen Staatsführer gab, der die Welt aus der Warte eines bedrohten Paradieses wahrnahm, war es der derzeitige amerikanische Präsident, der mit seiner Unkenntnis von der Welt im Wahlkampf geradezu hausieren ging, um deutlich zu machen, daß ihn allein das Schicksal Amerikas interessiere. Anekdoten wie die von den Taliban, die er für eine Rockband hielt, sind dabei allenfalls ein amüsanter Aspekt am Rande. Viel wichtiger ist, daß mit seinem Amtsantritt Politiker an die Schalthebel der amerikanischen Außenpolitik zurückgekehrt sind, die bereits nach dem Ende der Sowjetunion unter George Bush sen. die veränderten Prioritäten formuliert und umgesetzt hatten. Nach dem Ende des Kalten Krieges hatte sich die amerikanische Außen- und Sicherheitspolitik auf die Bedrohung konzentriert, die ihrer Ansicht nach von sogenannten «Schurkenstaaten» (*rogue states*) ausgeht, ein Begriff, der unter Bill Clinton am Ende vermieden, unter dem neuen Präsidenten aber sogleich wieder zum offiziellen Sprachgebrauch erklärt wurde. Die *rogue states* Kuba, Nordkorea, Sudan, Libyen, Iran und anfangs auch Jugoslawien sind an die Stelle getreten, die einst das «Reich des

Bösen» einnahm; indem Bush jun. den Begriff der «Achse des Bösen» prägte, knüpfte er auch begrifflich an die Zeit des Kalten Krieges an. Am deutlichsten manifestierte sich die neue Ausrichtung der eigenen Außen- und Sicherheitspolitik in den Plänen für eine Nationale Raketenabwehr, die mit dem «Rumsfeld-Report» des vormaligen und heutigen Verteidigungsministers Donald Rumsfeld 1998 in den Rang einer offiziellen Doktrin erhoben wurde. Im Unterschied zu Ronald Reagans Vorhaben einer weltraumgestützten Raketenverteidigung, der Strategic Defense Initiative (SDI), die einen Schutz gegen eine umfassende atomare Attacke der Sowjetunion bieten sollte, richtet sich die bodengestützte National Missile Defense (NMD) gegen einzelne Interkontinentalraketen, die mit nuklearen, chemischen oder biologischen Sprengköpfen bestückt sind. Sie könnten sich, so die Befürchtung, im Besitz von feindlich gesinnten Potentaten und Extremisten befinden. Um es innerhalb des eingangs eingeführten Bildes der *gated communities* auszudrücken: Wenn es niemand mehr gibt, der uns zu überfallen droht, so könnten doch draußen immer noch ein paar Schurken herumlaufen, die auf die Idee kommen, uns zu bombardieren.

Indem Washington sich aus zentralen Feldern der bisherigen Außenpolitik wie dem Nahen Osten, Afghanistan oder Südasien zunächst zurückzog und zugleich entschlossen, ohne weitere Rücksprache mit Bündnis- und Vertragspartnern, die Idee einer Raketenabwehr vorantrieb, schien es in den ersten Monaten unter George W. Bush jun. endgültig die Konsequenz aus einer Weltsicht zu ziehen, die in der amerikanischen Öffentlichkeit immer häufiger formuliert worden war und auch in Deutschland zunehmend Adepten fand: Draußen wimmelt es von Bekloppten, Kriminellen und Radikalen, die man weder verstehen noch belehren, sondern nur auf Abstand halten kann. Die Anschläge von New York und Washington haben diese Illusion zerstört.

Der Schock, den sie ausgelöst haben, kann seine Ursache nicht allein in der Zahl und auch nicht in der Brutalität der Bilder gehabt haben. Ruanda, der Balkan oder auch Afghanistan haben uns in den letzten Jahren mit ganz anderen Dimensionen des menschengemachten Horrors versorgt. Der Schock bestand wesentlich darin, daß der Massenmord in die Metropolen der westlichen Welt wiedergekehrt ist. Die Anschläge von New York und Washington haben zwei wesentliche Prämissen zerstört, auf denen speziell das amerikanische Gefühl der Unverwundbarkeit beruhte:

Erstens ermöglichen es noch so streng bewachte Grenzen und noch so hochfahrende Raketenpläne nicht, sich von den Schurken abzuschotten, da sie sich mitten unter uns befinden: Die Attentäter hatten sich allem Anschein nach tief in die westlichen Gesellschaften integriert, waren fleißige, sympathische, unauffällige Studenten. Sie wiesen gute Zeugnisse vor, dachten über Ökologie, Stadtentwicklung oder die Sanierung historischer Altstädte nach, lebten zum Teil nicht einmal besonders religiös, hatten Freundinnen, gingen samstags in die Disko, drehten sich zur Entspannung auch mal einen Joint und pilgerten statt zur Kaaba am Wochenende zum FC St. Pauli ins Stadion am Millerntor. Die Warnungen vor Parallelgesellschaften und Aufrufe zur Leitkultur, die konservative Politiker und Fernseh-Experten des Islams nach dem 11. September mit rechthaberischem Gestus erneuert haben, mögen berechtigt sein oder nicht – nur mit dem 11. September hat das kaum etwas zu tun: Die Attentäter und Helfer, sofern sie aus Deutschland stammten, sind gerade nicht in den fremdsprachigen Enklaven Deutschlands aufgewachsen, haben die Nachmittage ihrer Jugend nicht in den Hinterhof-Koranschulen verbracht, ja sie schienen geradezu Modellfälle einer gelungenen Integration abzugeben, intelligent, erfolgreich, von hoher sozialer und kultureller Kompetenz. Bei den Terroristen, die in den Vereinigten Staaten ihre Heimat gefunden hatten, ergibt sich ein ähnliches Bild. Sie lebten in ruhigen Wohnstraßen, führten ein unauffälliges, aber keineswegs abgeschottetes Familienleben, hatten Freunde in der bürgerlichen Nachbarschaft. Sieben von ihnen wohnten seit Jahren unbeachtet in Delray Beach. Nicht anders als die Attentäter aus Deutschland werden auch sie als zuvorkommend und höflich beschrieben. Sie sind nicht an Floridas Ostküste gezogen, um sich zu tarnen, sondern haben ausgerechnet in dieser amerikanischen Kleinstadt von sechzigtausend Einwohnern, die weder über eine Moschee noch über ein islamisches Zentrum verfügt, den islamischen Extremismus für sich entdeckt. Es war nicht nur, daß sie nichts zu verbergen schienen – «*sie hatten nichts zu verbergen*», brachte ein Nachbar von Abdul Rahman Alomari, dem saudisch-arabischen Piloten aus Vero Beach in Florida, das Paradox auf den Punkt. Auf ihre Pläne sind sie nicht etwa in den Tälern des Hindukusch gekommen, sondern in Hamburg und Bochum, in Florida und Baltimore; ihre mörderischen Phantasien sind nicht im Koran, sondern in den Science Fictions der westlichen Kulturindustrie vorgezeichnet, die sie nachweislich konsumierten. Mögen sie sich in ihrer Ideologie auf den Islam bezogen haben, so verweist die Art ihres Vorgehens eher auf andere Arten des postmodernen, apokalyptisch inszenierten Terrors, der in den *suburbs* und Studentenvierteln unserer eigenen, westlichen Gesellschaften nistet, auf Timothy McVeigh, den Una-Bomber oder den Giftgas-Anschlag auf die U-Bahn von Tokio.*

Zweitens waren die Angreifer keine Staaten, ihnen standen weder Armeen noch Raketen zur Verfügung, sie gehörten vermutlich nicht einmal einer klar umrissenen Organisation an. Bedrohungsszenarien, wie sie dem Konzept einer

* Da ich das geistige und soziale Profil der Anschläge an anderer Stelle bereits ausführlicher analysiert habe (*Dynamit des Geistes. Martyrium, Islam und Nihilismus*, Wallstein Verlag, Göttingen 2002), beschränke ich mich hier auf diese wenigen Hinweise.

weltraumgestützten Raketenverteidigung zugrunde liegen, Vergeltungsschemata, die auf die Bombardierung einzelner Städte hinauslaufen, gehen deshalb von einem falschen Feindbild aus, weil sie überhaupt von einem klaren Feindbild ausgehen. Wenn etwas den Feind gefährlich macht, dann ist es der Umstand, daß es ihn so nicht gibt. Damit ist nämlich zugleich gesagt, daß es ihn überall geben kann. Weil der globale Terrorismus keine konkreten politischen Ziele mehr verfolgt, sondern ein Gefühl der allseitigen Bedrohung erzeugen will, weil er nicht mehr in dem Koordinatensystem eines oder mehrerer Staaten zu orten ist, sondern sich gegen alle «Ungläubigen» richtet – eine Kategorie, die so allgemein ist wie das «Böse» –, weil er die Welt als solche und nicht mehr nur einen geographisch eingrenzbaren Raum zum Kriegsschauplatz erkoren hat, kann er in New York so gut wie auf Bali, in Straßburg so gut wie auf Djerba angreifen. Wer etwas über die künftigen Gefahren für die europäische und amerikanische Sicherheit erfahren will, muß in den Schattenstreifen der globalisierten, und das heißt vor allem: immer straffer verwalteten und zusammenwachsenden Welt suchen, gleichsam in ihren Furchen, die ganze Regionen wie Zentralasien erfassen, sich aber auch mitten durch die sogenannte zivilisierte Welt ziehen. Selbst die modernsten Weltraumraketen hätten die Anschläge des 11. Septembers nicht verhindern können, sondern nur eine bessere Arbeit der klassischen geheimdienstlichen Aufklärung, die offenkundig dramatisch versagt hat, sowie eine genauere Kenntnis von Krisenherden, die sich abzeichnen. Man kann es auch pathetischer sagen, mit dem Wort der «Weltinnenpolitik»: Nicht aus Mitgefühl und Dritte-Welt-Romantik, vielmehr aus ureigenstem Interesse würde sie den Zerfall staatlicher Strukturen und die Entstehung rechtsfreier Räume aufzuhalten sich bemühen, anstatt sie als irrelevant, weil weit weg abzutun. Eine Außenpolitik hingegen, die so ausschließlich an kurzfristigen ökonomischen und strategischen Interessen ausgerichtet ist, daß sie eine Demokratie wie die Vereinigten Staaten dazu verleitet, einem vom Krieg gebeutelten Land wie Afghanistan das faschistoide Regime der Taliban zu bescheren, eine solche Politik des ungehemmten Eigennutzes kann auf Dauer nicht gutgehen, auch nicht für den, der sie betreibt.

Das um sich greifende Gefühl, auf einer Insel zu leben, die inmitten eines unergründlichen Ozeans aus Chaos, Gewalt und Fanatismus liegt, ist deshalb alarmierend, weil es nicht ohne Bezug zur Wirklichkeit ist. Während immer umfassendere Ordnungsstrukturen unser Leben wirtschaftlich, technologisch und politisch regulieren und zu einer Angleichung der Lebensumstände und Werte führen, wächst die Kluft zu jenen Ländern, Regionen oder Stadtvierteln, die mit der Entwicklung nicht mehr mithalten, bis sie gänzlich von unserer Realität abgekoppelt sind. In weiten Teilen Afrikas oder Asiens hört der Staat selbst in seinen elementaren Funktionen auf zu funktionieren, und das traditionelle Wertegefüge bricht in sich zusammen. In dem Vakuum, das entsteht, wächst die Armut, breitet sich das Unwissen aus, gedeiht der politische Extremismus, etablieren sich die organisierte Kriminalität oder autoritäre Führer als einzig ordnende Macht und findet der global agierende Terrorismus das Rückzugsgebiet, das er braucht, um sich zu organisieren und seine Akteure auszubilden. Gewiß ist es die Bevölkerung jener Regionen, die in erster Linie unter dieser Entwicklung leidet, doch wäre es vermessen anzunehmen, wir seien nicht betroffen. Nur lassen sich Armuts- und Bürgerkriegsflüchtlinge, Drogen, Nervengase, Terroristen oder die atomaren Strahlungen der Bomben, die im Nahen Osten ebenso wie in Südasien stationiert sind, nicht durch ein Raketenabwehrsystem und noch so strenge Ausländergesetze fernhalten. Weder sollten wir wie die Reichen von Kairo, Karatschi oder Lima leben, noch können wir es. Es gibt kein Innen und kein Außen mehr.

1 Ägypten
Frühjahr 1999

Sprachkurs an der Frauenuniversität von Kairo. Der extremistische Islam hat in Ägypten seinen Höhepunkt überschritten, aber die Besinnung auf religiöse und nationale Werte hält an, besonders in der Mittelschicht. Sie steht nicht im Widerspruch zur Globalisierung, sondern ist ihr Bestandteil. Die islamische Werteordnung scheint jenen Halt zu bieten, mit dem man sich den Widrigkeiten und Reizen der Neuen Welt aussetzen kann, ohne die Orientierung zu verlieren. – Foto: Samer Mohdad/Lookat

Café Freiheit Im Café *al-Hurriyya* ist alles beim Alten. Die Ockerfarbe der Wände und mit ihr der einstige Glanz der hohen Säulenhalle, die sich am Bab al-Luq-Platz im Zentrum von Kairo erhebt, ist abgeblättert wie eh und je, und in ihrer Luft liegt noch immer, was der Name *al-Hurriyya* verspricht: «die Freiheit». Die Männer und einzelnen Frauen – mit Kopftuch und ohne – lesen Zeitung, spielen Schach, Backgammon oder Karten. Sie trinken Tee, Mokka, Limonade oder – mindestens die Männer – ein Stella-Bier, und sie rauchen Kleopatra-Zigaretten oder Wasserpfeife. Gewiß, der Kassierer, der Magier am Feuer, der die Wasserpfeifen bereitet, der Ober, der Schuhputzer, sie haben graue Haare bekommen, seit der Berichterstatter vor Jahren ihr Stammgast war, aber zum Inventar gehören schließlich auch die greisen Stammgäste in ihrem beigen Nasser-Dress (das Sakko ist gleichzeitig Hemd) oder mit Krawatte und jahrzehntealten Maßanzügen, die über die immer schon besser gewesene Vergangenheit schwatzen; sie immerhin scheinen um keinen Tag gealtert zu sein. Oder sind es nicht mehr dieselben?

Im *Hurriyya* hat Kairo seine schönste und vielleicht sogar eine seiner ältesten Eigenschaften ohne Abstriche bewahrt: daß es der Gleichmacherei nichts abgewinnt, Unterschiede, Widersprüche bestehen läßt. In dieser Stadt haben die jeweils neuen Herrscher die Tempel und Paläste ihrer Vorgänger nicht abgerissen oder okkupiert, sondern lieber in der Nachbarschaft ein neues Viertel gebaut, so daß das politische Zentrum über die Jahrtausende vom Westen, wo die Pyramiden liegen, in den Süden, wo sich die frühen Christen ansiedelten, und von dort allmählich und in manchen

Kurven in den Norden gewandert ist, bis es in die Villenviertel von Heliopolis einzog, wo seit Nasser Ägyptens Präsidenten wohnen. Das Alte lebte weiter, während es gleichzeitig verfiel, so daß heute die Stadt nicht durch die Pyramiden versinnbildlicht wird, sondern durch die ihnen geographisch genau entgegengesetzte Totenstadt im Osten, in der mitten zwischen Gräbern ganze Stadtviertel entstanden sind – der lebendigste Friedhof der Welt.

Große Städte zeichnen sich dadurch aus, daß sie viele Welten beherbergen, die Viertel der Armen und die der Reichen, sie haben Nordpol und Südpol wie Teheran, Harlem und Manhattan, Ost und West, aber in Kairo sind die Welten ungleich dichter beieinander, und manchmal findet man sogar alles auf einmal: die Anarchie und Sinneslust der mystischen Männer und Frauen, die ihre rauschenden Feste im Schatten ausgerechnet der Azhar-Universität feiern, dem Hort der sunnitischen Orthodoxie; den Eselskarren, der vom Jaguar überholt wird, das Minarett neben dem Kirchturm, den Korangesang in der gleichen Gasse wie die Popmusik, das junge Mädchen im Minirock Arm in Arm mit ihrer streng verschleierten Freundin – das sind Bilder, die in anderen muslimischen Städten möglich, aber nur in Kairo allgegenwärtig sind. Hier finden Gottsucher so sicher ihr Morgenland wie der Süchtige sein Haschisch, der Ölscheich seinen Bauchtanz und die Prostituierte ihren Freier. In dieser Stadt birgt manches Teehaus mehr Parallelgesellschaften, als deutsche Albträume es sich je ausmalen könnten. Sie ist ein einziger Zusammenprall der Zivilisationen, ohne daß es bislang zum *clash* gekommen ist.

Blickt man aus den Fenstern des *Hurriyya* in die Kairiner Welten, lassen sich allerdings die neuen Gespenster der Einförmigkeit nicht übersehen. Manchmal sehen sie aus wie Gespenster: wenn der braune oder schwarze Stoff nicht nur die Haare der Frauen, sondern ebenso ihren gesamten Körper sowie das Gesicht mitsamt den Augen bedeckt. Obwohl keine Aggression von ihnen ausgeht, erschrecken sie nicht bloß den westlichen Beobachter, und zwar aus dem einfachen Grund, daß sie einen sehen, aber nicht gesehen werden können und sich so der Kommunikation absolut entziehen. Mit ihrer Kleidung repräsentieren sie keine der traditionellen Spielarten des ägyptischen Islams, sondern das Religionsverständnis der Emire am Golf. Es gibt sie nicht lange in der Stadt, seit ein paar Jahren vielleicht, und es sind auch noch nicht viele. Aber man weiß, wenn die Gespenster sich zusammen mit ihren kurzhaarigen, langbärtigen, weißgewandeten Brüdern ausbreiteten, nähmen sie einem Café wie der «Freiheit» rasch die Luft zum Atmen.

Wohl hat der extremistische Islam seinen Höhepunkt überschritten, nicht zuletzt in Folge der Gewalt, zu der er Zuflucht nahm. Terrorgruppen wie «Die Islamische Gemeinschaft» (*al-Gama'a al-islamiyya*) oder «Dschihad» dürften in Ägypten heute kaum mehr Sympathien genießen als in Deutschland die Rote Armee Fraktion gegen Ende ihres Bestehens. Gleichzeitig aber hält die Besinnung auf den Islam und seine Zeichen ungebrochen an. Am auffälligsten manifestiert sie sich in der steigenden Zahl der Kopftücher, am gefährlichsten im Druck auf den akademischen und literarischen Diskurs. Die Azhar-Universität, theologisches Lehrzentrum des Landes, nimmt sich fast unwidersprochen das Recht, jedes für die Veröffentlichung bestimmte Werk zu prüfen, und auch die staatlichen Zensoren achten zunehmend auf die Einhaltung der öffentlichen Moral und die Beachtung der religiösen Werte, wie sie von der Azhar definiert werden. Allein an der Amerikanischen Universität in Kairo wurden aus diesem Grund in den letzten Monaten fünf Bücher auf Anordnung des Erziehungsministeriums aus dem Lehrplan gestrichen, während mehr als sechzig weitere Titel von der Universitätsbuchhandlung gar nicht erst bestellt werden durften, darunter zahlreiche Romane arabischer Autoren. Zensur hat es in Ägypten schon immer gegeben, alarmierend für das geistige Klima aber ist die Willigkeit, mit der die Universität sie hinnimmt. An den nationalen Universitäten ist der Gehorsam schon längst vorauseilend: Bücher und Seminare, die eine kritische Diskussion der eigenen Tradition oder auch nur eine erotische Anzüglichkeit thematisieren, werden dort erst gar nicht mehr angeboten.

Daß selbst Agatha Christi, Milan Kundera, westliche Reiseführer über Ägypten und eine englische Koranübersetzung nicht davor gefeit sind, für gemeingefährlich gehalten zu werden, wirkt beileibe nicht nur auf den europäischen Beobachter befremdlich. Auch viele vor allem ältere Ägypter, die trotz der politischen Autokratie in kulturell recht liberalen Verhältnissen aufgewachsen sind, müssen sich an solche – zum Glück noch unregelmäßige – Kapriolen der Zensur erst gewöhnen. Die Verbote wirken absurd und anachronistisch angesichts der Obszönität, Gewalt und der politisch heiklen Informationen, die jeden Tag ungehindert über Satellitenkanäle, Videokassetten und Internet in die Wohnzimmer strömen; und die auferlegte Prüderie wirkt heuchlerisch in einem Land, dessen Filmindustrie mit Vorliebe *Sex & Crime* behandelt und dessen Boulevardzeitungen die Bettgeschichten der nationalen wie internationalen Prominenz, ungewöhnliche sexuelle Praktiken und die allgemeine Unmoral im Detail schildern, solange sie am Ende ihrem Abscheu kurzen Ausdruck geben.

Der Staat steuert nicht die Kampagnen des Konformismus, nimmt aber Rücksicht auf sie, indem er zu vermeiden sucht, was der neuen und – wie überall – patriotischen Bigotterie aufstoßen könnte. Wie verheerend diese Art der Konfliktvermeidung für die reiche ägyptische Kultur ist, läßt sich nur erahnen, weil die Schere längst schon in den Köpfen der Produzenten und Autoren schneidet. Am spürbarsten wird der Verlust an intellektueller und ästhetischer Freiheit, wenn man auf manche Buchtitel oder Kinostreifen der vierziger oder fünfziger Jahre stößt; in ihrer Unbefangenheit wirken sie wie aus einer fernen Epoche. Geht man noch ein ganzes Stück weiter zurück, nämlich ins neunte oder zehnte Jahrhundert, und hält sich die von drastischen sexuellen und zumal homoerotischen Details nur so bebende Dichtung der arabischen Klassiker wie Abu Nuwas, den anarchischen Scherz eines al-Ma'arri vor Augen, fragt man sich, ob man es noch mit derselben Kultur zu tun hat.

Wäre der neue Trend zum Guten, Wahren, Schönen bloß Folge einer politischen Entscheidung der Regierung, wäre das beunruhigend genug, doch hätte der Protest wenigstens einen eindeutigen Adressaten. Aber es verhält sich komplizierter. Die Zensur und ihre Ungereimtheiten sind auch Ausdruck eines gesellschaftlichen Wertewandels, der sich auf den öffentlichen Diskurs von Presse, Kultur, Religion und Staat überträgt und von diesem wiederum angetrieben wird. Nirgends wird das deutlicher als an der Zensurbehörde selbst.

Ihr Leiter, Ali Abu Schadi, ist als Filmkritiker hervorgetreten und gilt als aufgeklärter Mann. Als Nachfolger von so großen Namen wie Taha Hussein und Nagib Machfus ist sein Bemühen unverkennbar, die Grenzen des Möglichen zu erweitern. Daß es ihm nicht immer gelingt, hat zum Teil banale Gründe. So werden die meisten seiner 1133 Angestellten nicht nach fachlichen Kriterien ausgewählt, sondern nach dem gleichen Verteilungsschlüssel wie alle ägyptischen Beamten. Die Folge ist, daß von den achtundfünzig Zensoren für Film und Musik nur vier irgendeine Art von künstlerischer oder kulturwissenschaftlicher Vorbildung aufweisen. Grundlage ihrer Bewertung ist häufig ihr persönlicher Laiengeschmack und moralisches Empfinden; diese aber haben sich in der städtischen Mittelschicht, aus der sich die Beamten im wesentlichen rekrutieren, deutlich verändert, was sich unter anderem an der Vervielfachung der Kopftücher in den Kairiner Behörden, Banken und Büros zeigt. Die Ansichten sind konservativer geworden und leiden zudem unter dem gesunkenen Niveau des Bildungswesens. Weil künstlerische oder wissenschaftliche Kriterien und Motive der Werke oft unberücksichtigt und unverstanden bleiben, weil zudem populäre und gerade in der Mittelschicht stark rezipierte Autoren und Prediger täglich vor den Gefahren der modernen Kultur warnen, wird aus der anspruchsvollen Erzählung rasch Pornographie und aus der islamwissenschaftlichen Abhandlung Frevel. Ali Abu Schadi räumte selbst in einem Interview ein, daß seine Behörde unter einem Mangel an qualifizierten und kunstinteressierten Mitarbeitern leide; man habe deswegen versucht, selbst Beamte anzuwerben, anstatt sie zugeteilt zu bekommen, aber die neun verpflichteten Universitätsabsolventen hätten allesamt nach kurzer Zeit die Kündigung eingereicht, da ihnen die rund fünfzig Mark Monatsgehalt nicht genügten.

Es ist ein für die herrschenden Verhältnisse durchaus charakteristischer Widerspruch, daß gleichzeitig der Zensurchef liberaler und die Zensur restriktiver oder jedenfalls unberechenbarer geworden ist. Das Paradox verdankt sich auch dem Umstand, daß immer häufiger andere Institutionen sich bemüßigt fühlen, über Kunst und Wissenschaft zu urteilen, so die Justiz, das Innen- und Erziehungsministerium und vor allem die Azhar, die seit der Berufung Scheich Tantawis als ihrem neuen Leiter einen Weg eingeschlagen hat, der von außen sonderbar erscheint, aber doch einer inneren Logik folgt: Kampf dem Extremismus aus dem Geiste des Konservatismus. Alle diese Institutionen haben jeweils eigene Strukturen und Prioritäten; sie alle aber nehmen sich, wenn es ihnen wichtig erscheint oder vorzugsweise von Islamisten an sie herangetragen wird, das Recht, Verbote auszusprechen. Schon werden Stimmen laut, den

Alkohol aus der Öffentlichkeit zu verbannen, der Prostitution den Garaus zu machen, die Geschlechter zu trennen, die Musik von fremden Einflüssen zu reinigen und darauf zu achten, daß niemand seinem Wasserpfeifentabak Haschisch beimischt, Stimmen, die alles zu verbieten fordern, was der gedankenarmen Dogmatik aus Nation und Religion widerspricht. Dabei übersehen diese Gralshüter, daß die Größe gerade der islamischen Kultur niemals nur in der nackten Lehre bestand, sondern auch in der beispiellosen Kunstfertigkeit, sie mit den avancierten Kunstformen, volkstümlichen Ritualen und alltäglichen Genüssen zu versöhnen, eine Kunst, auf die sich niemand besser verstanden hat als die Ägypter. «Es ist eine Strömung, die das ägyptische Wesen verändern will, plötzlich werden wir ernst, überernst, wir verlieren das Köstlichste, was wir haben, den Humor», bemerkte der Regisseur Youssef Chahine bereits 1995, in jenem Jahr, in dem auch sein Film «Der Auswanderer» elf Wochen nach seiner Premiere aus religiösen Gründen verboten wurde.

Gefahr für «Die Freiheit» droht aber nicht nur von dieser Strömung der Humorlosigkeit. Neben der «Islamisierung» Ägyptens könnte dem Café, das viel Stil, aber kein Styling hat, auch die «Globalisierung» einst zum Verhängnis werden. Für jeden Besucher auf Anhieb erkennbar, hat das Land in den letzten Jahren die Tür weit aufgerissen für die Konsumgüter des Weltmarktes und die Unterhaltungswaren der Kulturindustrie. Die Regierung hat sich den Programmen des Internationalen Währungsfonds und der Weltbank unterworfen und ist dafür mit Wirtschaftswachstum und ausländischen Investitionen belohnt worden. Diejenigen, die am wachsenden Wohlstand teilhaben, bevölkern die Diskotheken, westlichen Supermärkte und neuerdings die hermetisch abgeriegelten Siedlungen außerhalb der Stadt; dank Satellitenschüsseln, Videoapparaten, Internet und Tonträgern hängt ihre Jugend ohne zeitliche

Verzögerung den westlichen Moden nach. Die Zahl derer, die die endgültige Abkehr vom Nasserschen Modell mit noch größerer Armut und Fassungslosigkeit bezahlen, ist beträchtlich, aber zwischen ihnen und den Reichen sind die Vielen, die immerhin ein paar Pfund mehr in den Taschen haben als früher und sich gelegentlich einen Bigmac oder das neueste Video von Arnold Schwarzenegger leisten können. Und so schwappt – gleichzeitig mit dem saudischen Uniform-Islam – die westliche «Kulturinvasion» selbst in die traditionellen Viertel wie Seyyida Zeinab über, wo man die surreale Erfahrung machen kann, mitten im orientalischsten Orient und in der Nachbarschaft des zweitgrößten Heiligtums der Stadt in die klinisch saubere Welt des Kentucky Fried Chicken einzutreten, in der die Technomusik alle Klänge Kairos zum Schweigen bringt. Gerade vielen jungen Leuten kommt ein Café wie das *Hurriyya* so altmodisch vor wie ihren deutschen Altersgenossen Omas Konditorei – dabei ist es in seinem Gleichmut, mit dem es das Aufeinandertreffen der sozialen Klassen, Geschlechter, Gesinnungen erträgt, viel moderner als alle Nachtclubs und Schnellrestaurants der Stadt. Nicht für die Vergangenheit steht «Die Freiheit», sondern für eine Utopie.

Nur auf den ersten Blick widersprechen sich die mit den Schlagwörtern «Islamisierung» und «Globalisierung» benannten Tendenzen. Die islamische Werteordnung scheint jenen Halt zu bieten, mit dem man sich den Widrigkeiten und Reizen der Neuen Welt aussetzen kann, ohne die Orientierung zu verlieren; daß so mancher Halt gebrauchen könnte, versteht man, wenn man nachts im Satellitenkanal auf die arabisch untertitelte Reklame für Telefonsex gestoßen ist. Es ist keineswegs so, daß die Armen sich auf ihre Religion besinnen, während die Reichen dem globalen Unsinn frönen. Beide Tendenzen, Islamisierung und Globalisierung, betreffen in erster Linie die Mittel- und Ober-

schicht, und der Anteil der Kopftuchträgerinnen unter den Ägypterinnen ist in den Betrieben der Systemgastronomie und auf den Terrassen der internationalen Hotels nicht geringer als in den Straßen. In einem anderen Sinne, als es auf europäischen Symposien oder von muslimischen Intellektuellen gemeinhin gedacht wird, demonstriert Kairo damit, daß Islam und Moderne durchaus harmonieren können. Man könnte darin aber auch einfach die massenhafte Verbreitung sehen von jenem Elixier aus Stumpfsinn und Kapitalismus, mit dem auf der Arabischen Halbinsel schon seit der Entdeckung des Öls experimentiert wird.
Man kann aber noch weitergehen und das Hervorkehren der sogenannten Identität sowie den Rekurs auf tradierte Werte und Handlungsmuster als Teil der Globalisierung selbst betrachten. Die jungen Frauen der Mittelschicht, die sich im Unterschied zu ihren Müttern für das Kopftuch entscheiden, wirken in der Regel alles andere als unselbständig oder verschüchtert. Mit der gleichen Selbstverständlichkeit, mit der sie eine puritanische Sexualmoral verfechten und das Hohelied der Familie singen, schimpfen sie auf das Patriarchat und etablieren sie sich in der Berufswelt. Sie kennen sich in Hollywood aus, lieben Meryl Streep und lesen Arundatha Roy, wünschen sich aber, daß der eigene Staat islamischer werde, ohne deswegen an die Herrschaft der Rechtsgelehrten oder die Rückkehr zum Kalifat zu denken. Vielmehr solle alles gesitteter zugehen, die Pornographie verschwinden, die nationale Kultur vor den Einflüssen des Auslands geschützt werden und die Politik und Wirtschaft sich nicht nur an den ausländischen, sondern allgemein an den tradierten Werten und den Worten des Propheten ausrichten, wie immer man diese nun wieder interpretiert. Man mag es als Fundamentalismus bezeichnen, was sich Bahn bricht, oder bloß als bürgerlichen Konservatismus in einer islamischen Gestalt. In anderer Gestalt gibt es ihn auf koptisch oder hinduistisch, deutsch oder

amerikanisch. Es ist kein Zufall, daß ein Begriff wie die «Leitkultur» aus dem Wörterbuch des Islamismus stammen könnte und der Starr-Report, der die Sexualpraktiken Bill Clintons schildert, in den letzten Monaten die meistverkaufte Übersetzung aus dem Amerikanischen auf dem ägyptischen Markt gewesen sein dürfte. Die Heuchelei, die das Ausbreiten von Obszönitäten durch den Gestus des Distanzierens rechtfertigt, mag kein Merkmal des globalen Konservatismus sein, aber sie ist seine Begleiterscheinung und hat als solche auch in der Boulevardpresse Kairos Konjunktur.

Frauen trifft man gelegentlich auch im Café *asch-Schams*, das einen schmalen Gang zwischen zwei sechsstöckigen Kolonialbauten bunt erleuchtet. Mit ihrer offen bekundeten Freude am Sinnlichen erinnern sie den Berichterstatter daran, daß Prüderie noch längst nicht das Merkmal aller Kairinerinnen ist. Das *Schams* ist nach ägyptischen Kriterien volkstümlicher als das *Hurriyya*, weil das Publikum aus den traditionell geprägten Vierteln im Umfeld der Altstadt stammt, der dunkelhäutige Ober die Galabiyya trägt oder kein Alkohol ausgeschenkt wird. Männer mit Anzug und Krawatte sieht man zwar hier ebenfalls, aber es sind nicht die Reste der alten Bourgeoisie, vielmehr Geschäftsleute oder Ingenieure, die immer noch gern in ihr angestammtes Teehaus gehen. So gehört das Klingeln der Mobiltelephone mittlerweile ebenso zum Klang des *Schams* wie das Blubbern der Wasserpfeifen oder die ewigen Sterne der arabischen Musik wie Umm Kolthum oder Abdelhalim Hafez, die aus den schlechtesten aller Lautsprecher noch den angrenzenden Markt verzaubern. Begleitet von wunderbaren, scheppernden Streichorchestern singen sie – auch sie – von nichts anderem als von der immer schon besser gewesenen Vergangenheit. Gelegentlich finden einige Touristen zur «Sonne», wie *Schams* auf deutsch heißt. Ansonsten aber bleibt die Welt noch draußen und bringt «Die Sonne» zwischen zwei verrottenden Hochhäusern die Welt in ihrer ganzen Vielfalt zum Strahlen.

Wiedersehen mit Baschir

Als Baschir die Tür öffnet, erschrickt sein Besucher. Baschir studierte Hebräisch an der Universität Kairo und hatte auch begonnen, ein wenig Persisch zu lernen, um zu erfahren, wie sich die Gedichte von Hafis und Rumi im Original sprechen. Zum Stolz seiner Eltern und Geschwister, mit denen er in Basatin, einem der Armenviertel im Süden Kairos lebte, hatte er seine ersten Kurzgeschichten veröffentlicht und träumte davon, ein Romancier zu werden. Sein Hocharabisch war nicht schlecht, und zu erzählen hatte er reichlich. Wie bei den meisten Ägyptern seiner Generation sah seine berufliche Perspektive so düster aus, daß es besser war, nicht an die Zukunft zu denken; aber daß er, wie so viele junge Ägypter, nicht einmal hoffen konnte, je einen eigenen Hausstand zu gründen, um zu heiraten, ließ sich nicht immer verdrängen.
Damals liebte Baschir den sozialistischen Liedermacher Scheich Iman und hatte angefangen, die Bücher des kritischen Koranwissenschaftlers Nasr Hamid Abu Zaid zu lesen. Das war vor acht Jahren. Als Baschir die Tür seiner Wohnung öffnet, sieht sein Besucher einen langbärtigen, kurzhaarigen Mann in weißer Galabiyya, auf der Stirn die *zibiba*, den dunklen Fleck, der anzeigen soll, daß man seinen Kopf oft und lange auf den Gebetsstein legt. Baschir gleicht jenen Männern, die in den letzten Wochen in Käfigen vorgeführt und im größten Terroristenprozeß der ägyptischen Geschichte zum Tode oder zu Zwangsarbeit verurteilt worden sind. Er nimmt das erschrockene Staunen seines Gastes wahr und räumt lachend ein, sich ein bißchen verändert zu haben, aber *al-Hamdulillah*, «Gott sei geprie-

sen», Hauptsache, man sehe sich wieder und sei gesund, *al-Hamdulillah*.
Baschir lacht viel, und noch öfters flicht er Preisungen Gottes und fromme Formeln ins Gespräch ein. Noch die Frage nach dem Befinden seiner Familie beantwortet er mit einem Exkurs über die Hinfälligkeit des Menschen, die göttliche Gnade und die Notwendigkeit, dem Schöpfer in guten Taten und rituellen Handlungen zu danken. Er bemüht sich, statt des ägyptischen Dialektes ein altertümliches Hocharabisch zu sprechen, weil das die Sprache des Korans ist, und auch sonst trachtet Baschir in Gestik, Aussehen und Gemütshaltung dem zu entsprechen, was über die Person des Propheten überliefert worden ist – daher übrigens wohl die ostentative Heiterkeit, die auch bei manchen Menschen im Käfig so auffiel. Nicht einmal, als sie von der Folter in den Gefängnissen berichteten, wirkten diese Männer erschüttert, die Todesurteile nahmen sie lächelnd auf, und als die Wärter sie aneinandergekettet aus dem Saal führten, winkten sie heiter ihren Angehörigen im Saal.
Baschir ist jetzt Mitglied der Organisation *ad-Daawa wa-t-Tabligh* («Die Mission und die Verkündung»). Im vergangenen Jahr ist er für mehrere Monate nach Pakistan gereist, um Gesinnungsgenossen zu treffen und für den wahren Islam, wie er ihn heute versteht, zu werben. Die Ziele seiner Organisation könnten fundamentalistischer kaum sein – vollständige Rückkehr zu jener Gesellschaftsform, die der Prophet in Medina begründet hat –, doch im Gegensatz zu den Terroristen setzt sie allein auf die Waffen des Wortes und der Karitas. Nicht ohne Genugtuung erwähnt Baschir, daß seine *Daawa* die einzige unter den radikalislamistischen Organisationen in Ägypten sei, die vom Staat geduldet werde und mit den Behörden sogar zusammenarbeite, wenn sie ein Zentrum eröffnen oder ihre Mitglieder ins Ausland reisen wollen.
Baschirs Organisation erinnert daran, als was der radikale

Islam begonnen hat, und führt vor, was die größte Terrorgruppe des Landes, die *Gama'a islamiyya* wieder werden will. Bevor nämlich die *Gama'a* ihren Kampf für die Ausrufung eines Kalifats mit Maschinengewehren und Bomben führte, waren ihre Waffen ebenfalls Worte und Wohltaten. Seit ihrer Gründung Mitte der siebziger Jahre hatte die *Gama'a* in den Dörfern und Vorstädten den Islam und soziale Gerechtigkeit gepredigt, sie hatte die Korruption und Mißwirtschaft der Regierung nicht nur angeprangert, sondern selbst zur Linderung der Not beigetragen. Das verschaffte ihr, wenn schon nicht Sympathie, so doch vielerorts Respekt. Als aber die Gewalt ausbrach, als der Terror sich zunehmend gegen wehrlose Menschen richtete, gegen christliche Nachbarn und solche Muslime, die sich den Weisungen der Radikalen nicht unterwerfen wollten, als schließlich Touristen, deren Geld für viele Menschen in Oberägypten die Lebensgrundlage bildet, umgebracht wurden und in der Folge ausblieben, wurde es für die Terroristen immer schwerer, Nachwuchs zu rekrutieren und Verstecke zu finden. Bürgerwehren bildeten sich, und die Bevölkerung begann, mit den Sicherheitskräften zusammenzuarbeiten. In der Erklärung, mit der die *Gama'a* 1999 einen einseitigen Waffenstillstand verkündete, heißt es, daß sie sich künftig nur noch mit solchen Mitteln für einen islamischen Staat einsetzen werde, die auch Baschir für rechtens hält, den Mitteln der «Predigt und des Einsatzes (*dschihad*) für die Sache Gottes». Offenbar hofft die *Gama'a*, daß der ägyptische Staat ihre politischen Aktivitäten wieder stillschweigend dulden wird, wie er es bis 1992 bereits getan hat und es im Falle von Baschirs *Daawa* noch immer tut.

Daß Baschir diesen Staat nicht weniger verachtet als die Touristen, wird deutlich, wenn er die gegenwärtigen Verhältnisse in Ägypten mit der vorislamischen Gesellschaft von Mekka vergleicht und eben daraus die Gewaltfreiheit als Prinzip des politischen Handelns ableitet; der Prophet habe die Ungerechtigkeit und den Unglauben mit nichts anderem als den Worten des Korans, seinem Einsatz und durch sein persönliches Vorbild bekämpft. Während die meisten Islamisten, gleich ob sie Gewalt ausüben oder in etablierten Institutionen wirken, den Staat zu verändern wünschen, damit der Islam wirklich gelebt werden kann, scheint Baschir zu wissen, daß es das Bewußtsein ist, welches das Sein bestimmt. Seine Organisation jedenfalls beschränke sich darauf, versichert er, die Ägypter zur Besinnung auf den Islam und seine Gebote aufzurufen; wären die Menschen erst wirklich muslimisch, ergebe sich die Medina des Glaubens ganz von selbst. Aber noch fühlen sich Baschir und seine Freunde, als lebten sie im Mekka der Polytheisten.

Wenn Baschir von seinem Aufenthalt in Pakistan erzählt und beiläufig das Gute erwähnt, das er dort über die Taliban und Osama bin Laden gehört hat, die ganz anders seien, als sie gemeinhin dargestellt würden, ahnt man, auf welchem Stern er sich befindet. Wenn er jedoch über Ägypten redet, ist ihm nicht immer leicht zu widersprechen. Die Tendenzen, die er als verhängnisvoll benennt, sind größtenteils dieselben, über die sich viele Intellektuelle des Landes sorgen, etwa die immer offenkundiger werdende Herrschaft des Kapitals, und zwar nicht in der Abstraktion des *shareholder value*, sondern in der konkreten Gestalt von bekannten Geschäftsleuten, deren direkter und offenkundiger Einfluß auf gesellschaftliche und politische Prozesse sich sprunghaft vergrößert hat, seit die Regierung Mubarak entschlossen auf die Liberalisierung der Wirtschaft setzt. Baschir verweist auf den immer größer werdenden Graben zwischen reich und arm; auf die sich verschärfende Krise des Bildungssystems und die Not der vielen jungen Wohnungssuchenden; er beschreibt das Fehlen politischer Freiheit und die Farce ägyptischer Wahlen, beklagt die Vorherrschaft des Westens über den größten Teil der muslimischen

Welt und analysiert klug den Siegeszug westlicher Kulturindustrie in ihrer flachsten Form, die mittels Satellitenschüsseln und Videorekorder inzwischen selbst in abgelegene Dörfer vordringt.
Wie die meisten Intellektuellen sieht Baschir die zunehmende Präsenz islamischer Symbole und Zeichen in der Öffentlichkeit mit Skepsis, nur speist sich seine Skepsis aus einem entgegengesetzten Grund: Nicht die Angst vor religiöser Engstirnigkeit treibt Baschir um, sondern die Sorge, daß das fromme Gebaren seiner Mitmenschen eine bloße Mode und nicht Ausdruck einer inneren Umkehr zu Gott dem Allmächtigen sein könnte. Hinter den rechtgläubigen Floskeln oder unter den Kopftüchern verberge sich allzu oft die alte, materialistische Gesinnung. Baschir hat auch gegenüber den prominenten Islamisten, die in den etablierten, zum Teil auch staatlichen Zeitungen, Organisationen und Bildungseinrichtungen tätig sind, Vorbehalte: Viele von ihnen hielten nur ihre Fahne in den Wind, arrangierten sich mit der politischen Macht und beschäftigten sich mit unwichtigen Einzelfällen. Gemeint sind damit die ritualartigen Kampagnen gegen einzelne Wissenschaftler oder Künstler, die des Unglaubens bezichtigt werden.
Baschir scheint seinen Frieden gefunden zu haben. Er wirkt entspannter, als ihn der Besucher kannte, und hat es nach einer Zeit und im Laufe der nächsten Treffen nicht mehr nötig, in jedem zweiten Satz über seinen Glauben zu sprechen. Er arbeitet jetzt in einer Sonderschule für geistig Behinderte und scheint, soweit aus seinem Verhalten und den Reaktionen der Kinder zu schließen ist, ein Vorbild an Nächstenliebe, Einfühlsamkeit und pädagogischem Engagement geworden zu sein. In der Schule redet er selten über die Religion, sagt er. Aber regelmäßig zieht er mit seinen Freunden durch die Wohnviertel Kairos, um an den Haustüren für die Rückkehr zum Islam zu werben. Krankenhäuser besuchen sie, Heime, Slums, um überall Menschen

zu finden, die, wie Baschir sagt, sich und Gott vergessen haben.

Der Besucher fragt sich, was geschehen wäre, hätte sich der radikale Islamismus seit den achtziger Jahren nicht durch Terroranschläge diskreditiert. Noch immer ist die islamistische Bewegung, so heterogen und widersprüchlich sie im einzelnen ist, die einzig nennenswerte gesellschaftliche Kraft, die in Ägypten eine Alternative zum Bestehenden darstellt, auch wenn es im Augenblick nicht danach aussieht, als könne sie dem Bestehenden tatsächlich gefährlich werden. Aber immerhin ist sie präsent und übt Einfluß auf die öffentliche Meinung aus, während sich die linke und liberale Opposition in einem erbarmenswerten Zustand befindet und die Organe der zivilen Gesellschaft wie die Berufsverbände und die unabhängige Presse von der Regierung marginalisiert worden sind oder sich überwiegend mit sich selbst beschäftigen.

Die Islamisten erreichen hingegen schon deshalb die breite Masse der Bevölkerung, weil sie die religiöse Verpflichtung zur Wohlfahrt ernst nehmen und sie mit dem politisch Nützlichen verbinden. Auf ihre sozialen Projekte und Armenspeisungen, die in vielen Fällen effizienter, auf jeden Fall aber breiter angelegt sind als die Hilfen des Staates oder ausländischer Entwicklungsorganisationen, stößt man in Ägypten auf Schritt und Tritt. Wie in der Türkei, in Algerien oder während der Revolution in Iran ist diese von westlichen Beobachtern oft übersehene Arbeit an der Basis die Grundlage islamistischer Erfolge, weil die Menschen, die nach dem Brot greifen, auch die Ideologie nicht zurückweisen, die ihnen gleichzeitig angeboten wird. Und wie in Ägypten ist es fast immer der Terror, der diese Erfolge gefährdet, indem er die Menschen gegen die Islamisten aufbringt.

Auch Baschir sagt, daß die Gewalt der islamischen Bewegung geschadet habe. Es scheint, als distanzierte er sich eben deshalb so vehement von den Terroristen, weil er ihre Motive versteht und mit ihren Zielen sympathisiert, ohne daß er es ausspricht. Bis vor ein, zwei Jahren, als noch regelmäßig Anschläge zu verzeichnen waren, sei er selbst auf der Straße gelegentlich beschimpft oder böse angeblickt worden, weil die Menschen ihn aufgrund seines Aussehens für einen Anhänger der gefürchteten *Gama'a* oder des *Dschihad* gehalten hätten. Mit dem Ende des Terrors, das Baschir für endgültig hält, habe sich dies geändert. Der gewalttätige Islam habe in Ägypten keine Zukunft, sagt Baschir, der den Islam für die Zukunft Ägyptens hält.

Der Minister und der Scheich

Der Minister ist amüsiert. Daß die ideologischen Scharfschützen Kairos begonnen haben, sich gegenseitig ins Visier zu nehmen, darüber schmunzelt Hamdi Zakzuk so ungeniert, als würde er an das Eigentor einer gegnerischen Fußballmannschaft denken. Ausgerechnet Abdussabur Schahin, der das Wort gegen den traditionskritischen Korangelehrten Nasr Hamid Abu Zaid geführt und damit maßgeblich zu dessen Verurteilung als Ketzer beigetragen hat, ausgerechnet dieser angriffslustige, unversöhnliche Islamist ist vor einigen Monaten von einem noch angriffslustigeren, noch unversöhnlicheren Gesinnungsgenossen der Ketzerei beschuldigt worden, weil er ein paar Zentimeter von der reinen fundamentalistischen Lehre abgewichen war.

Kein Regierungsvertreter würde sich offen als Sympathisant der Extremisten zu erkennen geben, aber im Lachen Hamdi Zakzuks über diesen Hauskrach unter Islamisten liegt mehr als nur taktische Distanz. Gegnerschaft ist zu spüren, ja leise Verachtung. Für einen ägyptischen Religionsminister ist das nicht selbstverständlich, spielt die Regierung in Kairo doch seit Jahren auf der Klaviatur dumpfer Rechtgläubigkeit. Begonnen hat es Anfang der siebziger Jahre, als der damalige, im Westen hochgeschätzte Präsident Anwar as-Sadat die Islamisten stark machte, um sie gegen die damals mächtige linke Opposition auszuspielen. Sadat, dessen Protegierung der religiösen Extremisten im Westen geflissentlich übersehen wurde, war es auch, der 1980 in einer Verfassungsänderung das Islamische Recht, die Scharia, zur Hauptquelle der ägyptischen Gesetzgebung erklären ließ. Den immer selbstbewußter auftrumpfenden Extremisten, denen er damit entgegenkommen wollte, war das nicht genug: Nur ein Jahr später wurde Sadat von jenen Geistern umgebracht, die er selbst gerufen hatte. Sein Nachfolger Hosni Mubarak bemühte sich, mit dem ererbten Problem der politischen Gewalt fertig zu werden, indem er die religiös motivierten Terroristen militärisch bekämpfen ließ und gleichzeitig die bürgerlich gebliebenen Islamisten in das politische System, die Medien, die Justiz und das Erziehungswesen integrierte.

Den militärischen Kampf scheint die Regierung für sich entschieden zu haben. Seit dem Massaker von Luxor im November 1997, als zweiundsechzig Menschen im Kugelhagel der «Islamischen Gemeinschaft» (*al-Gama'a al-islamiyya*) starben, ist den militanten Islamisten kein schlagzeilenträchtiges Attentat mehr gelungen. Offenbar am Ende ihrer Kräfte, verkündete die *Gama'a* Ende März 1999 einen einseitigen Waffenstillstand, den sie seither eingehalten hat. Die Gemeinschaft, die sich auf den Islam beruft, hat den säkularen Denker Farag Fodah erschossen, koptische Dörfer überfallen, Regierungsbeamte getötet und die Ermordung Abu Zaids angekündigt. Auch das Attentat auf den greisen Literaturnobelpreisträger Nagib Machfus, das dieser nur schwer verletzt überlebt hat, wird ihr zugeschrieben. Tausendzweihundert Menschenleben hat ihr siebenjähriger Krieg gefordert. Der ägyptischen Regierung hat die Gewalt den Vorwand geliefert, die Anwendung von Folter in den ägyptischen Gefängnissen zu systematisieren und das Prinzip rechtsstaatlicher Strafverfolgung weiter auszuhöhlen. Man kann nur vermuten, wie viele der nach unterschiedlichen Schätzungen fünfzehn- bis dreißigtausend Menschen, die derzeit als mutmaßliche Terroristen in ägyptischen Gefängnissen sind, unschuldig verurteilt oder seit Jahren ohne Anklage inhaftiert sind. Sich damit abzufinden, daß Späne fallen, wo gehobelt wird, wäre mehr als nur zynisch. Wer am Hobeln einmal Gefallen gefunden hat, dem wird das Holz nicht ausgehen, mag es morgen auch von anderer Sorte sein. Es ist wohl kaum ein Anflug von Pazifismus, der bei den Terroristen die neue Einsicht hervorgerufen hat, sondern der Blick auf die militärische Realität und die Feindseligkeit, die ihnen von der Bevölkerung inzwischen entgegengebracht wird, auch weil die religiöse Gewalt mit dem Tourismus einen Lebensnerv der nationalen Wirtschaft getroffen hat. Innenminister Habib el-Adli, der nach dem Anschlag von Luxor ins Amt kam, hat eine neue Sicherheitsstrategie entwickelt, die auf die umfassende Präsenz der Armee setzt und auf dem Land die Schlupflöcher der Terroristen zu schließen sucht. Gleichzeitig verbesserte er die katastrophalen Haftbedingungen etwas und begann, reumütige Gewalttäter zu begnadigen. Das Konzept scheint aufgegangen zu sein, zahlreiche Islamisten sagten sich von ihren Terrororganisationen los oder stellten sich freiwillig den Behörden. Schon das Massaker von Luxor selbst war Ausdruck eines tiefgreifenden Zerwürfnisses innerhalb der «Gemeinschaft» gewesen. Es scheint nicht von ihrer gesamten Führung gebilligt worden, sondern ein Versuch des radikaleren Flügels gewesen zu sein, die harte Linie festzuschreiben. Vier Monate zuvor, im Juli 1997, hatten sechs prominente *Gama'a*-Führer aus den Gefängniszellen heraus bereits öffentlich das Ende der Gewalt erklärt. Während die meisten Mitglieder der *Gama'a* ihnen folgten, radikalisierte sich eine Minderheit noch mehr, um sich schließlich in Osama Bin Ladens terroristischer Internationale wiederzufinden, die ihren Krieg nicht bloß gegen eine einzelne Regierung, sondern gegen die Welt der Ungläubigen führt.

Die eigentliche Wende im Kampf gegen den ägyptischen Terrorismus brachten die Anschläge *al-Qaidas* auf die Botschaften der Vereinigten Staaten in Kenia und Tansania im August 1998. In der Folge fiel amerikanischen Geheimdiensten – auffallend plötzlich – das von Afghanistan aus gespannte Netzwerk des islamistischen Terrorismus auf. Verdächtige in der ganzen Welt wurden aufgespürt, darunter zahlreiche Ägypter, die bis dahin unbehelligt in Ländern wie Aserbaidschan, Jemen, Saudi-Arabien, Pakistan, Albanien, Südafrika oder Uruguay gelebt hatten. Sie wurden verhaftet und in ihre Heimat ausgeliefert. Die Festnahmen haben die Führungsstruktur der ägyptischen Terrororganisationen offenbar schwer getroffen. Den Sicherheitskräften soll es gelungen sein, die Verbindung zwischen der Exilführung und den Terroristen im Land fast vollständig zu unterbrechen und damit letzteren den Zugang zu Waffen und Geld zu versperren.

Der Frühling 1999 könnte als Zäsur in die Geschichte der religiösen Gewalt in Ägypten eingehen. Kurz nach der Erklärung der «Islamischen Gemeinschaft», künftig auf Gewalt verzichten zu wollen, wurden über 1200 ihrer Mitglieder vorzeitig aus der Haft entlassen. Wenige Tage später wurden im bislang größten Terroristenprozeß der ägyptischen Geschichte elf Todesurteile und achtundsiebzig Haftstrafen gegen Mitglieder der zweitgrößten Terrororganisation des Landes, des *Dschihad*, verhängt. Der *Dschihad* hat sich vom Gewaltverzicht der *Gama'a* distanziert. «Wir lehnen jegliche Aussöhnung ab und werden nicht um Vergebung suchen», heißt es in einer Ende April 1999 veröffentlichten Erklärung. Die drei unmittelbar aufeinanderfolgenden Ereignisse – der Gewaltverzicht der *Gama'a*, die

Begnadigung vieler ihrer Mitglieder und die drakonischen Strafen gegen die Mitglieder des *Dschihad* – stehen, wie sich immer deutlicher herauskristallisiert, miteinander in Zusammenhang. Offenkundig will die Regierung signalisieren, daß sie die zum Kampf entschlossenen Extremisten mit aller Härte verfolgt, während diejenigen, die den Waffen abgeschworen haben, mit Milde rechnen können. Blickt man auf die entsprechende Seite im «World Wide Web» und glaubt man ihrem Anwalt Montasser el-Zayyar, möchte die *Gama'a* zu dem werden, was sie vor Beginn ihres bewaffneten Kampfes war: eine vom Staat tolerierte Organisation, die ihren Feldzug gegen die Häresie auf dem Marsch durch die Institutionen, mit aggressiven Worten, juristischen Winkelzügen und sozialen Wohltaten führt. Diese Waffen, in den letzten Jahren erprobt von den sogenannten gemäßigten Islamisten, haben sich als die erfolgreicheren erwiesen; während die Terroristen zum Rückzug blasen oder sich in die afghanischen Berge verziehen, breitet sich die sedierte Form ihres Gedankenguts weiter aus.

Das Muster ist seit Jahren dasselbe: Irgendwem fällt auf, daß irgendwer etwas Frevlerisches gesagt, getan oder auch nur behandelt hat, daraufhin bricht in dem einschlägig bekannten Kreis aus Publizisten, Theologen, Professoren, Studentenvertretern und Abgeordneten eine Welle der Empörung aus. Jemand ruft «Ketzer» und ein anderer «Apostat», und spätestens wenn – frei nach Karl Kraus – im Chor das Wort «Skandal» erklingt, ist er tatsächlich da. Manchmal findet sich ein Grüppchen, das den Tod des Frevlers verlangt, oder wenigstens ein findiger Anwalt, der ihn vor Gericht bringt. Nicht immer setzten sich die Empörten mit ihren Forderungen nach wahlweise Verbot, Entlassung oder Verurteilung durch, aber immer sind sie es, die den Ton angeben und der öffentlichen Diskussion das Thema aufzwingen. Vorzugsweise trifft es kritische islamische Denker wie Said al-Aschmawi, Hassan Hanafi und zuletzt

Sayyid al-Qimni, aber auch Literaten, Regisseure oder Filmstars können für eine Weile ins Fegefeuer der rechtgläubigen Publizistik geraten. Die Frevler einer einzigen Woche im Frühjahr 1999 sind: eine libanesische Sängerin, die in einem Telefoninterview mit dem Satellitenkanal MBC oder LBC (die Ermittler konnten sich vor lauter Eile nicht auf den Namen des Senders einigen) gesagt haben soll, daß sie ihren Hund nach dem Propheten Mohammed benannt habe, eine Dozentin der Amerikanischen Universität in Kairo, die Mohammad Choukris autobiographische, auf manchen Seiten nicht ganz jugendfreie Erzählung *Das nackte Brot* im Literaturseminar besprochen hat, und die schon ob ihres Amtes nicht eben verdächtige Dekanin der Islamischen Fakultät an der Azhar-Universität, Amna Nusayr; sie hatte an der Authentizität eines Prophetenspruches (*Hadith*) gezweifelt, wonach die Frauen «eingeschränkt in Verstand und Religion» seien, und darauf hingewiesen, daß er den Lehren des Korans widerspreche. Als ob es selbstverständlich sei, bemühen sich die Verantwortlichen und bisweilen die Betroffenen selbst, die wortgewaltige, inzwischen aber schon routinierte Empörung zu besänftigen. Die Sängerin Nadschwa Karam, die beteuert, sie besitze weder Hunde noch Katzen, Vögel oder andere Haustiere, wird vom staatlichen Rundfunk boykottiert und von den ägyptischen Behörden bei ihrer Ankunft am Flughafen Kairo an der Einreise gehindert. Die Universitätsleitung streicht Choukris Roman zum Entsetzen der Dozentin vom Lehrplan. Und die Dekanin nimmt ihre Äußerung zurück. Nun hat es Abdussabur Schahin getroffen, den Ankläger Nasr Hamid Abu Zaids.

Der Fall Abu Zaid steht heute exemplarisch für den wachsenden Einfluß derjenigen, die eine politisch reaktionäre Lesart des Islams propagieren: Der angesehene Professor an der Universität Kairo wurde 1995 in einem einzigartigen Gerichtsverfahren von seiner Frau zwangsgeschieden. Die

Begründung lautete, daß ein Apostat, also ein Abtrünniger vom Glauben, nicht mit einer Muslimin verheiratet sein dürfe. Die Ankläger frohlockten und kündigten an, Dutzende anderer Intellektueller auf die gleiche Weise anzuklagen, unter anderem auch den greisen Literaturnobelpreisträger Nagib Machfus. Aber das Urteil sensibilisierte auch die ägyptische Öffentlichkeit für die Bedrohung, die von der neuen Bigotterie ausgeht. Daß ein Denker als Apostat verurteilt und von seiner Frau zwangsgeschieden werden konnte, stieß innerhalb der zwar religiösen, aber immer noch bemerkenswert toleranten ägyptischen Gesellschaft weithin auf Befremden und ging selbst manchen Islamisten zu weit. «Dr. Nasr Abu Zaid ist kein Einzelfall», gab Adel Hussein, eine der bekanntesten Stimmen des ägyptischen Islamismus, in der Wochenzeitung *asch-Schaab* («Das Volk») zu bedenken: «Es gibt so viele Intellektuelle, die an seine Ansichten glauben. Sollen wir sie jetzt etwa alle scheiden lassen? Welchen Kampf haben wir im Visier?»

Auch die ägyptische Regierung hat die Affäre Abu Zaid zum Nachdenken gebracht. Spätestens als radikale Professoren der religiösen Azhar-Universität, die sich zu einer «Front» zusammengeschlossen hatten, öffentlich den Tod des Wissenschaftlers forderten, war die scharfe Trennung zwischen gewaltfreien und terroristischen Islamisten nicht mehr aufrechtzuerhalten. Die «geistigen Terroristen», wie sie in der liberalen ägyptischen Presse genannt wurden, saßen in den staatlichen und religiösen Institutionen. Genau diese Kreise hatte Abu Zaid scharf attackiert, und aus ihnen rekrutierten sich dann auch die Ankläger und zumindest einige der Richter. Sie sind nicht bärtige Männer in Galabiyya, die den Koran in der einen und die Kalaschnikow in der anderen Hand schwingen. Es handelt sich um modern wirkende, meist ältere Herren mit Schlips und Kragen, die auffallend häufig zu Gast in den Golfstaaten sind. Von dort empfangen sie ihre Inspirationen und in vielen

Fällen auch ihr Geld. Nicht zuletzt, weil sie um ihr internationales Ansehen fürchtete, vor allem aber, weil die Situation zu eskalieren drohte und Ruhe das oberste Prinzip im Staate Mubaraks ist, drängte die Regierung die Islamisten sanft zurück, ohne sie gegen sich aufbringen zu wollen. Sie warf das Ruder ihrer Religionspolitik nicht gleich herum, aber bemühte sich durch behutsame Manöver, in ein stilleres Fahrwasser zu kommen.

Das ägyptische Parlament erließ wenige Monate nach dem Urteil gegen Abu Zaid ein Gesetz, das die Prozeß-Freudigkeit der Islamisten bremsen sollte; auch im Fernsehen und im Bildungswesen schlägt man seitdem gemäßigtere Töne an, wenn über die Religion gesprochen wird. Die Ernennung Hamdi Zakzuks zum Religionsminister ist ein Ausdruck dieser Kurskorrektur. Zakzuk, der in München über Hume promoviert hat und fließend Deutsch spricht, war zuvor acht Jahre lang Dekan der Philosophischen Fakultät an der Azhar-Universität gewesen. Obwohl alles andere als ein Bilderstürmer, vielmehr nach westlichen Maßstäben ganz und gar konservativ, genießt er bis weit in säkularistische Kreise Ansehen. Zakzuk hat die vielen Konservativen eigene, instinktive Abneigung gegen jedwede Exaltiertheit und die manche von ihnen auszeichnende, weltanschaulich motivierte Toleranz. Schon seine bedächtige, fast milde Sprache und sein betont bescheidenes Auftreten unterscheiden ihn vom Typus des ägyptischen Karrierepolitikers wie auch des religiösen Eiferers. Wo in anderen Behörden jeder Abteilungsleiter Journalisten seine Macht beweist, indem er sie nacheinander in mindestens drei Vorzimmern warten läßt, kommt Zakzuk dem Besucher schon im Treppenhaus entgegen, damit dieser sich nicht in den Gängen verläuft. Der Minister ist ein Gelehrter geblieben, der im Gespräch für jede Gelegenheit dankbar ist, über anderes als Politik nachzudenken.

Sein Amt verbietet es, die frühere Religionspolitik direkt

zu kritisieren, also begnügt sich Zakzuk mit allgemeinen Formulierungen, wenn er über die Jahre vor seinem Amtsantritt redet. «Als ich Minister wurde, war das wichtigste für mich, einen Plan zu entwerfen, um die gesunde Religiosität zu verbreiten», sagt er, schaut ein paar Sekunden in das fragende Gesicht des Besuchers und fährt zur Erklärung fort: «In den Jahren zuvor geisterten manche extremistische Gedanken in den Köpfen junger Leute.» Zakzuk sagt nicht, wer diese Gedanken in die Köpfe der jungen Leute gepflanzt hat – daß es auch Prediger des staatlichen Fernsehens, Universitätsprofessoren und Gelehrte der staatlich kontrollierten Azhar-Universität waren. Aber an der Emphase, mit der er spricht, ist zu spüren, wie sehr ihm jene Frömmigkeit zuwider ist, die davon lebt, andere als unfromm anzuprangern.

Der Plan, den der Minister entworfen hat, sieht vor, nach und nach sämtliche Moscheen in Ägypten unter die Aufsicht des Religionsministeriums zu stellen. Nach Zakzuks Angaben gab es bei seinem Amtsantritt – neben Hunderttausenden von einfachen Gebetsräumen, sogenannter *zawiyas* – 67 000 Moscheen in Ägypten, von denen 20 000 vom Staat kontrolliert worden seien. Viele der übrigen Moscheen seien von Extremisten beherrscht gewesen. Mittlerweile beaufsichtigt das Ministerium zwei Drittel der Moscheen, und jährlich sollen 16 000 hinzukommen. Konkret bedeutet die «Aufsicht», daß der Staat die Prediger und deren Mitarbeiter auswählt. Um auch die *zawiyas* dem Zugriff der Demagogen und theologischen Dilettanten zu entziehen, ist ein Gesetz erlassen worden, demzufolge niemand ohne eine Lizenz predigen darf. 30 000 Lizenzen hat das Ministerium bislang vergeben.

Zakzuk betont, daß es dem Staat nicht darum gehe, den Menschen eine bestimmte Auffassung der Religion zu oktroyieren, schließlich würden an der Azhar alle fünf großen islamischen Rechtsschulen, einschließlich der schiitischdschafaritischen gelehrt. Man wolle lediglich Leute ohne theologische Ausbildung daran hindern, von den Kanzeln aus eine «ungesunde Religiosität» zu verkünden. «Ungesund», das ist für Zakzuk der Fanatismus, der Extremismus, die Gewalt; als «gesund» bezeichnet er eine Religiosität, die tolerant gegenüber Andersdenkenden ist, die Vernunft achtet und die Friedfertigkeit predigt. Zakzuk sieht keinen Widerspruch zwischen dem Islam und der Allgemeinen Erklärung der Menschenrechte und spricht sich für eine zeitgemäße Auslegung der Scharia aus. Den Exilanten Abu Zaid, dessen Ansichten er nicht teile, den er aber als Menschen und Wissenschaftler respektiere, lädt der Minister ein, nach Kairo zurückzukehren. Die Frage, ob Nasr Hamid Abu Zaid denn auch wieder Islamwissenschaft lehren könne, bejaht Zakzuk ausdrücklich und als erster ägyptischer Regierungsvertreter. Dem Einwand, daß die Bücher des Professors noch immer aus den Universitätsbibliotheken verbannt sind und das Scheidungsurteil zwar ausgesetzt, aber nicht aufgehoben ist, begegnet der Minister mit der Erklärung, daß sich in der letzten Zeit vieles zum Besseren gewandelt habe und man daher optimistisch sein könne.

So schlüssig die Diagnose wirkt, daß der Extremismus in den Moscheen auch der ungenügenden Ausbildung der Prediger geschuldet ist, so ist doch Zakzuks Therapie nicht ohne Nebenwirkungen. Sie unterwirft die Moscheen der umfassenden Kontrolle des Staates und monopolisiert die Religion, die gerade im Islam durch das Nebeneinander unterschiedlicher Glaubensentwürfe geprägt ist. Die Azhar-Universität, die für die Ausbildung ausnahmslos aller Prediger des Landes zuständig sein soll, repräsentiert die klassischen Rechtsschulen und damit die Breite der muslimischen Orthodoxie, nicht aber die gewachsene Vielfalt des Islams, die volksreligiöse, mystische, philosophische und seit dem zwanzigsten Jahrhundert auch modernistische sowie fundamentalistische Tendenzen umfaßt. Vor allem aber ist die Azhar-Universität keine unabhängige Institution, sondern untersteht dem Staat, der sie finanziert und ihren Leiter ernennt.

Der Islam, den die von der Azhar ausgebildeten Prediger lehren, ist zwar in der Regel nicht extremistisch, aber in seiner Ausrichtung konservativ und staatstragend. Er ist eine Staatsreligion, allerdings in einem anderen Sinne, als es sich die Islamisten wünschen: Nicht der Islam beherrscht den Staat, vielmehr ist es der Staat, der den Islam beherrscht. Die transzendierende Kraft der Religion, die sich eben auch gegen die gesellschaftliche Realität wenden kann, die Bereitschaft, jegliche irdische Autorität zu kritisieren, wenn es der Glaube an eine höhere verlangt, wird man in diesem Islam schwerlich finden. Besucht man eine der Freitagspredigten in der Azhar-Moschee, so wird man über die Pflichten und Lehren des Islams korrekt unterrichtet, von der Wirklichkeit außerhalb der Moschee ist jedoch allenfalls in Gemeinplätzen die Rede. Jede evangelische Sonntagspredigt ist näher an der sozialen Realität. Als Reaktion auf die politisierte Religion wird ein Islam gelehrt, in dem die Politik nicht vorkommt. Der Bezug zur Gegenwart ist aufgegeben oder anderen, womöglich radikalen Sprechern überlassen, die keine Angst haben, darüber zu sprechen, was die Menschen bewegt.

Gewöhnlich ist es Scheich Tantawi, der freitags die Predigt an der Azhar-Moschee hält. Als Leiter der Azhar-Universität ist er der höchste religiöse Würdenträger Ägyptens. Bei seinem Amtsantritt im Jahr 1996 wurde er von westlichen Journalisten schon als eine Art Lichtgestalt gepriesen. Ihnen gegenüber betont er gern, daß der Islam die Freiheit des Glaubens absolut respektiere. Entsprechend hat der Scheich auch das Urteil gegen Abu Zaid kritisiert. In der arabischen Presse hingegen hat er dasselbe Urteil verteidigt und erst jüngst wieder die Apostasie als todeswürdig bezeichnet.

Den Besucher, den der Scheich schlechtgelaunt an einem heißen Junimorgen empfängt, scheint er ob seines Aussehens nicht für einen westlichen Journalisten zu halten. Zwar stellt sich der Gast als Autor einer deutschen Zeitung vor, aber der Scheich hört kaum zu, sondern spricht ihn gleich als «Mein Sohn» an und fragt nach dem Begehren. Als er das Wort «Interview» hört, fällt er dem Besucher mit einem mächtigen Seufzer ins Wort, verlangt umgehend den Zettel mit den Fragen, fragt streng, ob das Aufnahmegerät angeschaltet ist, und liefert das Interview in einem Tempo, als handele es sich um die aktuelle Staumeldung. Um keine Zeit zu verlieren, liest Seine Exzellenz die Fragen selbst.

Der Besucher wird belehrt, daß die Strafe dessen, der vom Islam abfällt und sich gegen die muslimische Gemeinde verschwört, der Tod ist und Tantawi sich zum Fall Abu Zaid nicht mehr äußern möchte; er erfährt, daß in Ägypten Christen und Muslime gänzlich ohne Probleme zusammenleben, es keine Diskussionen um ein neues, fortschrittlicheres Familienrecht gibt (die entsprechenden Kommentare und Nachrichten in der Presse, auf die der Zettel verweist, müssen aus einem anderen Land stammen) und die Azhar vollkommen unabhängig vom Staat ist. Durch seinen Amtsantritt habe sich an der Azhar «Gott sei Dank» nichts geändert. Sein vorrangiges Ziel sieht Tantawi in der Bewahrung des edlen Korans und der Pflege der religiösen Wissenschaften. Die Existenz einer radikalen «Front der Azhar-Gelehrten» verneint der Scheich – sei doch die Azhar «eine einzige Front»! Auf die zitierten Presseberichte, nach denen er diese «Front» auflösen will, braucht er daher gar nicht erst einzugehen. «Dankeschön, auf Wiedersehen», beendet Seine Exzellenz den Monolog, der in elf Minuten und neunundzwanzig Sekunden vierzehn Fragen beantwortet hat.

Das «Interview» mit Tantawi relativiert manche Äußerungen Zakzuks – nicht weil diese sich als bloße Rhetorik erweisen, sondern weil sie nur einen Teil der politischen und religiösen Wirklichkeit widerspiegeln. Während der Minister differenziert über die geistige Verfassung seines Landes spricht und das Problem der Ketzerjagd kennt, verleugnet der Leiter der höchsten religiösen Institution des Landes rundherum die Existenz des Phänomens. Sowohl Zakzuk als auch Tantawi sind vom Staatspräsidenten in ihre Ämter berufen worden. Sowohl Hamdi Zakzuk als auch Scheich Tantawi repräsentieren das offizielle Ägypten und seine Religion. Daß sie auf die gleichen Fragen gegensätzlich antworten, ist ihnen persönlich nicht vorzuwerfen. Ihrem Staat aber, dessen Religionspolitik von solchen Widersprüchen zu leben scheint, könnte es als Doppelzüngigkeit ausgelegt werden.

Das Aussenden verschiedener und oft widersprüchlicher Signale ist beispielhaft für eine politische Herrschaft, die geschickt zwischen den verschiedenen gesellschaftlichen Strömungen schwimmt und dem Extremismus eben so weit entgegenkommt, daß die Öffentlichkeit nicht allzusehr erschrickt. Erschrickt sie dann doch, zum Beispiel weil ein säkularer Denker mit dem Tode bedroht oder einer Schlagersängerin die Einreise verweigert worden ist, ergreift sie rasch Maßnahmen zur allgemeinen Beruhigung. Sie schickt Bodyguards vor die Haustür des Denkers oder hebt, wie im Falle der Sängerin, das Einreiseverbot auf. Aber wie jedes Medikament verlieren auch Beruhigungsmittel ihre Wirkung, wenn sie allzu häufig verabreicht werden.

O Mubarak!

Der eigentliche Gewinner der in Ägypten anstehenden Präsidentschaftswahlen ist die Werbeindustrie. In Tausenden von großformatigen, fast immer vierfarbigen Anzeigen, in Hochglanzbeilagen, Fernseh- und Radiospots, auf Plakatwänden und in Leuchtreklamen erklären in diesen Tagen zahllose Firmen, Genossenschaften, Verbände, Vereine und fast alles, was in Ägypten Rang und Namen hat oder haben möchte, daß nichts so beglückend und vielversprechend wäre wie eine vierte sechsjährige Amtszeit Präsident Hosni Mubaraks. «Im Interesse unserer Generationen und der vielen zukünftigen Generationen», heißt es da etwa recht pragmatisch in einer zufällig herausgegriffenen Anzeige der Firma «Massa Elektro», «huldigen wir dir, o Mubarak!». Die Anzeige der Hotelgruppe «Regina» rührt dagegen eher ans Herz: «Liebend, glaubend, vertrauend und auf festem Boden gründend, huldigen wir dir, o Mubarak!» Mag dieser Wahlkampf auch sonst vor Überraschungen gefeit sein, so ist es doch immerhin beeindruckend, anhand der Anzahl der Anzeigen zu erfahren, wie viele mittelständische Firmen und Großkonzerne es in dem nicht eben stark industrialisierten Land inzwischen gibt.

Geschäftsmänner, Funktionäre und Prominente, die sich besonders zu profilieren haben, begnügen sich nicht mit allgemeinen Slogans, sondern erklären in aller Ausführlichkeit, warum sie Hosni Mubarak «absolut unterstützen», wie es etwa der Vorsitzende des Verbandes der Geschäftsleute ausdrückt. Zur Ästhetik dieser Huldigungen gehören fast immer die Landesfarben rot-weiß-schwarz sowie eine kleinformatige Porträtaufnahme des Autors, die neben oder unter einem großflächigen Photo des annoncierten Idols erscheint. Ähnlichen Inhalts sind die Analysen, die täglich die Meinungsseiten sowie verschiedene Serien in den großen Tageszeitungen und Magazine füllen und unisono zu dem überraschenden Schluß kommen, daß der jetzige Präsident auch der zukünftige sein muß. Daß es sich bei den genannten Veröffentlichungen um redaktionelle Beiträge handelt, erkennt man daran, daß sie ohne die Nationalfarben und das Bild Mubaraks auskommen (aber nicht ohne das Bild des Autors). Originell sind auch die Ergebnisse der regelmäßi-

gen Umfragen unter bekannten und weniger bekannten Sängern, Schauspielern und anderen Unterhaltungskünstlern zu der bevorstehenden Wahl. Für ihr durchweg entschlossenes, nicht selten gefühlvolles «Ja» zu einer vierten Amtszeit Mubaraks werden sie mit dem Abdruck ihres Photos belohnt. Noch heller sprühen die Funken künstlerischer Inspiration in den nicht enden wollenden Versen, die den Präsidenten rühmen und die bislang meist noch unentdeckten Dichtern einen Platz in den Feuilletons der auflagenstärksten Zeitungen bescheren. Aber auch der einzelne Bürger oder beispielsweise die Belegschaft des Kaufhauses «Omar-Effendi», Filiale Kairo-Sahafin, kommen zu Gehör. Hundertfach überträgt das Radio ihre telefonisch übermittelten Huldigungen des Präsidenten.
Ägypten, das von westlichen Politikern für seine Fortschritte im Demokratisierungsprozeß seit mittlerweile über 25 Jahren kontinuierlich gelobt wird (eben solange, wie sich das einst sozialistische Land dem Westen als regionaler Bündnispartner und Handelsmarkt zur Verfügung stellt), befindet sich im Wahlkampf, aber nicht von Wahlen ist landauf, landab die Rede, und schon gar nicht von einer Auseinandersetzung zwischen politischen Kontrahenten, sondern von *mubaayaʿa*. Dieser vorislamische Terminus bezeichnet den Treueid oder die Huldigung der Stammesmitglieder für ihren Herrscher. Die altarabischen Stämme, so heißt es, haben sich nach Beratungen der Ältesten auf einen Führer verständigt und ihm anschließend «gehuldigt». Der heute in Ägypten allgegenwärtige Rückgriff auf diesen Terminus soll die historische Normalität dessen suggerieren, was gegenwärtig geschieht, soll weismachen, daß die Araber seit mythischer Zeit ihre spezielle Form der Demokratie haben, in welcher der Führer im Konsens ermittelt wird und man auch ohne politische Alternativen auskommt. Aber am Ende des zwanzigsten Jahrhunderts ist es nicht mehr normal für ein Land mit über sechzig Millionen

Einwohnern und einer Herrschaft, die beständig das Wort Demokratie im Munde führt, daß Präsidentschafts- und Parlamentswahlen kaum mehr als eine Akklamation sind und die einzig offene Frage der bevorstehenden Abstimmung die ist, ob der einzige Kandidat 95 oder 97 oder 97,5 Prozent der Stimmen auf sich vereinigt. Und normal ist es auch nicht, daß intelligente Geschäftsleute, in Ägypten ansässige westliche Firmen, angesehene Intellektuelle und namhafte Journalisten, die zu kritischen Äußerungen durchaus imstande sind, sich alle sechs Jahre darin messen, wer die einfallsreichste Panegyrik auf den Präsidenten verfaßt.

Vergangene Woche hat nun das ägyptische Parlament in einer von der Presse als «historisch» bezeichneten, minutiös protokollierten Sitzung dem Präsidenten Hosni Mubarak «gehuldigt». Unmittelbar darauf ist eine Delegation des Parlamentes zum Präsidentenpalast im Norden Kairos gefahren, um dem Präsidenten von der Huldigung zu unterrichten und ihn zu bitten, sich für eine vierte Amtszeit zur Verfügung zu stellen, gefolgt von den Ministern, Vertretern der Streitkräfte, dem geistigen Oberhaupt der Sunniten, Scheich Tantawi, dem koptischen Papst Schenuda II. und anderen Persönlichkeiten. Der Präsident, von soviel Huld sichtlich überwältigt, beschied vor laufenden Fernsehkameras, daß der «Ruf der Pflicht mir keine andere Wahl läßt, als die Kandidatur des Parlamentes zu akzeptieren».

Die gesamte Nominierung zwischen der Parlamentsdebatte und der Überreichung der kalligraphisch gestalteten Pergamentrollen oder Tafeln, welche die Huldigung beurkundeten, war nicht nur generalstabsmäßig, sondern auch bewußt als ritueller Akt inszeniert und daher von allen Unwägbarkeiten eines demokratischen Verfahrens befreit. Dennoch war etwas Ungewöhnliches daran. Erstmals hat kein einziger der 454 Abgeordneten gegen die Kandidatur Mubaraks gestimmt. Selbst die vierzehn Vertreter der Opposition votierten für den Amtsinhaber oder enthielten sich der Stimme. Von elf Oppositionsparteien sprachen sich einzig die linksgerichteten «Nasseristen» gegen die Wiederwahl Mubaraks aus, doch muß ihr einziger Abgeordneter, der Anwalt Samih Aschhur, offenbar Angst vor der eigenen Courage bekommen haben, da er der Abstimmung im Parlament überraschend fernblieb. Seine Partei stürzte er dadurch in größte Verlegenheit und innere Zerwürfnisse. Zudem bescherte er ihr einen Zank mit der zweiten ägyptischen Linkspartei, dem *Tagammu*, deren Parteiblatt Hohn und Spott über die Nasseristen ausgoß. Diese wiederum warfen dem *Tagammu* vor, nur die eigene Scham zu überspielen, nachdem seine fünf Parlamentsabgeordneten zum ersten Mal seit dessen Amtsantritt vor 18 Jahren nicht gegen Hosni Mubarak gestimmt haben. Tatsächlich wird auch der *Tagammu* ob dieses Votums von internen Streitereien geschüttelt. Entgegen dem Beschluß ihres Zentralkomitees, wonach sie sich der Stimme wenigstens enthalten sollten, votierten die *Tagammu*-Vertreter mit «Ja» und schlossen sich sogar der Delegation an, die dem Präsidenten die Huldigung überbrachte. Tröstlich an der Farce, die von der Opposition in der diesjährigen Spielzeit geboten wird und alle vorherigen Schauspiele an Peinlichkeit übertrifft, ist einzig, daß sie unter weitgehendem Ausschluß der Öffentlichkeit stattfindet, da die Auflage ihrer jeweiligen Zeitungen kaum mehr als bei einigen tausend verkauften Exemplaren liegt. Allenfalls die Organe der islamistischen «Arbeits»- sowie der als liberal eingestuften «Wafd»-Partei üben einen gewissen Einfluß aus, doch während erste sich jeglichen Kommentars zur Wahl des Staatspräsidenten enthielt, da diese «kein zentraler Punkt auf der Tagesordnung der Partei» sei, hatten die Liberalen schon von vornherein im Chor der Präsidentenpanegyriker gesungen.

Daß sich die Opposition, sofern sie überhaupt oppositionelle Positionen vertritt, mehr mit sich selbst als mit der

Regierung beschäftigt, ist ein vertrautes Phänomen und einer der Schlüssel für die niemals stabiler gewesene Herrschaft Hosni Mubaraks. Nämliches läßt sich in den Berufsverbänden beobachten, die bis vor einigen Jahren erstaunlich unabhängig und politisch aktiv waren. Heute werden die meisten Verbände von Anhängern der Regierung geführt, und die wenigen, in denen sich die Regierung noch nicht durchsetzen konnte, sind wie der Schriftstellerverband mit internen Querelen so sehr beschäftigt, daß sie kaum zu ihrer eigentlichen Arbeit kommen. Das beste Beispiel ist der Anwaltsverband, der auf eine beeindruckende Geschichte politischer Betätigung zurückblicken kann. Er hat den Oppositionsparteien ein Forum geboten, Künstler und Intellektuelle haben in seinen Räumen protestiert, die Eisenbahner haben sich hier versammelt, während sie streikten. Daß die Islamisten bei den letzten Vorstandswahlen eine knappe Mehrheit errangen, nahm die Regierung zum Anlaß, den Vorstand kurzerhand aufzulösen. Als die Anwälte vor einigen Wochen nach Monaten der Lähmung einen Versuch unternahmen, sich auf einen neuen Vorstand zu verständigen, wurden sie von Sicherheitskräften daran gehindert, die Räumlichkeiten des Verbandes überhaupt zu betreten. Die Anwälte versammelten sich daraufhin auf der Straße, aber was kann ein Berufsverband bewirken, der nicht einmal einen Raum hat, um sich zu treffen?
Vielleicht wird es dem Verband in den nächsten Monaten doch noch gelingen, einen Vorstand zu wählen. Einer der Hauptbewerber für den Vorsitz ist der erwähnte Abgeordnete der Nasseristen, Samih Aschhur. Gemunkelt wird, daß er deshalb der Abstimmung über die Kandidatur Mubaraks fernblieb, um die Chancen zu erhöhen, sich doch noch zur Wahl um den Vorsitz des Anwaltsverbandes stellen zu dürfen. Solche Kompromisse sind charakteristisch und geraten fast immer zum Vorteil der Regierung. So ist etwa die Phalanx der sogenannten non-governmental organizations

(NGO), die sich mit Demonstrationen und Hungerstreiks gegen ein neues Gesetz wehrten, das ihre politische Arbeit weitgehend einschränkt, längst eingebrochen. Kurz nachdem sich Vertreter aller fünfzehn wichtigen Menschenrechtsorganisationen darauf verständigt hatten, das neue Gesetz einfach zu ignorieren, beantragten acht von ihnen klammheimlich die Registrierung, die das neue Gesetz vorsieht und in der jetzigen Form von den regierungsunabhängigen Organisationen abgelehnt worden war. «Was geschehen ist, gleicht einem Kollaps, einem Einsturz von innen», beschrieb ein Menschenrechtsaktivist die Entwicklung, die sich ähnlich bereits in vielen anderen Institutionen der zivilen Gesellschaft, den Parteien wie den Berufsverbänden, ereignet hat.

Das Geschick des Staates, Zwietracht unter Oppositionellen zu säen, ist außerordentlich. Es trägt wesentlich dazu bei, daß er auf Verbote von Oppositionsgruppen weitgehend verzichten kann. Ab und an zückt er die Peitsche und verhaftet einen Journalisten, schließt eine Zeitung, erhöht den Druck auf die regierungsunabhängigen Organisationen, verbietet eine Partei, im großen und ganzen bleiben die gröbsten Repressionen jedoch dem Umgang mit den – allerdings tatsächlich gefährlichen – radikalen Islamisten vorbehalten. Nur sie und allenfalls noch die einfachen Bürger, die das Pech haben, in ein gewöhnliches polizeiliches Verhör zu geraten, müssen sich vor Folter und Mißhandlung fürchten.

Im täglichen Leben ist Ägypten dagegen immer noch ein liberales Land, gerade im Vergleich zu anderen Ländern der Region. Man fühlt sich weder ständig bespitzelt wie etwa in Syrien, noch müssen sich die Menschen heute allzusehr vor terroristischen Überfällen ängstigen wie in Algerien. Anders als in Saudi-Arabien sind Alkohol und die meisten Werke der Weltliteratur frei erhältlich, der Personenkult um den Präsidenten ist außer vor den Präsidentschaftswahlen weniger ausgeprägt als im Irak, die Justiz ist weitgehend unabhängig, und daß staatliche oder staatsnahe Organe Oppositionelle ermorden wie in Iran oder Häuser in die Luft sprengen wie in Israel, ist in Ägypten gegenwärtig nicht denkbar. Anhänger Mubaraks könnten auch gewiß auf seine Erfolge etwa im Bereich der Außenpolitik verweisen, um für eine Wiederwahl des einundsiebzigjährigen Politikers zu werben, wenn statt eines Huldigungsmarathons eine öffentliche Diskussion stattfände. Aber sie findet nicht statt, und so werden die Vereinigten Staaten, die Ägypten mit enormen Geldsummen unterstützen, oder die Europäische Union, die dem Land ein neues lukratives Angebot zu einem Assoziationsvertrag unterbreitet hat, noch lange von Fortschritten im Demokratisierungsprozeß sprechen, ohne daß die Demokratie in Reichweite gerät.

Tanz die Tradition Obwohl die Beteiligten vom Dialog der Religionen noch nie gehört haben, beginnt die Nacht mit einem Toleranzbekenntnis. «Wir Christen- und Muslimenkinder feiern heut ein Fest», gibt der Sänger Ahmad Mahmud Schubayr die erste Zeile des Refrains vor, um von seinem Publikum den Chorus *Allahu akbar* zu hören – «Gott ist am größten». Zuvor ist es Ahmad und seinen drei Musikern gelungen, das muslimische Glaubensbekenntnis *La ilaha illa llah* («Es gibt keinen Gott außer Gott») mit solch rhythmischem Schwung vorzutragen, daß auch den zahlreich versammelten Christenkindern nichts übrigblieb, als die Hüften zu schwingen, in die Hände zu klatschen und in den Refrain einzustimmen: *Allahu akbar!*
Das Fest, das in dieser kaum drei Meter breiten, staubigen Sackgasse in einem Dorf nahe der oberägyptischen Provinzstadt Assuan gefeiert wird, ist die Hochzeit eines jun-

gen christlichen Paares. Auf einer blumengeschmückten Bühne am Kopf der Gasse thront es und überblickt die Menge von rund zweihundert stehenden und sitzenden Freunden, Nachbarn und Verwandten. Letztere sind an ihrer festlichen Kleidung zu erkennen, die Männer mit Anzug und Krawatte statt der traditionellen Galabiyya, die Frauen und Mädchen in bunt glänzenden, mit zahlreichen Rüschen verzierten Abendkleidern, die belegen, daß der Rokoko auch Afrika erreicht hat.
Quer zur Bühne des Brautpaars steht eine zweite, kleinere Bühne, auf der sich die vier Musiker drängen: der Sänger, ein Lautenspieler und zwei Trommler. Ihre Musik heißt *Kaff*, «Handfläche». Das Besondere an dieser oberägyptischen Volksmusik ist die Beteiligung der Zuhörer, die den Rhythmus und das Thema der einzelnen Lieder vorgeben, ohne daß es je etwas von der Angestrengtheit deutsch-alternativen Mitmachtheaters hätte. Jeweils vier bis sechs junge Männer aus dem Publikum klatschen einen Rhythmus, der von den Musikern sofort aufgenommen und variiert wird, woraufhin die Klatschenden die Variation wiederum zunächst übernehmen, um sie aufs neue zu verändern, so daß die Musiker unverzüglich reagieren und die Klatschenden durch Abwandlungen musikalisch herausfordern – und so weiter. Die von Mal zu Mal leicht abgewandelten Wiederholungen steigern sich je nach Situation und Stimmung in ein rauschhaftes Tempo, bis fast alle Anwesenden, Frauen und Kinder eingeschlossen, ausgelassen tanzen und die Gasse einer Freiluftdiskothek gleicht, mit Staubwolken statt Trockeneis und dank einer Tonanlage, die bis zum Anschlag aufgedreht ist, in diskothekenüblicher Lautstärke. Mitten auf der Tanzfläche wird Tee und Coca-Cola gereicht und unternehmen zwei Männer akrobatische Fahrten mit der Videokamera und dem Scheinwerfer. Nach einer Weile verebben Musik und Tanz, eine neue Gruppe von klatschenden Männern, die jeweils aus einem

einzelnen Viertel, Straßenzug oder Nachbardorf stammen, formiert sich, und der Reigen beginnt von vorn. Manchmal geht das zwei Stunden so, manchmal bis zum Morgengrauen. Vorhersehen kann das niemand.

So wie die Musik vollständig improvisiert wird, entstehen auch die Verse spontan. Der singende Dichter «spürt», wie er es im Gespräch am nächsten Tag ausdrücken wird, das Publikum und wartet auf die Verse, die von selbst entstehen. Die Klatschenden antworten, indem sie Stichworte, Halbverse oder Fragen rufen und den Sänger so auf neue Motive, Themen und Verse bringen. Die Inhalte dieser improvisierten Dichtung könnten vielfältiger nicht sein: das Leben im Dorf und die Nachrichten aus der Stadt, Geschichten von den Anwesenden und den Daheimgebliebenen, die Lokalpolitik und die Friedensverhandlungen zwischen Israel und Palästina, die aktuellen Fernsehserien und die Lehren des Korans, Drogen und immer wieder die Liebe. Selbst die deutsche Presse findet in der Poesie des Ahmad Mahmud Schubayr ihren Platz. Als ihm jemand zuflüstert, daß sich ein Berichterstatter aus dem Ausland unter den Gästen befinde, weist er diesem sogleich einen Ehrenplatz vor der Bühne zu und bedenkt ihn, seine Zeitung und sein Land mit Willkommensversen.

Ahmad Mahmud Schubayr ist, mag auch seine Popularität sich auf die Dörfer und Kleinstädte Oberägyptens beschränken, ein großer Künstler, ein Entertainer von trockenstem Humor, gleichzeitig ein Romantiker und scharfzüngiger Chronist seiner Lebenswelt. Wie er da gleichmütig auf dem Stuhl sitzt, die Knie unter der Galabiyya übereinandergeschlagen, die Zigarette in der linken, das Mikrophon in der rechten Hand, das glattrasierte Gesicht mit dem fein geschnittenen Schnurrbart äußerlich vollkommen unbeteiligt, wirkt er inmitten seiner wirbelnden Musiker so gelassen arrogant wie Chet Baker, während er sein Publikum doch gleichzeitig so mitreißt und beherrscht wie Mick Jagger in seinen besten Jahren. Man muß tatsächlich an die Pop- und Jazzkultur denken, will man etwas Vergleichbares aus einem westlichen Kontext anführen, denn mit gemütlicher Folklore oder gar dem melodischen Schrecken deutscher Fernsehvolksmusik hat dieser *Kaff* nichts gemein. Er ist laut, schnell, spontan und nicht nur für westliche Ohren schrill. Um Authentizität scheren sich die Beteiligten nicht; alles, was ihnen zu Ohren kommt, kann Eingang in ihre Kunst finden, von den Klassikern der arabischen Primadonna Umm Kolthum bis zu den aktuellen Schlagern und sogar Melodien aus der Werbung. Gelegentlich blickt Ahmad auf den Berichterstatter hinab und zieht – in Augenblicken der höchsten musikalischen Erregung und der eigenen Wirkung in vollem Maße gegenwärtig – die Mundwinkel einige Millimeter in die Höhe, als ob er ihm sagen wollte: Da staunst du, was?

Kaff ist nur eine von mindestens sechs eigenständigen Gattungen der oberägyptischen Volksdichtung. Es gibt den *Marbuu*, den *Namim*, die *Mawawil*, die *Ganazir* sowie die verschiedenen Formen des Geschichtenerzählens, die unter dem Begriff *Funun as-Sira* zusammengefaßt werden. Sie haben ihre jeweils eigenen Traditionen, ihre Fangemeinde, ihre vergangenen Legenden und gegenwärtigen Größen, aber ihnen allen ist gemein, daß sie erst in der Begegnung zwischen den Künstlern und ihrem Publikum, bisweilen auch in der poetischen Kommunikation von mehreren Dichtern entstehen. Die Improvisation ist selbst für jene Erzähler wesentlich, die von einer Vorlage ausgehen. Das Epos vom Kriegerstamm der Bani Hilal etwa, das in voller Länge an die siebzig Stunden dauern würde und über Ägypten hinaus in der ganzen arabischen Welt bis tief in die Sahara singend vorgetragen wird, ist zwar in groben Zügen dem Publikum bekannt, doch entscheidet sich oft erst während des Abends, welche Wendung die Geschichte nehmen wird. Weil manche Dörfer für den einen, manche für den anderen Helden Partei ergreifen, zeichnet es den begabten Barden aus, die Stimmung unter den Hörern schnell zu erfassen und jeweils demjenigen Helden ein gutes Ende zukommen zu lassen, der die Sympathien genießt, nicht ohne ihn vorher den größten Gefahren, Nöten und Demütigungen ausgesetzt zu haben. Als wahrer Meister erweist sich, wem es gelingt, ein Publikum zu beglücken, in dem jeder der Helden seine Anhänger hat. Die widerstreitenden Emotionen hat der Barde durchaus zu schüren, andererseits aber die Situation eben in dem Augenblick zu beruhigen, da sie in ernsthafte Konflikte oder gar Tumulte umzuschlagen droht.

Auch Ahmad Mahmud Schubayr sagt, daß er die Verse nicht einfach «loslassen» könne. Zwar ahne er, wenn er die Bühne betritt, nicht, wohin die Dichtung ihn führen werde, aber sobald sie einmal in Fahrt gekommen sei, müsse er zusehen, daß sie ihm nicht aus dem Ruder laufe. Vor allem junge Männer kaprizierten sich gern auf sexuelle Anzüglichkeiten, und da sei er bisweilen gezwungen, der Dichtung unauffällig eine andere Richtung zu geben, schließlich befänden sich Frauen, Kinder und ältere Leute unter den Anwesenden. Auch politische Kritik habe, so fügt Ahmad freimütig hinzu, Grenzen, die zu überschreiten nicht ratsam sei.

Wollte man all die verschiedenen Formen der ägyptischen Volkskultur beschreiben, die Unterschiede zwischen ihrer städtischen und ländlichen Ausprägung sowie die Mischformen berücksichtigen und schließlich auch die Rituale und Feste der volkstümlichen Mystik behandeln, müßte man eine Enzyklopädie schreiben. Die Bewohner des Niltals blicken auf eine fünftausendjährige Geschichte zurück. Gewiß, geht man durch die heutigen Dörfer und Städte mit ihrer wenig ansehnlichen oder verfallenen Architektur, mit all ihren der Armut und der Übervölkerung entspringenden Problemen, fällt es nicht immer leicht, die spektakulären Monumente vergangener Zivilisationen mit den heute lebenden Menschen in Verbindung zu bringen. Kommt

man jedoch mit ihrer Alltagskultur in Berührung, spürt man, daß sie sich aus tiefen Quellen speist. In den Gedichten, Gesängen und Tänzen scheint sich jede einzelne Epoche der ägyptischen Geschichte abgelagert und mit den vorherigen und nachfolgenden vermischt zu haben. Vor allem in der Mystik haben sich die Traditionen verschmolzen, so daß etwa die christlichen und muslimischen Rituale für den Außenstehenden kaum unterscheidbar sind und jeweils von Anhängern beider Religionen besucht werden.
Gerade die letzte, für ägyptische Verhältnisse noch junge Epoche hat der Volkskultur vielerlei Impulse gegeben und durch ihre Hilfsmittel manche Gattungen überhaupt erst geschaffen. Wo sich die Volkskultur – wie in den Auftritten Mahmud Ahmad Schubayrs – als stark genug erweist, die ästhetischen und technischen Einflüsse der Moderne zu integrieren, entwickelt sie sich weiter, ohne ihr Wesen aufzugeben. Aber das gelingt nicht immer. Die Geschichtenerzähler etwa sind längst vom Fernseher verdrängt, Musikkassetten haben der Livemusik ihre Einmaligkeit genommen, und nun überziehen seit einigen Jahren Videorecorder und Satellitenschüsseln die ägyptische Provinz. Die Auswirkungen der neuen Programmvielfalt, die den bis dahin moralisch recht behüteten Dorfbewohner unversehens auf fremdsprachig kopulierende Paare, MTV und Gewaltfilme stoßen läßt, sind dramatisch.
Der Zeitpunkt, von dem an sich das kulturelle und ökonomische Gefüge der Dörfer auflöste, läßt sich recht genau benennen. In den siebziger Jahren zogen Hunderttausende Landbewohner auf der Suche nach Arbeit in die Staaten am Persischen Golf, um nach einigen Jahren, für die dörflichen Verhältnisse begütert, zurückzukehren. Andere gingen lediglich in die großen Städte oder die Touristenzentren, verdienten aber immer noch weit mehr, als es im Dorf je möglich gewesen wäre. Indem die Rückkehrer und Heimaturlauber Fernseher und Kassettenrecorder mitbrachten,

etablierten sie nicht nur neue Statussymbole, sondern auch eine bis dahin fast unbekannte, faszinierend bunte Welt von Klängen und Bildern. «Das Fernsehen hat geschafft, was keine Regierung vermocht hätte, nämlich die einzig wirklich unabhängige, von der politischen Macht nicht zu kontrollierende Kultur in Ägypten an den Rand zu drängen», sagt der Schriftsteller Mahmud el-Wardani, der in Kairo mit leuchtenden Augen von seinen Dichterkollegen auf dem Dorfe spricht. «Es hat das ästhetische Empfinden der Menschen vereinheitlicht, ihre Feste verraten und ihre Träume okkupiert.»

Es wäre nicht nur müßig, sondern auch ungerecht, dem sogenannten Fortschritt alles Übel zuzuschreiben, schließlich hat er der ägyptischen Landbevölkerung nicht nur Telefonsex und den Terminator, sondern auch Strom und fließendes Wasser beschert. Die gleiche Moderne, die die autochthone Kultur und die überlieferten Wertvorstellungen zu zerstören droht, bekämpft auch die hohe Säuglingssterblichkeit, die Blutrache und die Mädchenbeschneidung. So rundum gut, wie es in den Erzählungen der Nostalgiker erscheint, waren die alten Zeiten nicht. Andererseits sollten jene Aufklärungsfundamentalisten, die fremde Kulturen danach bewerten, inwieweit sie mit der eigenen, westlichen kompatibel sind, bedenken, was die Moderne für die weitaus meisten Menschen auf der Erde konkret bedeutet. Es sind nicht die Gedanken Kants zum ewigen Frieden, die globale Verbreitung finden, sondern die Produkte der Kulturindustrie und die Prinzipien der selten sozialen Marktwirtschaft.

Zur Aufklärung gehören diejenigen, die sie bekämpfen. Das ist Teil ihrer Dialektik und in Europa nicht anders als in Nordafrika. In Ägypten setzte der Kampf gegen die geistigen Errungenschaften der Moderne im späten neunzehnten Jahrhundert ein. Seit den dreißiger Jahren, als die Muslimbrüder begannen, ein Netz der sozialen Fürsorge zu knüpfen, hat der Kampf die Dörfer im Niltal erreicht, doch wurde er lange Zeit fast ausschließlich mit den Waffen des Wortes und der Wohlfahrt geführt. Eskaliert ist die Auseinandersetzung um die Moderne erst in den siebziger Jahren, nachdem Ägypten aus dem nationalistischen Traum Nassers erwacht war. Außer dem damaligen Präsidenten Anwar as-Sadat, der mit den Islamisten stillschweigend paktierte, hat dazu sicher beigetragen, daß viele Ägypter in den Golfstaaten einen strengen sunnitischen Puritanismus kennenlernten und umgekehrt saudische Geldgeber ihre Auffassung der Religion in Ägypten propagieren ließen.

Für den radikalen, gewaltbereiten Islamismus ist die ägyptische Volkskultur mit ihrer ekstatischen Musik, ihren rauschenden Festen und ihrer synkretistischen Mystik des Teufels. Die neuen Puritaner ertragen weder die erotischen Verse der Sänger noch die Musikalität der religiösen Erfahrung. Sie verwerfen es als ketzerisch, wenn Frauen und Männer gemeinsam tanzend in Verzückung geraten. Als die Terroristen in den achtziger und frühen neunziger Jahren ganze Landstriche Oberägyptens in Angst und Schrecken versetzten, war es den Musikern oft nicht mehr möglich, in der Öffentlichkeit zu spielen. Zu groß war die Angst, während des Festes überfallen zu werden. Wo sie dennoch auftraten, spotteten die Sänger über die Extremisten und beschimpften sie.

Ahmad Mahmud Schubayr spricht von diesen Jahren, als gehörten sie einer fernen Vergangenheit an, als seien sie ein kurzer Albtraum, schrecklich zwar, aber nicht weiter erwähnenswert, nun, da man erwacht ist. Er ist überzeugt, daß die bärtigen, weiß gewandeten Gespenster, die den Koran in der einen und das Maschinengewehr in der anderen Hand tragen, nicht wiederkehren. Sie haben, so sagt er, nichts mit den Menschen zu tun, die er kennt und die immer hier gelebt haben. «Wie sollten sie sich da behaupten können?» fragt er.

Die Chancen, daß Ahmad recht behält, stehen nicht schlecht. Seit dem Anschlag von Luxor im November 1997, als zweiundsechzig Menschen ums Leben kamen, ist den Terroristen kein größerer Anschlag mehr gelungen. Gleichwohl ähneln manche Provinzstädte in Oberägypten immer noch Garnisonen, da die Regierung im Kampf gegen den Terrorismus auf die Präsenz des Militärs setzt.
Gleich von zwei Seiten werden Künstler wie Ahmad Mahmud Schubayr also bedrängt, von der kapitalistischen Kulturindustrie und dem religiösen Dogmatismus. Die ägyptische Volkskultur wirkt lebendig genug für die Hoffnung, daß sie beiden Herausforderungen standhält. Ahmad hat daran keinen Zweifel. Den Terrorismus will er für überwunden halten und die neuartigen Formen der Unterhaltung, die den Menschen Verstand und Sinne raubten, für unterlegen: «Und wenn es tausend Fernsehserien gibt und einen *Kaff*, gehen die Leute zum *Kaff*.» Das klingt trotzig und ist dennoch, wenn man ihn auf der Bühne erlebt hat, überzeugend.
Zu den Gefahren, denen die Volkskultur in der Moderne ausgesetzt ist, gehört noch eine dritte, die perfideste: der Erfolg. Der *Kaff* und die mit ihm verwandten Künste lassen sich nicht von der Umwelt trennen, in der sie entstehen, von den Zuhörern, die an ihrer Entstehung beteiligt sind. Mahmud el-Wardani erzählt die Geschichte des großen Sängers Scheich Yassin Tuhami, der auf den mystischen Festen, den *mawalids*, auftrat und die Fähigkeit besaß, ein Publikum von über einer Million einfacher, zumeist ungebildeter Menschen mit den Versen des Klassikers Ibn Farid zu fesseln, mit Texten also, die zu den rätselhaftesten, sprachlich anspruchsvollsten der arabischen Literaturgeschichte gehören. Eines Tages wurde Tuhami von französischen Reportern entdeckt. Sie drehten einen Film und machten ihn berühmt. Heute ist der Scheich, so beklagt al-Wardani, ein Entertainer, der in klimatisierten Sälen und Fernsehshows auftritt,

eine Figur aus der Werbung, eine reich gewordene Karikatur seiner selbst.

Was der Schriftsteller beschreibt, ist kein zwingendes Muster. Es gibt andere Fälle, in denen ein Volkskünstler außerhalb seiner Kreise populär geworden ist, ohne daß seine Kunst ihre Seele verloren hätte. Die Regel sind sie allerdings nicht. Man muß nur einmal die Sufi-Show besuchen, die wöchentlich im restaurierten Ghuri-Palast in Kairos Altstadt für wohlhabende Ägypter und Touristen aufgeführt wird, oder auf die Derwische stoßen, die ihre Tänze auf Hochzeitsgesellschaften in den Fünfsternehotels vorführen, um Fische zu beobachten, die auf dem Land zappeln. Die Fische sind nicht tot; sie haben Kniffe schnell erlernt, mit denen sie an Land atmen können, die hübschen Farben, die geheimnisvollen Bewegungen, die harmonischen Klänge. Aber sie schwimmen nicht mehr.

Die Aussicht, daß Ahmad je an die Angel der medialen Verwertung gerät, ist gering; zu ortsgebunden ist seine Dichtung, und seine Musik ist einerseits nicht eingängig, andererseits aber auch nicht exotisch genug, um ein anderes Publikum als das vorhandene zu interessieren. Anders als bulgarische Frauenchöre, die Reigen der Sufis oder der *Qawwali* des Pakistaners Nusrat Fatih Ali Khan läßt sich der *Kaff* kaum in einen fremden ästhetischen Kontext überführen. Von Zeit zu Zeit tritt Ahmad in einem der Kulturzentren auf, die es seit Nassers Zeit in den meisten Provinzstädten gibt und zu deren Aufgaben auch lange nach dem Ende des Sozialismus die Förderung der Volkskunst gehört. Es sei schön, daß man sich für seine musikalische Dichtung interessiere, und er gehe gern dorthin, aber dasselbe wie ein Auftritt unter Sternenhimmel, vor einem Publikum, das ihn versteht, auf ihn antwortet und mit ihm die Nacht durchfeiert, nein, das sei eine Vorführung in einem Kulturzentrum natürlich nicht, sagt er und lächelt versonnen.

Dichtersänger wie Ahmad Mahmud Schubayr tauchen weder in Literaturgeschichten auf, noch haben sie ein Werkverzeichnis vorzuweisen. Manche von ihnen können – anders als Ahmad – nicht einmal lesen und schreiben. In den Büchern über die ägyptische Kultur finden sie allenfalls kollektiv in ein, zwei Absätzen Erwähnung, Stichwort Folklore. Dennoch sind sie Repräsentanten einer Literatur, die für die meisten Ägypter die wichtigste, vielen sogar die einzig vertraute ist. So sehr Schriftsteller wie Nagib Machfus oder Yussuf Idris von ihren Landsleuten verehrt werden, ist doch die Rezeption ihrer auf Hocharabisch verfaßten Erzählungen in einem Land mit einer Analphabetenquote von, vorsichtig geschätzt, über fünfzig Prozent äußerst beschränkt.

Um so mächtiger fällt die Wirkung der mündlich überlieferten und vorgetragenen Dialektdichtung aus, die sowohl auf dem Land wie in den traditionellen Vierteln Kairos zu Hause ist. Mag also die Zahl der Theater, Kinos, Buchläden und Galerien außerhalb der modernen Großstädte verschwindend gering sein, so birgt doch das gesamte Niltal – und damit der weitaus größte Teil der bewohnten Fläche Ägyptens – eine außerordentlich lebendige und vielfältige Kultur. Allein in der Umgebung von Assuan finden sich rund zwanzig professionelle Dichtersänger, von denen sechs oder sieben wie Ahmad Mahmud Schubayr als regelrechte Stars gelten. Dagegen dürften die – im westlichen Sinn – konventionellen Schriftsteller, die von ihren literarischen Veröffentlichungen leben können, landesweit an einer Hand abzuzählen sein.

Man kann in Kairo die Oper, klassische europäische oder arabische Konzerte, Theaterpremieren oder Vernissagen besuchen, ohne sich als westlicher Besucher fremd zu fühlen. Die Themen und die Ästhetik der Kunstwerke unterscheiden sich, aber der Code der Darbietung und der Kommunikation ist mit ein paar lokalen Besonderheiten der gleiche wie in Europa. Wenn eine Ausstellung eröffnet wird, trifft sich die

Kunstszene, die aus demselben Personal wie in allen Kunstszenen besteht, aus den extravaganten Damen und den nachlässig gekleideten Intellektuellen, den jungen Stürmern und alten Hasen, den kunstinteressierten Geschäftsleuten und den geschäftigen Künstlern, den Beflissenen und Gelangweilten – nur daß es sich um Ägypter handelt. Sie alle hören die Ansprache einer wichtigen Person, ohne sich für sie zu interessieren, um anschließend in derselben gedämpften Lautstärke zu klatschen. Gibt sich ein Spitzenpolitiker die Ehre, dann hindert ihn die gleiche Traube von Kameramännern, Photographen, Höflingen und Neugierigen daran, die Exponate tatsächlich zu betrachten, mag sich ein Veranstalter oder der Künstler selbst größte Mühe geben, dem Minister einige Erläuterungen zu geben, und dieser angeregt nicken. In der Oper stehen die gleichen jungen Damen im modischen Einheitskostüm – der enge Rock auf Knielänge – wie in europäischen Opernhäusern, nur daß sie dunkle Haare haben und vielleicht ein wenig öfter lächeln. Im Theater findet man die gleichen müden Garderobieren, die gleichen gutbürgerlichen Ehepaare, die gleichen Schüler in Plateauschuhen oder mit der ersten Krawatte, die gleichen Genieregisseure, aufstrebenden Talente, schauspielernden Beamten wie in jedem deutschen Stadttheater. Man kann in Kairo ein Kulturleben finden, das auf den westlichen Beobachter verblüffend westlich wirkt, obwohl es nicht weniger ägyptisch ist als die entsprechend deutsche Szene deutsch, ein Kulturleben, das eher modern denn westlich zu bezeichnen wäre, weil es mit der Moderne, die ein globales Zeitalter ist, geboren wurde.

Diese kulturelle Szene Kairos ist, gemessen an der Einwohnerzahl, nicht sonderlich groß und steht zudem, weil der Turbokapitalismus der Präsidenten Sadat und Mubarak das ägyptische Bürgertum aufreibt, gegenwärtig kaum in ihrer Blüte. Aber führt man sich vor Augen, daß das Publikum, das zu ihr Zugang hat, nur einen kleinen Teil der Bevölkerung ausmacht, ist das kulturelle Angebot keineswegs gering; es dürfte der Anzahl seiner potentiellen Adressaten und damit, grob geschätzt, dem Angebot einer mittelgroßen europäischen Stadt entsprechen. Jedoch hat Kairo darüber hinaus etwas, was keine europäische Metropole in vergleichbarer Mannigfaltigkeit bietet: eine Kultur, die nicht in Veranstaltungskalendern auftaucht, über keine Rezensenten, keine Subventionen und in der Regel nicht einmal über eigene Räumlichkeiten verfügt, eine Kultur mit Sängerinnen, die so robust aussehen, wie sie sich anhören, mit Konzerten voller Anzüglichkeiten in unscheinbaren Teehäusern, mit Dialektdichtern, deren Zuhörerschaft sich auf das eigene Viertel beschränkt, Versammlungen, in denen spontan und oft gemeinschaftlich gedichtet wird, regelmäßigen literarischen Zirkeln, in denen Hausfrauen und Beamte ihre Gedichte vortragen, Koranrezitationen in wenig bekannten Moscheen, die wegen ihrer Schönheit auch von Christen besucht werden, und vor allem – in Kairo nicht anders als auf dem Land – mit der reichen und tief im Volk verwurzelten Tradition des Sufismus. In Kairo genügt es, ein paar Minuten mit dem Taxi zu fahren oder sogar nur über die Nilbrücke zu laufen, die das wohlhabende Viertel Zamalek vom ärmlichen Bulaq trennt, um eine Reise zwischen zwei Sternen zu unternehmen.

Auch in Bulaq feiert eine Hochzeitsgesellschaft. Es ist eine Stunde nach Mitternacht, und die zehnköpfige Kapelle, bestehend aus sieben Trommlern, einem Schlagzeuger, einem Organisten und einem Sänger, spielt in einer Lautstärke, daß sie noch in den Galerien, Pubs und Nobelrestaurants auf der anderen Nilseite zu hören sein müßte. Es ist, um es rundheraus zu sagen, höllisch laut, und weil die Musikanlage klanglichen Nuancen keine Chance läßt, kann der Berichterstatter anfangs nur einen undefinierbaren Krach ausmachen. Er erinnert sich daran, wie er in Deutschland zum ersten Mal eine Techno-Diskothek besucht hat: Das war das gleiche ungläubige Staunen darüber, daß die übrigen Gäste offenbar Musik hörten, wo er nur ein hastiges Klopfen erkannte. Den Männern, Frauen und Kindern hier in Bulaq scheint dieser arabische Techno, über den ein Rap-artiger Schnellsprechgesang liegt, jedenfalls zu gefallen. Hüftenschwingend tanzen sie, als gelte es, alle Kalorien eines wohl nur imaginären Festessens abzutrainieren, und dabei lachen sie und treiben ihre Späße. Ihnen zur Seite stehen und sitzen die älteren Hochzeitsgäste und Anwohner, denen es trotz der Lärmkulisse gelingt, ein Schwätzchen zu halten, wenn sie nicht gerade zur Musik klatschen oder Wasserpfeife rauchen. Der Mann mit der Videokamera und sein Beleuchter sind auch da, die Attraktion aber ist die riesige Plastikpuppe, die mitten auf der Straße befestigt ist und sich mittels einer vom Dieselmotor betriebenen Druckluftmaschine gut zehn Meter in die Höhe richtet, um sich im Luftzug zu bewegen. In Deutschland sieht man derartige Puppen vorzugsweise bei Eröffnungen von Möbelhäusern oder auf dem Jahresfest der Fußgängerzone, aber erst in der Bulaqer Nacht entfalten sie ihren eigentlichen Charme.

Mit der Zeit entwirren sich die akustischen Signale. Vor allem der Schlagzeuger ist ein Akrobat und Meister. Während er abwechselnd mit Stöcken und Händen auf seine Trommeln und Pauken schlägt und einen – schließlich selbst für den auswärtigen Technoverächter – unwiderstehlichen Rhythmus erzeugt, strahlt er vor Vergnügen. Der Keyboarder hätte vielleicht ein besseres Instrument als seine Kinderheimorgel verdient, aber nein, das ist nicht wahr: So, wie es ist, ist es perfekt. Die Musik und die Hochzeitsgäste, die Musiker mit ihren schwarzen Hosen, leuchtend roten Hemden und schwarzen Westen, auf deren Rücken – wie auf den Trikots von Sportlern – ein großer, rot-weißer Schriftzug *firewood* genäht ist, mag es nun eine Werbung für Autoreifen oder der Name der Combo sein; der kleine Junge, der mitten im Gedränge einen Breakdance aufführt, die große Abu-el-Elaa-Moschee am Ende der Straße, die sich genausowenig zu beschweren scheint wie die Anwohner, und das Plastikmonster, das mit dem Wind tanzt – dies alles könnte nicht besser, nicht schöner, fröhlicher und witziger sein. Auf dem Höhepunkt des Festes springen unvermittelt drei lebende, offenbar von Walt Disney inspirierte Phantasiepuppen sowie ein King Kong aus einem Hauseingang. Bauchtanzend mischen sie sich unter die Menge, als ob sie zeigen wollten: Es ist, es wäre möglich – der Frieden der ägyptischen Volkskultur mit der westlichen Kulturindustrie im Schatten der Moschee.

2 **Pakistan**
Frühjahr 2000

Straßenbild in Karatschi. Pakistan, einst Muster einer modernen Nation, die Bürger verschiedener Ethnien vereint, steht heute für die Lehre vom Verfall des Staates. Selbst in vielen Städten beschränkt sich die Präsenz der öffentlichen Verwaltung auf ein Minimum. Aus der Gesundheitsversorgung, dem Bildungswesen, der Abfallentsorgung, dem öffentlichen Nahverkehr, selbst aus dem Straßenbau zieht sich der Staat zurück. Das Leben hört deswegen nicht auf, sondern findet neue, molekulare Versorgungsstrukturen. – Foto: Wolf Böwing/Lookat

Die Zukunft der Stadt Karatschi ist eine dunkle Stadt. Keine andere Zwölf- oder Vierzehn- oder Fünfzehnmillionenmetropole dürfte abends so spärlich beleuchtet sein. Die Straßenlaternen erhellen nur einzelne Viertel und manche der Hauptstraßen; in den meisten Gebieten verrichten sie ihren Dienst, wenn überhaupt, sporadisch. Daneben gibt es Zwischenbereiche, in denen mit einer Regelmäßigkeit, die Zufall ausschließt, nur jede dritte oder fünfte Laterne leuchtet. Anders als in den meisten Städten des Nahen und Mittleren Ostens schließen die Geschäfte bald nach Einbruch der Dunkelheit und machen nachts selten durch Lichter auf sich aufmerksam. Wie Verheißungen wirken in dieser Dunkelheit die weißen und roten Lampen der Autos, und wie Denkmäler die großen und kleinen Leuchttafeln, die für *Gulf Air*, *Motorola* oder *Benetton* werben, Monumente einer vielleicht künftigen, wahrscheinlich aber früheren Zeit. Die Busse, immerhin, sind so kühn und phantasievoll angemalt, daß jeder einzelne ein Kunstwerk ist. Daß sie auf Vorder- und Rückleuchten meist verzichten, sieht man ihnen daher gerne nach.

Für den Besucher, der an diesem Abend eintrifft, ist der erste Eindruck besonders bizarr. Kurz vor seiner Ankunft hat es ein paar Stunden geregnet, und nun ist Karatschi eine Landschaft aus Seen und Tümpeln. Entlang ihrer Ufer schlängeln sich die Autos und Busse in der Formation und Geschwindigkeit von Gänsen. Manchmal ist kein Durchkommen mehr, und alle Fahrer machen kehrt, um nach einem anderen Pfad Ausschau zu halten. Es ist merkwürdig, aber nie verkeilen sich die wendenden Fahrzeuge so ineinander, daß der Verkehr zum Erliegen kommt. Als der Besucher schließlich das Hotel erreicht, als er von seinem Zimmer aus auf die Schwärze blickt, die sich dreizehn Stockwerke tiefer vor ihm ausbreitet, hat er eine Reise vielleicht in die Vergangenheit, wahrscheinlich aber in die Zukunft hinter sich.

Die Zukunft der Stadt, ja, so könnte sie aussehen, denkt er: Der Besucher landet auf einem hochmodernen Flughafen, dessen Fangarme in blitzblanke Hallen leiten, die bis hin zum Kummerkasten und der Privatnummer des verantwortlichen Managers keinen Wunsch offenlassen; er wird hinter der Zollabfertigung von einem Chauffeur des Hotels empfangen, der ihn von den anstürmenden Taxifahrern abschirmt, aber Wert darauf legt, daß die Türen und Fenster während der Fahrt verschlossen bleiben, nicht wegen der Klimaanlage, die im Winter selbst in Karatschi niemand braucht, vielmehr aus Angst vor Wegelagerern; aus dem Wagen blickt er auf die Menschen (die «Eingeborenen» ist er versucht zu sagen, womöglich erlebt das Wort noch seine Renaissance), die durch die dunklen Straßen huschen oder sich in schäbigen Cafés – mehr Garage als Gebäude – vor dem Fernseher versammeln; er blickt auf die Leuchttafeln, die nicht bloß *Gulf Air*, *Motorola* und *Benetton* anpreisen, sondern an den denkbar kuriosesten Orten an die Imperative des modernen Menschseins mahnen: «Keep the Area green and healthy» oder «Think Green, Act Green»; er steigt vor einem Hochhaus aus und wird von einem Portier in folkloristischer Tracht in die globale Heimat eingelassen und an der Rezeption von warmherzig lächelnden Herren und verlockend anzuschauenden Damen begrüßt; er saust in seinen dreizehnten Stock und wird in die Normkoje geführt, die nach Gemütlichkeit schreit. Vielleicht gibt es auch in der Zukunft noch Menschen, die aus einem nicht auszurottenden Reflex das Fenster aufstoßen wollen und es verriegelt finden, die so ignorant sind, daß sie bei der Rezeption anrufen, um von der verlockend lächelnden Stimme über die

Luftverschmutzung aufgeklärt zu werden, die es leider unmöglich mache, die Fenster zu öffnen, da sich sonst die Zimmerwände in kürzester Zeit verfärbten. Und wie er verwirrt auf sein ausgezeichnet gepolstertes Bett fällt, denkt der Besucher: Ja, so könnte die Stadt der Zukunft aussehen, so könnte New York in dreißig oder Berlin in fünfzig Jahren aussehen, so sehen Manila oder Dar es-Salam vielleicht schon heute aus: einzelne Stätten des identisch gewordenen, allenfalls durch folkloristische Ornamente unterscheidbaren Reichtums inmitten einer Welt, die längst abgekapselt worden ist. So abwegig die Vision erscheint, so dürfte sie jedoch realistischer sein als jene der *future points* und Weltausstellungen. Die wirkliche Postmoderne, sie ist hier in der Nacht von Karatschi zu besichtigen, am Ufer des Arabischen Meeres und entlang der Ufer unzähliger Pfützen, sie ereignet sich in einer Stadt, die nach dem Regen aussieht wie nach dem großen Knall oder der Invasion der Fremdlinge, wenn die Staaten untergegangen sind, aber die Menschen weiter existieren. Sollte die vertraute Zivilisation in diesem *science fiction* vorkommen, wird sie sich in einzelne, abgeriegelte und gut bewachte Länder, Viertel und Gebäude zurückgezogen haben. Innerhalb ihrer Mauern reduziert sich der Unterschied der Kulturen womöglich auf Details wie jenes, daß man in den Minibars islamischer Länder nicht nach einem Whiskey Ausschau zu halten braucht oder, wie in Karatschi, auf einem Formular erklären muß, kein Muslim zu sein, bevor ihn der Zimmerservice – und nur dieser – ausschenken darf.

Das Szenario ist nicht nur beängstigend. Das Aufregende an Karatschi und das Beispielhafte ist, zu beobachten, wie das Leben sich nach dem Verfall staatlicher Institutionen und Einrichtungen neu organisiert. Die Gesellschaft bricht nicht zusammen, findet aber neue, molekulare Versorgungsstrukturen, die auf den ersten Blick bisweilen archaisch wirken (so das Heer der zivilen, mit Maschinengewehren ausgestatteten Wachleute vor Geschäften, Banken und Villen), in anderer Hinsicht jedoch durchaus zukunftsweisend sind. Das Transportwesen zum Beispiel: Wo früher Linienbusse und Tramwagen des städtischen Unternehmens fuhren, wird der gesamte öffentliche Nahverkehr heute von 17 000 Privatbussen bewerkstelligt. Es existieren keine Unternehmen, keine Genossenschaft, keine Aufsicht; jeder Bus gehört einem einzelnen oder oft auch drei oder vier Fahrern zusammen. Unterliegt der Nahverkehr Prinzipien, so sind es jedenfalls keine festgeschriebenen, eher solche einer Ameisenkolonie. Dieses System beschert keinen hohen Komfort, aber es ist effizient und für die Benutzer bezahlbar. Ähnlich ist es im Güterverkehr. Vor vierzig Jahren liefen im Hafen von Karatschi jährlich Güter im Umfang von 2,6 Millionen Tonnen ein, und es fuhren Eisenbahnen, die sie im Land verteilten. Aber nicht überall kamen sie hin. Inzwischen sind es 28 Millionen Tonnen. Über ein Netz aus 32 000 Schwerlastwagen erreichen sie auch den abgelegensten Teil Pakistans. Alle diese Lastwagen sind im Privatbesitz, vergeblich fragt man nach Firmen, Gewerkschaften oder Monopolen: Der gesamte Güterverkehr Pakistans organisiert sich ohne Planung – aber er organisiert sich.

Entsprechende Beobachtungen lassen sich in allen Bereichen machen. Das öffentliche Gesundheitswesen ist längst kollabiert, aber in den Straßen trifft man auf fahrende Zahnärzte, die ihre Dienste auf einem offenen Anhänger anbieten. Die öffentlichen Schulen stehen oft leer, weil die Lehrer zu schlecht bezahlt sind, um zum Unterricht zu erscheinen, dafür florieren selbst in den Slums die Privatschulen, und mögen sie nur aus einem Zimmer unter einem Wellblechdach bestehen und nicht mehr als ein paar Rupien Schulgeld kosten. Manchmal verursachen die neuen Dienstleister Probleme, an die niemand denken konnte und die wiederum neue Berufszweige hervorbringen. Die fünftausend Tankwagen etwa, die statt der Stadtwerke viele Bewohner mit Wasser versorgen, sind zu schwer für Karatschis Straßen und verursachen allerorten Schlaglöcher und Risse. Aber zumindest in manchen besseren Vierteln sorgen die Bewohner dafür, daß die Schäden von neuentstandenen Kleinunternehmen ständig ausgebessert werden. Und selbst in den ärmsten Gegenden finden sich Vereine, die sich auf die Fahnen geschrieben haben, die Mittellosen zu versorgen, praktisch aber einer rudimentären Bürgerselbstverwaltung gleichen und das Nötigste erledigen. Wie ein Kind ist Karatschi, das sich selbst überlassen worden ist, sich aber weigert, deswegen zugrunde zu gehen.

Am Abend nach seiner Ankunft fährt der Besucher im zweitürigen Suzuki, den sich der junge Dichter Harris Khalique von seinem Schwager ausgeliehen hat, durch das Zentrum und die ältesten Viertel der Stadt, die ihren kolonialen Charakter noch bewahrt haben. Wahrscheinlich steckt noch der Regen im Blech und zwischen den Muttern, aber zum Glück ist der Wagen so klein, daß der Besucher ihn allein anschieben kann, sobald der Motor nicht anspringen will. Harris, dessen Haare schon schütter und dessen Koteletten um so länger sind, veröffentlicht auf Urdu wie auf Englisch und hat sich in der hiesigen Literaturszene einen Namen gemacht. Als Soziologe hat er in London promoviert und muß nun der Tatsache ins Auge sehen, daß er in Pakistan, selbst wenn er einmal zu den größten und berühmtesten Schriftstellern gehören sollte, niemals von der Literatur wird leben können. «Jemand hat der Hoffnung den Krieg erklärt», heißt es in einem seiner Gedichte über Karatschi, und das könnte passender kaum sein in einer Stadt, in der die Ethnien sich anfeinden, die Konfessionen sich bekriegen und die Verbrecherbanden wüten, in der wöchentlich die Bomben explodieren und zwei Hände nicht reichen, um täglich die Morde zu zählen. Gleichzeitig jedoch besingt Harris die «Liebe zum Leben», die in der Luft liege: «Let's mourn and celebrate Karatschi.»

Laßt uns Karatschi beklagen und feiern.
Beklagen die Jungen, deren Leichen
Jeden Tag gefunden werden, in Jutesäcken,
Die Augen ausgestochen, die Glieder gebrochen.
Feiern die Geburt eines jeden Kindes,
mit Lippen gleich Rosenblättern
Und Backen gleich Pflaumen.
Beklagen die Straßen, die unter Habgier und
Mittelmäßigkeit begraben sind.
Feiern die Restaurants, die heißes, scharfes Essen
Die ganze Nacht durch servieren.
Beklagen die Büchereien, die niemals eröffnet haben.
Feiern die Dichter, die noch immer schreiben.
Beklagen die Kinos, die geschlossen wurden.
Feiern die Künstler, die noch immer auftreten.
Beklagen die Bigotterie, Unterwürfigkeit, Prohibition,
die überkommenen Normen.
Feiern die Kameradschaft, die Freiheit, den Konsum, die Promiskuität.
Beklagen den Tod, der über die Bewohner verhängt worden ist.
Feiern die Liebe zum Leben, die in der Luft liegt.
Laßt uns weinen um alle, die tot sind.
Laßt uns singen für jeden, der lebt.

Harris runzelt die Stirn, als er nach den ersten Eindrücken des Besuchers fragt und die Antwort erhält, daß keine andere Stadt so dunkel sei. Aber dann weist ihn der Besucher darauf hin, daß in anderen Städten der Welt die Straßenlaternen funktionieren, und Harris erinnert sich. Wer hier lebe, dem falle so etwas nicht auf, sagt er, und es klingt wie eine Entschuldigung. Hinter dem Steuer sitzend, sieht er sich um und findet nicht nur die Rolläden der meisten Geschäfte ausgerollt, sondern sogar die meisten Wohnungsfenster schwarz, obwohl sich doch dahinter, die außen aufgehängte Wäsche zeigt es an, Bewohner verbergen müssen. Ja, die Häuser seien tatsächlich bewohnt, erklärt Harris, aber oft falle die Elektrizität aus, oder die Bewohner versammelten sich in einem Zimmer, um Strom zu sparen; und außerdem neigten die Menschen dazu, die Fensterläden geschlossen zu halten, sei es, um die Abgase abzuhalten oder die Intimsphäre zu wahren. Indem sie die Köpfe verrenken,

entdecken Harris und der Besucher, daß in den Ritzen vieler Fensterläden Licht schimmert, andererseits ganze Straßenzüge dunkel sind. So erfahren sie, wo der Strom funktioniert und wo nicht.
Den Verfall staatlicher Strukturen assoziiert man gewöhnlich mit Ländern wie Somalia, Afghanistan oder Sierra Leone. Dabei geschieht dort nur im Extrem, was der Tendenz nach viele Gesellschaften erfaßt hat, die das Wachstum ihrer Bevölkerung und die Inkompetenz ihrer politischen Elite nicht länger verkraften, die im Wettbewerb der Märkte nicht mehr mithalten können und strategisch zu unwichtig geworden sind, um von den Großen künstlich beatmet zu werden. In den anderen, den unspektakulären Ländern werden Parlamentssitzungen, Militärparaden und internationale Konferenzen abgehalten, es werden Richter ausgebildet, Gouverneure ernannt, Beamte angestellt und pensioniert, Mobilfunklizenzen vergeben, Rathäuser geschrubbt und sogar, wie in Pakistan, Atombomben gebaut. Der Staat existiert. Aber er funktioniert immer schlechter. Wenn etwa der Staat nicht genügend neues Bauland ausweist, bleibt den Menschen nichts anderes übrig, als sich selbst Raum zu suchen. 81 000 neue Wohneinheiten braucht Karatschi zur Zeit jährlich, um die wachsende Bevölkerung unterzubringen. Öffentliche und legale private Firmen haben aber in den letzten fünf Jahren durchschnittlich nur 26 700 Wohneinheiten geschaffen. 32 000 Einheiten entstehen jährlich ohne Genehmigung. Die übrigen Neuankömmlinge finden Platz, indem die Bewohner der bestehenden Wohngebiete enger zusammenrücken. Die Siedlungen, die neu entstehen, sind keineswegs nur Slums, sondern ebenso Villen- oder Appartementviertel.
67 Prozent des Stadtgebiets sind inzwischen in Verletzung bestehender Gesetze und unter Ausschluß einer öffentlichen Aufsicht besiedelt worden. Auf Satellitenbildern ist zu erkennen, daß die informellen Gebiete jährlich um neun

Prozent anwachsen, die Stadtfläche insgesamt aber nur um 3,6 Prozent. Sollte sich die Entwicklung fortsetzen – und sie dürfte sich eher noch beschleunigen –, sind in gut zehn Jahren 80 Prozent von Karatschi «illegal». Der Staat hat zwar ein Programm entwickelt, um die bestehenden informellen Gebiete aufzuwerten und sie in die reguläre Verwaltung zu integrieren, kommt aber nicht nach. Seine Beamten sind schlecht bezahlt, unmotiviert und häufig genug korrupt, seine Gremien untauglich, seine Gesetze veraltet – der *town landing act*, unter dem Karatschi verwaltet wird, stammt noch aus dem Jahr 1915. Als stadtplanerische Instanz hat der Staat sich praktisch aufgegeben.

Arif Hasan ist Stadtplaner und mehr noch als dies: Der sanftblickende Mann mit dem buschigen weißen Schnurrbart ist so etwas wie das personifizierte Bewußtsein von Karatschi. Soeben hat er ein Buch mit dem verwegenen Titel *Understanding Karatschi* vorgelegt, eine weitsichtige und engagiert vorgetragene Studie. Spielt der Staat überhaupt noch eine Rolle im Leben der Bewohner?, fragt ihn der Besucher. Ja, antwortet Hasan; der Staat sei ein Hindernis, das es zu überwinden gelte. Und dann erzählt Hasan die Geschichte des Mülls.

Unweit seines Hauses ist ein Platz, an dem die Nachbarschaft den Müll ablädt. Eigentlich müßte der Müllmann der Stadtverwaltung jeden Tag vorbeischauen, tatsächlich sammelt er den Abfall nur jeden vierten oder fünften Tag ein. Statt dessen kommen die Wiederverwerter, trennen den Müll an Ort und Stelle und nehmen mit, was sie gebrauchen können. Für jeden Tag, an dem der Müllmann nicht kommt, zahlen sie ihm 200 Rupien, umgerechnet 7,50 Mark. Einmal ist Hasan dem Müllmann auf dessen Route gefolgt. An 36 Stationen hat er angehalten. An jeder von ihnen kommt der Müllmann, Hasans Mitarbeiter haben es recherchiert, nur ein- oder zweimal die Woche vorbei. Jeder Tag, den der Müllmann bei seinen Kindern verbringt, bringt ihm, dessen regulärer Monatslohn bei vielleicht 2000 Rupien liegt, einen Nebenverdienst von 7200 Rupien, das eingesparte Dieselbenzin nicht mitgerechnet. Der Staat mag nicht funktionieren. Aber so funktioniert Karatschi.

Die Verhältnisse in Karatschi lassen sich nur bedingt auf das Land übertragen. Der Verfall der Infrastruktur, die schleichende Privatisierung des Bildungssektors, des Gesundheitswesens und anderer ehemals öffentlicher Dienstleistungen, die Ghettoisierung der Reichen und die Gleichgültigkeit gegenüber den Armen, die verschwindend geringe Quote der Steuerzahler – all dies sind Beobachtungen, die für Pakistan typisch geworden sind. In manchen Gebieten des Nordwestens und von Balutschistan beschränkt sich die Präsenz des Staates nur noch auf einige Hauptstraßen, wenn sie überhaupt noch gegeben ist. Aber auch der Rest des Landes sieht den Staat auf dem Rückzug. Bis auf das Militär, die Flugaufsicht und mit Einschränkungen die Justiz ließe sich von kaum einer staatlichen Institution sagen, daß sie ihren Dienst noch halbwegs normal verrichte. Karatschis Weg ist insofern durchaus exemplarisch.

Andererseits hat die Stadt, die von den *Muhadschirs* geprägt ist, den Einwanderern aus Indien, eine Ausnahmestellung innerhalb Pakistans. Sie ist die reichste und gleichzeitig die von der Zentralregierung am meisten vernachlässigte Großstadt des Landes. Sie hat das mit Abstand höchste Pro-Kopf-Einkommen und sorgt allein für sechzig Prozent des nationalen Steueraufkommens; doch nur ein Bruchteil des Geldes fließt an staatlichen Investitionen zurück in die Stadt, die bei der Regierung in Islamabad, die abwechselnd von Sindhis oder Pandschabis dominiert wird, keine Lobby hat. Die Gewalt, die Karatschi seit Jahren erschüttert, hat eine Ursache in eben dieser Benachteiligung, die im Vergleich mit dem Straßenbild von Islamabad oder Lahore, der Hauptstadt des Pandschabs, offenkundig wird. Teile des Mittelstands von Karatschi haben sich Mitte der achtziger Jahre im *Muhadschir Qaumi Movement* zusammengeschlossen und versuchen seitdem mit politischen, aber auch mit terroristischen Mitteln, den Einfluß des Zentralstaates und der Provinzregierung von Sindh, dem Karatschi formell angehört, zurückzudrängen. Die größte Aggressivität herrscht gleichwohl zwischen den Volksgruppen Karatschis selbst, zwischen den sozial besser gestellten, städtischen *Muhadschirs* und den aus ländlichen Regionen stammenden Balutschen, Paschtunen oder Sindhis, die sich in den letzten Jahrzehnten in Karatschi angesiedelt haben. Allein 1995 verzeichnete die Statistik 2100 politische Morde in der Stadt. Seitdem ist die Zahl der Todesopfer zwar zurückgegangen, aber noch immer herrscht Feindseligkeit zwischen den einzelnen Ethnien einerseits und gegenüber der Zentralprovinz Pandschab andererseits, und noch immer melden die Lokalzeitungen fast täglich Attentate.

Nicht nur die ethnischen Konflikte, von denen Pakistan einen ganzen Blumenstrauß hat, treiben in Karatschi die giftigsten Blüten. Auch die Drogen, die seit dem Beginn des Afghanistankriegs Anfang der achtziger Jahre das Land überschwemmen, haben nirgends solche Verheerungen angerichtet wie in Karatschi; die lebendigen Leichen, die nachts überall in den Türeingängen und vor den Geschäften im Zentrum liegen, sind nicht wie in indischen Städten Opfer der Armut, sondern des Heroins. Die Kriminalitätsrate ist die höchste des Landes. Auch sie steht im Zusammenhang mit dem Krieg in Afghanistan, denn seit die westliche und arabische Welt begonnen hat, die dortigen Gotteskrieger mit Waffen zu versorgen, sind sie im Transitland Pakistan leicht und günstig zu beschaffen. In keiner anderen Großstadt der Welt dürfte es so viele Kalaschnikows geben, und nirgends trägt man sie so selbstverständlich mit sich umher.

Mit ihrer ökonomischen Stärke, ihrer ethnischen Vielfalt und ihrer unglücklichen Beziehung zum Zentralstaat ist die Stadt zu speziell, um zum Sinnbild Pakistans zu taugen. Aber wie in einem Brennglas konzentrieren sich in ihr all jene Tendenzen, die sich für die Zukunft der gesamten Nation als verhängnisvoll erweisen könnten. Und allesamt sind es Entwicklungen, die in anderen Städten der südlichen oder östlichen Hemisphäre ähnlich zu beobachten und auch manchen westlichen Metropolen nicht ganz fremd sind. Karatschi ist die Vision einer Welt, in der die Menschen an einem Ort und doch in streng geschiedenen Gesellschaften leben, in deren Palästen ein strikt bewachter Frieden und in deren Hütten ein täglicher Kleinkrieg herrscht, einer Welt, in der die Rolle des Staates eine andere sein wird als in unserem noch bürgerlichen oder postkolonialen Zeitalter. Ähnlich wie im vorbürgerlichen und präkolonialen Zeitalter dürfte der Staat sich mit einer Nebenrolle bescheiden.

So nüchtern Arif Hasan die Gefahren aufzeigt, denen die Stadt ausgesetzt ist, so sachlich weist er auf die Hoffnung hin, die mindestens so sehr schimmert wie das Licht in Karatschis Häusern. Während er Paprikachips kaut und zwischendurch am Whiskey nippt, der trotz der Prohibition natürlich an allen Ecken zu kaufen ist, berichtet er von den zahlreichen Organisationen, die in dem Vakuum entstanden sind, das der Staat hinterlassen hat: die Organisation der Recyclingbetriebe zum Beispiel oder der Wassertankfahrer, die Organisation der Minibusfahrer, der Überlandbusse oder der Stadtbusse. Von den Bewohnern werden sie Mafias genannt, weil sie die Preise und Leistungen festlegen, aber das sind sie nicht, sagt der Stadtplaner, der an der Universität unterrichtet und außerdem als Architekt arbeitet. Es sind informelle Verbände, die das tun, was der Staat tun müßte: die elementaren Dienstleistungen zu einem bezahlbaren Preis anbieten. Sie haben sich gebildet, um die Interessen der

Kleinunternehmer gegenüber dem Staat, den sie als Hemmnis wahrnehmen, zu vertreten. Mittlerweile existieren diese Interessengruppen in der zweiten Generation, berichtet Hasan; ihre Mitglieder haben anders als deren Väter Schulen besucht und stellen andere Erwartungen ans Leben. Wo ihre Väter das Chaos genutzt haben, um sich zu etablieren, streben sie nach verläßlichen Bestimmungen und einer Ordnung, die den Alltag erleichtert. Die Fahrer der Überlandbusse etwa sind es müde, die Polizei zu bestechen, damit sie ihre Gäste an den Bürgersteigen oder auf Kreuzungen aufsammeln dürfen. Seit sieben oder acht Jahren schon verlangen sie vorzeigbare Busterminals und ein System des Managements, das zu leisten sie selbst nicht imstande sind. Ihre Organisation will vom Staat nicht, daß er die Terminals baut. Sie will lediglich, daß er die notwendigen Grundstücke verkauft.

Eines Tages, glaubt Arif Hasan, wird es den Busfahrern gelingen, die Terminals zu bauen. Eines Tages werden die Reisenden aus Karatschi wieder von ordentlichen Terminals abfahren. Und so mag das verwaltete Leben zurückkehren. Vielleicht ist das ein geschlossener Zirkel aus Anarchie und Ordnung, vielleicht aber auch eine Dialektik, dank derer der Lokalgeist voranschreitet. Karatschi mag auf der Stelle treten, aber es steht nicht still. Wenn Harris Khalique von der Liebe zum Leben spricht, die in der Luft von Karatschi liege, dann meint er auch die enorme Kraft der Bewohner, sich selbst zu behaupten.

Am Ende führt der Dichter den Besucher doch noch ans Licht. Er parkt den Suzuki auf einem ausgewiesenen Parkplatz (ausgerechnet die Knöllchenverwaltung Karatschis tut noch einigermaßen ihren Dienst) und führt ihn durch einen schmalen Spalt zwischen zwei Häusern in eine hell erleuchtete Gasse, in der sich ein gut besuchtes Straßenrestaurant ans andere reiht. Die Lämmer laufen zwischen den Tischen umher, die Hühner schlagen aus berechtigter Sorge mit den Flügeln. Selbst nach lokalen Standards sieht es nicht eben sauber aus, die Schürzen der Köche sind vor Flecken dunkelbraun, und der letzte Besuch der Lebensmittelaufsicht, die anders als die Knöllchenverwaltung nicht für Rigidität bekannt ist, dürfte ein paar Jahrzehnte zurückliegen. Der Besucher, der erst gestern in Karatschi eingetroffen ist, holt tief Luft, als er Fleisch, Soße und Kräuter ins Brot wickelt, und versichert sich, in seiner Koje Immodium vorrätig zu haben. Dann beißt er auf diesen pakistanischen Bigmac und erfährt eine solch raffiniert gewürzte, hocharomatische Offenbarung, wie sie kein blütenweißer Palastkoch bescheren könnte.

Das große Nationalmuseum Wer in Karatschi das große, das imposante pakistanische Nationalmuseum besuchen möchte, sollte wissen, wie er hinkommt. Er könnte sich sonst in einer Motor-Rikscha wiederfinden, deren Chauffeur nach einer Reise durch die halbe Stadt eingesteht, keinen Schimmer zu haben, wohin er fährt. Erst recht sollte sich der Besucher davor hüten, auf eigene Faust den Ort zu suchen, an dem Pakistan seiner selbst gedenkt und der sich doch allen Berechnungen zufolge hinter diesem oder jenem Block verbergen müßte. Wer immer um Auskunft gebeten wird, ist zu hilfsbereit, um den Fremden ohne Antwort ziehen zu lassen. Aber die Wegbeschreibungen, so stellt sich rasch heraus, sind so verschieden wie die Ethnien und Nationalitäten dieses Staates, so unterschiedlich wie die zwei offiziellen, sechs großen regionalen und wohl zwei Dutzend lokalen Sprachen Pakistans.

Pakistan ist ein Musterland der Moderne. Auf der Grundlage ihrer Überzeugung sollten Menschen unterschiedlicher Herkunft, Abstammung und Sprache zusammenfinden und sich als freie, gleiche und brüderliche Bürger eines

Gemeinwesens verstehen. Nicht das Blut, sondern eine allen gemeinsame Idee sollte sie verbinden, keine Volks-, sondern eine Willensgemeinschaft wollte Pakistan sein. Ein solcher Staat – und mag er sich den Halbmond auf die Flagge geschrieben haben – ist ein genuines Produkt der Neuzeit, ja der Aufklärung. Die Vision, die ihm zugrunde liegt, wäre ohne Rousseau oder den Abbé Sieyès nicht zu denken. Aber wie in so vielen Ländern, die nach dem Ende der Kolonialherrschaft alle Hoffnungen auf den Nationalstaat setzten, wirkt Pakistan heute zerrissener denn je.

Balutschen, Sindhis, Pandschabis oder Pathanen haben kaum mehr gemeinsam, als daß sie jeder für sich nach mehr Autonomie streben, wenn nicht nach einem eigenen Staat. Dazu wird es in absehbarer Zeit kaum kommen, und der staatliche Bestand Pakistans ist nicht unmittelbar gefährdet. Aber sehr wohl kann es sein, daß die einzelnen Regionen sich immer weiter verselbständigen und den Zentralstaat so weit aushöhlen, bis er eines Tages eher eine Formel sein wird als ein tatsächlicher Faktor im Leben der Menschen. Schon jetzt bezahlen nur zwei Prozent aller Pakistanis Steuern. Aus ganzen Landstrichen hat sich der Staat zurückgezogen. Selbst in vielen Städten beschränkt sich die Präsenz des Staates auf ein Minimum.

Nicht mehr Muster eines Nationalstaates ist das Land, sondern Menetekel. Die Konfliktlinien sind zahlreich und verlaufen nicht nur zwischen den verschiedenen Ethnien, sondern auch zwischen den Konfessionen – und, besonders im Süden, zwischen der Stadt- und der Landbevölkerung. So sehr hat man sich an die Gewalt gewöhnt, der jährlich mehrere Hundert Menschen zum Opfer fallen, daß die Nachrichtenagenturen sie oft nicht einmal mehr registrieren. Allein in den Tagen, an denen dieser Text entsteht, Ende Februar, Anfang März 2000, fallen siebzehn Schiiten einem Massaker sunnitischer Extremisten in Muzzafargh zum Opfer und sterben fünfzehn Menschen bei zwei Explosionen in Karatschi, um nur die schlimmsten Anschläge zu nennen. Daß auch einheimische Christen und Ausländer ermordet werden, erschreckt verständlicherweise die westliche Öffentlichkeit, doch wäre es aus pakistanischer Sicht, mit Blick auf die Gewaltstatistik im Land eher ungewöhnlich, wenn ausgerechnet sie verschont blieben.

Pakistan ist ein Konstrukt. Das verbindet es mit zahlreichen ehemaligen Kolonien und unterscheidet es von seinen Nachbarstaaten Indien und Iran. Auch Indien und Iran setzen sich aus vielen Völkern zusammen, aber über Jahrhunderte hinweg konnte das Bewußtsein einer Zusammengehörigkeit reifen, welches die Sprache oder Konfession transzendiert. In Pakistan sollte der Islam dieses Bewußtsein schaffen, so wie in anderen Ländern der Sozialismus. Aber Ideen genügen nicht, um Identitäten zu stiften. Die Erkenntnis, daß ein Gemeinwesen langsam wachsen muß, um sich im Herzen seiner Bewohner festzusetzen, daß man einen Staat nicht auf dem Reißbrett konstruieren und in noch so kühnen Visionen entwerfen kann, gehört zu den bittersten des vergangenen und den bedrohlichsten des gegenwärtigen Jahrzehnts.

Wer also das große, das imposante Nationalmuseum sucht, setzt sich am Ende, weil die Füße müde geworden sind und die Sinne verwirrt, vielleicht doch wieder in eine Rikscha. Wenn der Fahrer nach einiger Zeit in eine stille Gasse einbiegt, sollte der Besucher jeden Gedanken an die Verbrechensstatistik von Karatschi verscheuchen, um nicht in Aufruhr zu geraten. Aber etwas ratlos ist er schon, als die Rikscha vor einem Wohnhaus anhält und der Fahrer kommentarlos in der Tür verschwindet. Doch kurze Zeit später erscheint er freudestrahlend wieder und macht sich entschlossen auf den Weg, den zu finden er offenbar einen Experten befragt hat. Zehn Minuten später wandelt der Besucher durch die weiten Hallen des Nationalmuseums und

besichtigt Schmuck aus dem Sindh, antike Waffen aus Kafiristan, Intarsien aus Swat, Textilien aus Balutschistan und Keramik aus dem Pandschab. Die zwei Männer und zwei Jungen, die außer ihm die einzigen Besucher sind, stehen vor den lebensgroßen, folkloristisch gekleideten Puppen, die das traditionelle Dorfleben in den einzelnen Provinzen darstellen sollen und ähnlich wohl in den Nationalmuseen von Damaskus, Quito oder Colombo zu finden sind. Die harmonischen Gruppenbilder lassen vergessen, daß das traditionelle Gesellschaftsgefüge allenfalls noch in den Randgebieten Pakistans intakt ist. Der pakistanische Teil des Pandschabs etwa erlebte schon seit 1872 eine kontinuierliche Einwanderung aus dem heutigen indischen Teil. Die Briten hatten im Industal ein Kanalsystem angelegt und siedelten dort über eine Million Bauern aus dem Ost-Pandschab und Haryana an, um die neugewonnenen Felder zu kultivieren. Die Rebellion der alteingesessenen Stämme, die vor allem von der Viehzucht lebten, wurde brutal niedergeschlagen, die Menschen zu Wilden und Kriminellen erklärt, viele von ihnen in das Hinterland vertrieben, das verödete, weil es vom Wasser des Indus nunmehr abgeschnitten war. Bis heute werden diese Menschen als «Junglees» verachtet, bis heute sprechen sie ihre eigene Sprache, das Sareiki, und bis heute lassen sich ihre Dörfer auf Anhieb von denen der Pandschabis unterscheiden, mögen sie oft in unmittelbarer Nachbarschaft zueinander stehen. Der Pandschab, der allein 60 Prozent der Bevölkerung Pakistans ausmacht, ist mithin ein Gebiet, dessen sozioökonomische Struktur schon vor der Teilung tiefen und gewaltsamen Eingriffen ausgesetzt war.
Die nächste große Migration nach und aus Pakistan fand zwischen 1947 und 1951 statt. Innerhalb von wenigen Jahren verließen mehr als zehn Millionen Menschen ihre Heimat, eine halbe Million Menschen starb bei den Ausschreitungen, die die Teilung des Subkontinents begleiteten. 1951

bestand die Bevölkerung des neuen Staates zu 23 Prozent aus Einwanderern aus dem heutigen Indien. Die Neuankömmlinge, die mehrheitlich aus ländlichen Gebieten stammten, siedelten sich meist in den Städten an, so daß sie bald 50 Prozent der gesamten Stadtbevölkerung stellten. In Pakistan fand eine Bevölkerung zusammen, die amorpher nicht hätte sein können. Geographisch und kulturell war das Land in drei große, völlig unterschiedliche Gebiete aufgeteilt. Orientierten sich die kargen Provinzen im Westen und Nordwesten in ihren Traditionen eher nach Iran oder Afghanistan, waren das Industal und die Gebiete, die sich im Osten daran anschlossen, ein genuiner Teil Indiens; kulturell sind sie es noch immer. Weit im Osten schließlich verfügte der Staat über eine riesige Exklave, die sich bald als zu eigenständig herausstellte und sich 1971 unter dem Namen Bangladesch von Pakistan löste.

Eine Landflucht, die in Südasien beispiellos ist und dazu geführt hat, daß heute mehr als 65 Prozent der 145 Millionen Einwohner in städtischen Gebieten leben, hat die Gemeinde- und Stammesstrukturen seit 1947 zusätzlich durcheinandergewirbelt. Dies alles geschah in einem jungen Staat, der am Anfang in zwei ungleiche und unverbundene Hälften aufgeteilt war, der seinen einzigen weithin akzeptierten Politiker, Staatsgründer Muhammad Ali Jinnah, schon ein Jahr nach seiner Ausrufung verloren hatte, kaum über eine industrielle Infrastruktur verfügte und nur einen Bruchteil des gesamtindischen Staatsschatzes ausgezahlt bekam, der von Anfang an in Feindschaft mit einem übermächtigen und häufig genug aggressiv auftretenden Nachbarn lebte, aber eine nur unbedeutende Militärausstattung geerbt hatte und sich rasch daran gewöhnte, fast die Hälfte des Haushaltes der Armee zu überlassen. Nicht daß Pakistan heute vor einem Berg von Problemen steht, überrascht, sondern daß es sich angesichts solcher Voraussetzungen bis heute behauptet.

Inzwischen haben die Jungen das Museum in einen Abenteuerspielplatz verwandelt. Museumspädagogik einmal anders: Schaukästen, Exponate und die ganze Weite der Halle werden genutzt, um nacheinander Katz und Maus zu spielen, sich in einem Westernfort zu verschanzen und um die Wette zu rennen. Die Wärter, die zahlreich im Gang sitzen und plaudern, stört das nicht, verdächtig scheint ihnen vielmehr der Besucher zu sein, der sich eifrig Notizen macht. Einer nimmt seine Aufsichtspflicht besonders genau und folgt, seinen Stuhl unterm Arm tragend, dem Sonderling diskret in den Saal der Freiheitsbewegung, wo die Utensilien, Photos und Dokumente des «Großen Führers» ausgestellt sind. Natürlich fehlen alle Hinweise darauf, daß Jinnah und seine Muslim-Liga bis zuletzt bereit waren, auf die Unabhängigkeit zu verzichten und noch am 6. Juni 1946 den Plan der britischen «Kabinettsmission» akzeptierten, der den Regionen weitgehende Autonomie zugestanden, aber die staatliche Einheit Indiens bewahrt hätte. Erst die Ablehnung Nehrus, des Führers der Kongreß-Partei, der an einen starken sozialistischen Zentralstaat glaubte, trieb die Muslim-Liga dazu, ihre Drohung wahrzumachen und die Teilung des Subkontinents durchzusetzen. Pakistan verdankt seine Existenz dem Traum einiger Intellektueller, vor allem aber der Sturheit und dem Machteifer der beiden Parteiführer Nehru und Jinnah. Der Mythos, den das Nationalmuseum zu präsentieren sucht, ist ein herbeigeschaffter, und der «Große Führer», so charismatisch er gewesen ist, eine Projektion. Der Gründer der ersten «Islamischen Republik» war ein ganz und gar säkularer Geist, der den Muslimen zwar Unabhängigkeit bescheren wollte, selbst aber im Privaten ein eher freizügiges Verhältnis zum Islam pflegte.

Seit seiner Gründung ist Jinnahs Staat nicht zur Ruhe gekommen. Drei Militärputsche, drei Kriege mit Indien und zahllose Scharmützel, schließlich die Loslösung des östlichen Teils, des heutigen Bangladeschs, hat Pakistan erlebt, etwa die Hälfte seiner Lebenszeit hat es unter Kriegsrecht verbracht, fünf Millionen afghanische Flüchtlinge hat es innerhalb von wenigen Jahren aufgenommen. Als verheerend hat sich insbesondere die Ära Zia ul-Haqqs erwiesen, der zwischen 1977 und 1988 regierte. Zia hat nicht nur den religiösen Extremismus befördert; seine Afghanistanpolitik trug dazu bei, daß Drogen und schwere Waffen im ganzen Land leicht verfügbar wurden und es bis heute sind. Der Diktator aus kleinbürgerlichen Verhältnissen und Günstling der Vereinigten Staaten schuf ein System der politischen Bestechung und des Nepotismus, vernachlässigte die Infrastruktur und machte sich alle drei Gewalten im Staat gefügig. Vor allem aber durchschnitt er, weil es seine Macht bedrohte, das administrative und soziale Geflecht, das bis dahin das Land durchzog, die Versorgung aufrechterhielt und das öffentliche Leben regulierte. Unter Zia hörte der Staat in elementaren Bereichen auf zu funktionieren. Das öffentliche Bildungs-, Transport- und Gesundheitswesen begann zu verfallen, die Kommunalverwaltungen verkümmerten, die Strom- und Wasserversorgung setzte immer öfter und immer länger aus.

Die demokratisch gewählten Ministerpräsidenten, die nach Zias Tod regierten, haben dessen Mißwirtschaft übernommen. Sowohl Benazir Bhutto als auch Nawaz Sharif waren viel zu sehr damit beschäftigt, sich die Pfründe der Macht zu sichern und ihre Gegner zu bekämpfen, um auch nur die Konturen einer durchdachten und langfristig angelegten Politik erkennen zu lassen. Das Ausmaß, das die Korruption unter ihrer Regentschaft angenommen hat, läßt sich an den täglichen Kurzmeldungen oft besser ablesen als an den großen Enthüllungen über die amtlichen Millionenbetrüger. Man stößt etwa im Lokalblatt auf eine Notiz, daß in Rawalpindi bis auf weiteres keine Sterbeurkunden mehr ausgestellt werden, weil das zuständige Amt daraus ein blühendes Geschäft gemacht und einzelne Urkunden bis zu siebenmal ausgestellt hat. Die siebenfache Waisen- oder Witwenrente ging daraufhin an die Beamten, die Hinterbliebenen oder den angeblich Gestorbenen selbst. Anderswo liest man, daß allein in der Provinz Sindh im vergangenen Jahr 7200 sogenannte «Geisterlehrer» von den Gehaltslisten gestrichen worden sind. Sie waren nur dafür da, Gehälter auf jene Konten fließen zu lassen, die den Beamten selbst gehörten.

Ausgerechnet jener Staat, dessen Existenz nicht auf einer gemeinsamen Ethnie, Sprache oder Tradition, sondern auf einem bewußten Willensakt gründet, ist zum Selbstbedienungsladen seiner Angehörigen geworden; als gestaltende Kraft hat er sich unter den beiden demokratisch gewählten Ministerpräsidenten der neunziger Jahre praktisch aufgegeben. Heute haben vierzig Prozent der Pakistanis keinen Zugang zu regulären Gesundheitsdiensten und können mehr als zwei Drittel nicht lesen und schreiben; zweiundvierzig Prozent der Kinder besuchen keine Schule, die durchschnittliche Schulzeit beträgt nicht einmal zwei Jahre; in Balutschistan können weniger als ein Prozent der Frauen lesen und schreiben. Die Solidarität mit dem Nächsten und das islamische Wohltätigkeitsgebot wird in Pakistan zwar durchaus ernstgenommen, das Engagement bezieht sich jedoch fast ausschließlich auf die Nachbarn im Viertel oder die Angehörigen des eigenen Clans. Ein Gemeinsinn, der sich auf Staat oder Volk erstrecken würde und den es in den frühen Jahren einmal gegeben hat, ist heute so gut wie ausgestorben, von einer nationalen Vision gar nicht zu sprechen.

Inzwischen ist der Besucher in dem Saal angelangt, der die pakistanische Steinzeit darstellt. Hier sind die lebensgroßen Puppen spärlich bekleidet und versuchen mit Hilfe zweier Steine, Feuer zu entfachen. Der Wärter ist mit seinem Stuhl gefolgt und hat sich in einer Ecke niedergelassen. Langsam kommt sich der Besucher selbst wie ein Exponat vor, ein wandelndes allerdings. Schließlich dreht er den Spieß um, geht auf den Wärter zu und beginnt ein Gespräch. Natürlich will der Besucher wissen, was der Wärter vom Putsch des Generals Perveez Musharraf im vorangegangenen Oktober hält. Der Wärter blickt ihn an und zieht die Stirn hoch. Schließlich sagt er mürrisch, daß es schlimmer eigentlich nicht werden könne. Allerdings habe man das nach Zias Tod auch schon gesagt, fügt er hinzu. Dann kneift der Wärter die Augen zusammen, als ob er sich an seine Jugend erinnern wollte. Nach ein paar Sekunden öffnet er die Augen wieder und sagt: Als Bhutto ging und Zia kam, seien sie ebenfalls glücklich gewesen. Und wie war es 1971, als Yahya Khan stürzte und Bhutto kam? Daran erinnere er sich nicht mehr genau, antwortet der Wärter, er sei damals zu jung gewesen. Aber wahrscheinlich habe damals große Freude geherrscht.

Es sagt viel über die pakistanische Demokratie, daß die meisten Bürger den Putsch begrüßt haben, durch den General Perveez Musharraf im Oktober 1999 an die Macht gekommen ist. Selbst unter den Intellektuellen gibt es wenige, die das Militärregime rundherum ablehnen. Jedoch: Enthusiastisch ist in Pakistan niemand. Auch die Kommentatoren, die den Putsch als Notbremsung verteidigten, wissen, daß die Probleme zu grundlegend sind, um durch einen einzelnen Regierungswechsel gelöst zu werden. Ohnehin wäre es zu bequem, das Scheitern der Demokratie einzelnen Politikern zuzuschreiben. Es ist ein politisches und gesellschaftliches System, das solche Politiker hervorbringt. Anders als Indien hat Pakistan seine feudalen Strukturen, die auf die Zeit der britischen Kolonialherrschaft zurückgehen, niemals aufgelöst. Die Masse der Stadtbewohner, die Arbeiter, die Landbevölkerung und auch die Mittelschicht nehmen den politischen Prozeß bloß als Beobachter und allenfalls noch als Wähler wahr; nur im Militär hatten sie eine geringe Chance, wie Zia ul-Haqq oder

der jetzige Machthaber Perveez Musharraf, die Politik selbst zu gestalten. Seit zweiundfünfzig Jahren wird Pakistan von einer winzigen Elite beherrscht, die den Staat entweder wie ihr Landgut oder ihre Kaserne behandelt.

Es mutet wie ein Wunder an und spricht für die Menschen, daß das Leben im Alltag noch immer seinen Gang geht, daß sich allerorten private Initiativen bilden und kleine Dienstleister organisieren, um die Versorgung halbwegs aufrechtzuerhalten. Zwar sind Ressentiments zwischen den Volksgruppen spürbar, doch hat der militante Haß nur eine kleine Minderheit erfaßt, so daß eine Entwicklung wie in Afghanistan oder Jugoslawien nicht unmittelbar bevorzustehen scheint. Das ist nicht selbstverständlich. In anderen Ländern haben Spannungen, die geringer schienen, genügt, damit die Menschen auf Nachbarn, Landflüchtlinge oder Einwanderer losgingen, deren Sprache, Abstammung oder Konfession eine andere war. Aber es gibt keine Gewähr dafür, daß Pakistan am Ende nicht doch noch in dem Strudel ethnischer und religiöser Gewalt untergeht, der bereits Afghanistan und Kaschmir erfaßt hat und langfristig zahlreiche Länder in Zentralasien bedroht. Mit Afghanistan und Kaschmir befinden sich zwei Konfliktherde in der unmittelbaren Nachbarschaft, die stetig auf Pakistan einwirken. Gelangen Ströme von Drogen, Waffen und eine äußerst militante Ideologie aus dem Norden ins Land, so sind das ungelöste Schicksal der Kaschmiris und die Feindschaft mit Indien zum Motor der pakistanischen Islamisten geworden.

Der Westen, der die Talibanisierung Afghanistans befördert und die fortdauernde Unterdrückung der Kaschmiris bislang ignoriert hat, könnte dazu beitragen, daß es zum Schlimmsten nicht kommt. Er hat auf die meisten Konfliktparteien genug Einfluß, um sie an den Verhandlungstisch zu bewegen, sowohl in Afghanistan als auch in Kaschmir. Schon aus eigenem Interesse, schon weil Drogen, Terrorismus, Flüchtlingsströme und Nuklearstrahlungen sich um

Grenzen nicht scheren, sollte man diese Region nicht sich selbst, oder genauer: nicht ihren Politikern und *warlords*, überlassen. Gegen das, was sich zwischen Zentralasien und Nordindien zusammenbraut, könnte der Nahe Osten eines Tages wie ein beschaulicher Vorort erscheinen. Und Pakistan ist mittendrin. Als sei es ein Modell der Zukunftsforschung, scheint das Land die Konflikte, Dramen und Gefahren der künftigen Jahrzehnte ausgestellt zu haben. Zum Glück aber ist Pakistan kein Modell, sondern ein lebendiger Ort, dessen Alltag längst nicht so spektakulär aussieht, wie es die Statistiken und Nachrichten nahelegen, und dessen Bewohner so gewöhnlich wirken, wie es angesichts der Umstände kaum vorstellbar ist.

«Mittagspause!» knurrt der Wärter und empfiehlt, sich bis zwei Uhr auf der Wiese vor dem Museum auszuruhen, die zu den wenigen im Zentrum Karatschis gehört. Beim Hinausgehen fällt der Blick des Besuchers auf einen maschinengeschriebenen «Hinweis», der an der Vitrine des Kassenhäuschens befestigt ist: «Es wurde beobachtet, daß manche männliche Studenten großen Enthusiasmus an den Tag legen, Eintrittskarten zu erwerben, sobald das Museum von weiblichen Studenten besucht wird», heißt es dort im unverwüstlichen Passiv jeder Beamtensprache. «Um die Probleme, Beschwerden und nicht mehr hinnehmbaren Situationen, die entstanden sind, zu vermeiden und zu verhindern, daß Studentinnen sexuell belästigt werden, wurde beschlossen, keine Tickets mehr an männliche Studenten zu verkaufen, solange sich weibliche Studentengruppen im Museum aufhalten. Der Direktor.»

In Würde korrumpiert Der Saal, in dem Pakistan seine jüngste Vergangenheit richtet, ist keine fünfzig Quadratmeter groß. Fünf davon nimmt allein der Schreibtisch des Richters ein. Auf der übrigen

Fläche sitzen oder stehen die übrigen Beteiligten, gewiß sechzig oder siebzig an der Zahl: die Anwälte der Anklage wie der Verteidigung, zwei westliche Diplomaten, Ordnungshüter, Beamte sowie die zehn zugelassenen Journalisten, die sich an der Längswand so dicht drängen, daß der Vertreter der deutschen Zeitung froh ist, von eher kleiner Statur zu sein. Die sechs Angeklagten haben in der letzten Reihe Platz genommen. Ihre Kleidung ist gepflegt und ihre Erscheinung elegant, auch wenn einer eine gelbe Plastiktüte im Schoß hält und ein anderer eine bedruckte Stofftasche, die aus einem deutschen Supermarkt stammen mag. Ein noch erträglicher Duft von zu vielen Körpern liegt im fensterlosen Raum.

Nawaz Sharif, der am 12. Oktober 1999 gestürzte Ministerpräsident Pakistans, hat sich den Stuhl in der hinteren rechten Ecke gesucht, wo ihn der Pulk aus Anwälten und Funktionären, der sich an der Tür gebildet hat, fast verdeckt. Zuerst eine Anwältin, später seine Frau setzen sich zu ihm; man sieht sie tuscheln und ihn kraftlos nicken. Kaum scheint ihn anzugehen, was da vorn verhandelt wird, obwohl es doch mit seiner Hinrichtung enden könnte. Seine Augen blicken so traurig, seine Mimik strahlt solch ratlose Ergebenheit aus, daß es schwer fällt, das Mitgefühl abzuwehren. Nein, was immer Nawaz Sharif im Laufe seines politischen Lebens angerichtet hat – und es ist nach Ansicht der meisten Pakistanis genug, um ihn für den Rest seines Lebens hinter Gitter zu bringen –, man kann ihm nicht absprechen, die Anklage mit Würde zu tragen.

Dabei wirkt es, als habe das Militärregime beschlossen, Sharif zu demütigen, indem es die Umstände des Prozesses so unspektakulär wie möglich gestaltet. Als gewöhnlicher Verbrecher soll er behandelt werden, nicht als politischer Widersacher. Keine Ketten oder Handschellen, keine Fernsehkameras, geschweige denn ein Glaskäfig, dafür ein geradezu lächerlich kleiner Raum, ein eher bescheidenes Aufgebot an Sicherheitskräften und ein einzelner Richter, der die Verhandlung so gelassen leitet, als stünde ein Verkehrsunfall auf der Tagesordnung. Nicht einmal der Gerichtsdiener und der Protokollant, die ihm zur Seite sitzen, haben sich für die heutige Sitzung besonders gut angezogen. Nichts soll an einen Schauprozeß erinnern.

Die Anklage lautet auf versuchten Mord, Flugzeugentführung und kriminelle Verschwörung. Sie bezieht sich auf die Ereignisse des 12. Oktober 1999, als Sharif den damaligen Chef der Streitkräfte, General Perveez Musharraf, absetzte, während dieser sich gemeinsam mit 197 weiteren Passagieren in einem Linienflugzeug der staatlichen pakistanischen Fluggesellschaft befand. Sharif soll angeordnet haben, dem Flugzeug die Landung in Karatschi zu verweigern. Die Navigationshilfen seien ausgeschaltet und Hindernisse auf der Landepiste aufgestellt worden, obwohl das Flugzeug nach etlichen Warteschleifen nur noch über einen Treibstoffvorrat von wenigen Minuten verfügt habe. Erst als das Militär eingegriffen habe, sei die Landebahn freigegeben worden. Unmittelbar nach der Landung putschten die Generäle und wanderte der Ministerpräsident ins Gefängnis.

Offenbar hatte die neue Regierung vorgehabt, die Akte Sharif schnell zu schließen. Er wurde vor ein sogenanntes Anti-Terror-Gericht gestellt, das aus nur einem Richter besteht und das Urteil innerhalb von sieben Tagen zu fällen hat. Sharif selbst war es, der diese Gerichte 1997 gegen den Widerstand der Presse durchgesetzt und sogar den damaligen Obersten Richter Pakistans, Sajjad Ali Shah, wegen dessen Kritik an den Schnellverfahren entlassen hat. Es war die Aussicht auf ein rasches Urteil, die die Generäle bewogen haben dürfte, Sharif der Flugzeugentführung anstatt der Korruption zu beschuldigen, wie es allgemein erwartet worden war. Daß er sich mitsamt seinem Clan bereichert, daß sie den Staat als ihre persönliche Geldmaschine verstanden haben, daran zweifelt in Pakistan kaum jemand. Täglich enthüllt die Presse neue Details, und wenn nur ein Zehntel der Berichte stimmt, dann erreichen die Unterschlagungen eine Größenordnung, die selbst die Deutsche Bank nicht als Peanuts abtun würde. Aber ein Verfahren wegen Korruption hätte Zeit erfordert, und die Beweislage wäre womöglich schwierig gewesen, da das meiste Geld unbefleckt von aller Buchhaltung ins Ausland geflossen sein soll.

Der Vorwurf der Flugzeugentführung, so dachten die Generäle, wäre hingegen schneller zu erhärten, da Flugschreiber, Stimmenrecorder und die entsprechenden Zeugenaussagen vorliegen. Die pakistanische Justiz aber denkt anders. Zwei Monate und zahllose Gerichtstage nach dem Beginn der Verhandlung ist das Verfahren noch nicht einmal formell eröffnet worden. Vergangene Woche düpierte der Richter die Regierung zusätzlich, als er sich weigerte, den Fall zu verhandeln, solange es im Gericht von Geheimpolizisten wimmle. Er delegierte das Verfahren an einen untergeordneten Richter, der ebenfalls nicht den Eindruck erweckt, als ließe er sich hetzen. Seine erste Verhandlung am Montag verging mit Verfahrensfragen, die zwischen Richter, Staatsanwälten und Verteidigern auf Englisch und mit ausgesuchter Höflichkeit erörtert wurden. Nach kaum einer dreiviertel Stunde vertagte «My Lord», wie ihn die «Sir» genannten Anwälte anredeten, die Verhandlung auf den nächsten Morgen.

Die kuriosen und chaotischen Umstände, die einem Verfahren von nationaler Dringlichkeit völlig unangemessen sind, erscheinen wie ein Sinnbild für das seltsame Regime des Generals Musharraf. So unauffällig ist ein Putsch noch selten durchgeführt worden. Weder zog das Militär in den Straßen auf, noch hat die Bevölkerung eine erkennbare Reaktion gezeigt. Die abwechselnd regierenden Ministerpräsidenten der letzten Jahre, Benazir Bhutto und Nawaz

Sharif, hatten die Demokratie dank ihrer Vetternwirtschaft so gründlich diskreditiert, daß die wenigsten sich über die neue Diktatur grämen. Schlimmer, so ist es in Gesprächen oft zu hören, kann es ohnehin nicht mehr kommen. Und selbst die wenigen Intellektuellen, die den Putsch kritisieren, gestehen Musharraf guten Willen zu. Die ihn kennen, beschreiben ihn als geradlinigen und allem, auch religiösem Extremismus abholden Mann, dessen Denken ganz und gar von militärischen Mustern geprägt sei. Von der Demokratie wird er, weil zu umständlich, nicht viel halten, aber immerhin hat er einige angesehene Technokraten in die Regierung berufen und angekündigt, die Korruption zu bekämpfen, die Effizienz der staatlichen Organe zu verbessern und die Infrastruktur, die von den Vorgängerregierungen sträflich vernachlässigt worden ist, zu entwickeln. Daß den Ankündigungen bislang kaum Taten gefolgt sind, entschuldigen Regierungsvertreter damit, daß sie die Geschäfte unvorbereitet übernommen hätten.

Die Militärs haben es nicht eilig, zur Demokratie zurückzukehren, sind aber bemüht, ihrem Regime einen zivilen Anstrich zu verleihen. So sagen Journalisten, daß der Druck, keine kritischen Artikel zu veröffentlichen, vor dem Putsch stärker zu spüren gewesen sei. Indem es keinen erkennbaren Einfluß auf das Verfahren gegen Nawaz Sharif ausübt, möchte das Regime demonstrieren, daß es aus der Vergangenheit gelernt hat. Der letzte Putschist, General Zia ul-Haqq, ließ den abgesetzten Ministerpräsidenten Zulfikar Ali Bhutto 1979 hinrichten und säte damit soviel Haß vor allem unter den Sindhis, daß er seine Herrschaft fortan nur mit den rüdesten Mitteln aufrechterhalten konnte. Sharif genießt zwar unter seinen Landsleuten, den Pandschabis, nicht annähernd so viele Sympathien wie damals Bhutto unter den Sindhis; aber seine Günstlinge, Profiteure und die Mitglieder seiner Muslim-Liga sind zu einflußreich, als daß die Generäle sie durch allzu simple

Rache gegen sich aufbringen möchten. Zudem ist die Sensibilität der westlichen Staaten, auf deren Wohlwollen Pakistan angewiesen ist, heute eine andere als vor zwanzig Jahren. Nahmen insbesondere Amerikaner damals Putsch und Hinrichtung achselzuckend hin, solange sie ihre Interessen gewahrt sahen, so lautet das Credo speziell der europäischen Diplomaten inzwischen Demokratie und Marktwirtschaft – da sollte wenigstens der Augenschein gewahrt bleiben.

Man hält sich zurück, Sharif in einem Schnellverfahren abzuurteilen, wie es nach einem Putsch üblich wäre. Das bedeutet allerdings nicht, daß es den Generälen nicht Vergnügen bereiten würde, ihn und seine Mitstreiter leiden zu sehen. Im Gefängnis teilten die Männer, die zu den reichsten in Pakistan gehören, die Zellen mit einfachen Straßendieben; Zeitungen, ein besonderes Essen oder der Austausch untereinander wird ihnen verwehrt. Wie Kulsoom Sharif beklagte, leide ihr Mann, der doch seit den Wanderungen seiner Jugendzeit niemals mehr mit Insekten zu tun gehabt habe, sogar unter Mückenstichen. Einem der Angeklagten, dem früheren Senator Saifur Rehman, hatten die ersten Wochen in Haft so zugesetzt, daß er bei der ersten Verhandlung am 20. November zitternd aufstand und rot anlief, noch bevor ihn der Richter angesprochen hatte. Als den Angeklagten später eine Zeitung gereicht wurde, entriß Rehman diese seinem Nebenmann, um sie hastig in seiner Innentasche zu verstecken.

Obwohl der Richter inzwischen angeordnet hat, sie im Gefängnis fortan als «A-Häftlinge» einzustufen, berichten die Angeklagten am Rande der Verhandlungen gegenüber Journalisten regelmäßig, schikaniert zu werden, etwa indem ihnen das Essen, das ihre Angehörigen mitbringen, verweigert oder ihnen der Fernseher vorenthalten wird. Die Prozeßbeobachter der pakistanischen Presse sehen in den kleinen Pannen des Gefängnisalltags Absicht. Manche vermuten darin den Versuch, die Angeklagten zu zermürben und ihnen so zu entlocken, wo sie ihre Guthaben im Ausland deponiert haben.

Zermürbt sieht in der letzten Reihe jedoch niemand aus. Der Bruder des gestürzten Ministerpräsidenten und der eigentliche Kopf ihres Clans, Shahbaz, kaut mit gefletschten Zähnen Kaugummi und schaut sich angriffslustig im Saal um. Der frühere Generalsekretär der Muslim-Liga, Saeed Mehdi, und der ehemalige Polizeichef der Provinz Sindh, Rana Maqbool, geben sich so gentlemanlike wie ihre Anwälte in der ersten Reihe, und sogar Saifur Rehman versteht es heute, sich zu beherrschen. Wirklich mitgenommen wirkt nur Kulsoom Sharif, die eine Gebetskette in der Hand hält und betet, sobald sie aufhört, mit ihrem Mann zu flüstern.

Als die Verhandlung zu Ende ist, drängen die Besucher an der hintersten Stuhlreihe vorbei aus der Tür. Hände werden geschüttelt, kurze Gespräche geführt, schließlich kennen die meisten der anwesenden Journalisten die Angeklagten aus Interviews oder Pressekonferenzen. Der ehemalige Chef der pakistanischen Fluggesellschaft, Shahid Khaqan Abbas, ist besonders fröhlich. Er lächelt den Berichterstatter an und fragt ihn, für welche Zeitung er schreibe. Ins Plaudern gekommen, schildert Abbas, wie man sie im Gefängnis ärgere. Dafür wirke er aber recht entspannt, bemerkt der Berichterstatter. Was soll er denn auch anderes tun, fragt der Angeklagte. Auf dieses Verfahren habe er ohnehin keinen Einfluß, und auf das andere Verfahren dort droben beim Herrn hätten die Herrschaften im Saal keinen Einfluß.

3 Tadschikistan
Frühjahr 2000

Ein verwundeter Zivilist im Krankenhaus von Chorog. Kriege wie in Tadschikistan entstehen, wo nach dem Zusammenbruch oder Zerfall der staatlichen Ordnung neue Kräfte darum ringen, das entstandene Vakuum zu füllen. Die Motive sind allenfalls am Anfang ideologisch. Je länger das Chaos anhält, desto mehr reduziert sich der Krieg auf einen Kampf um die Zinsen der Macht: um die ertragreichen Ämter, Versorgungsunternehmen, Fabriken, Bodenschätze und nicht zuletzt die Straßen und Wege, auf denen Drogen und Konsumgüter geschmuggelt oder Wegegelder erpreßt werden können. – Foto: Daniel Schwartz/Lookat

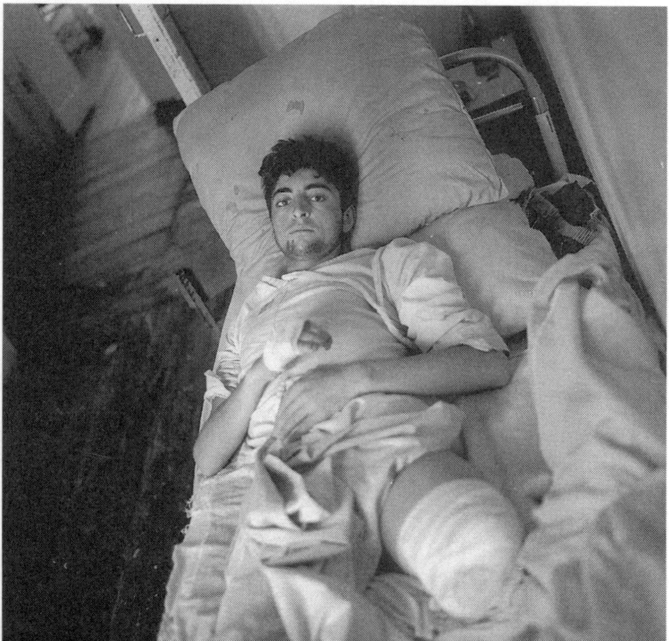

Stille Tage in Duschanbe Wie in Wellen schwappt das Leben nach Duschanbe und zieht sich wieder zurück. Es traut sich bis sechs Uhr auf die Straße, dann bis halb sieben, und am nächsten Tag schon bis sieben. Wenn immer noch nichts passiert, wagt es sich immer weiter vor und ist nach einer Woche schon bei halb neun angelangt oder sogar neun. Dann kommt es zu einem Zwischenfall, einem Anschlag, einer Bombe, die explodiert, oder einem Scharmützel außerhalb der Hauptstadt, wo die Milizen ihre Rivalität auch drei Jahre nach dem Friedensschluß nicht immer friedlich austragen. Oft reicht schon ein Gerücht. Dann verläßt in Duschanbe, wenn die Dunkelheit hereinbricht, kaum noch jemand seine Wohnung, jedenfalls nicht zu Fuß. Aber schon am übernächsten oder spätestens am dritten Tag kehrt der Müßiggang allmählich zurück, bis sechs, bis sieben und schließlich noch nach neun Uhr. Die Reichgewordenen fahren mit ihren Daimler-Benz oder Four-Wheel-Drives den Rudaki-Prospekt hinauf und hinunter, die übrigen genießen die abendliche Frühlingsluft, gehen flanieren oder gönnen sich ein Eis. Wer es sich leisten kann, trifft sich in den zwei, drei Straßencafés zu Schaschlik, Wodka oder Bier.

Eine pulsierende Metropole ist Duschanbe nie gewesen. Mit seinen Höfen und verfallenden Villen, den zweistökkigen Wohnhäusern und einzelnen Verwaltungsgebäuden in frühstalinistischer Architektur, mit seinen vielen alten Bäumen, die fast alle Straßen in versunkene Alleen verzaubern, mit den Hühnern und Schafen, die gemeinsam mit den Kindern die Nebenstraßen bevölkern, und den grünen Hügeln, die sich ringsum in Laufnähe erheben, ist es die vielleicht ländlichste Hauptstadt der Welt. Spaziert man in der bedächtigen Sonne eines Frühlingsnachmittages durch Duschanbe, kommt man sich vor wie in den Kulissen einer Tschechow-Aufführung, die abzubauen man vor Jahrzehnten vergessen hat. Daß der einstige Marktplatz es im Laufe der letzten siebzig Jahre überhaupt zur Stadt gebracht hat, verdankt Duschanbe der sowjetischen Nationalitätenpolitik, die den persischsprachigen Zentralasiaten zwar eine Republik konstruiert, deren städtische Zentren Samarkand und Buchara aber den turksprachigen Usbeken zugesprochen hat. Tadschikistan ist ein zum Staat erhobenes Hinterland und Duschanbe die Stadt gewordene Provinz.

Aufregend war es hier nur nach dem Zerfall der Sowjetunion, als Zehntausende parallel für und gegen das Ancien Régime demonstrierten; aufregend im schlimmsten Sinne war der fünfjährige Bürgerkrieg, der sich 1992 an die friedlichen Proteste anschloß und bis zu hunderttausend Tadschiken das Leben kostete. Was als Konflikt zwischen religiösen und säkular-demokratischen Kräften einerseits und der Nomenklatura aus sowjetischer Zeit begann, entwikkelte sich bald schon zu einem Kampf der Clans und ihrer Milizen um Einfluß, Ämter und vor allem um Geld. Die breite Bevölkerung hatte zu dem Krieg ein Verhältnis wie zu einer Naturkatastrophe. Nun aber, nachdem die Anführer aus Regierung und Opposition dank russischer und iranischer Vermittlung 1997 Frieden geschlossen haben und sich immer mehr ihrer Kommandanten daran halten, sind Duschanbes Tage wieder still. Es dürfte wenige Länder geben, in denen die wirtschaftlichen und sozialen Verhältnisse so verheerend sind und die Menschen dennoch das Gefühl vermitteln, es ginge ihnen besser. «Wenn die Flut kommt, reißt sie alles mit, Steine, Häuser, Menschen», beschreibt das ein älterer Herr, der im Krieg außer seinem Leben so ziemlich alles verloren hat, seinen Sohn, sein Haus, seine

Rente. «Aber sie ist vorbei. Sie hat alles mitgerissen, aber jetzt ist die Flut vorbei, so Gott will.»
Heute wirkt Duschanbe noch verschlafener, als es zu sowjetischen Zeiten schon war. Selbst zu Stoßzeiten kurz vor Anbruch der Dämmerung fließt der Verkehr nur spärlich, die Geschäfte dümpeln mangels Kunden vor sich hin, und keine Leuchtreklame kündigt – wie in Moskau – vom Siegeszug des Kapitalismus. Immerhin hat die etablierte Kultur schon wieder begonnen, sich zu regen, auch wenn das Stadttheater und die Oper ihre wenigen Aufführungen aus Gründen der Sicherheit auf die Mittagszeit verlegen mußten. Die Zuschauer hält das nicht ab, in Abendkleidung zu erscheinen. Gespielt werden die Klassiker der dramatischen Literatur sowie Werke tadschikischer Autoren, mit Simultanübersetzung für die wenigen Russen, die der Stadt treu geblieben sind. Wie das Publikum sich da in fünf oder sechs Reihen des großen Theaters drängt, als wolle es die Illusion eines ausverkauften Hauses erzeugen, wie es mit hohem Ernst die ästhetisch wohl konventionelle, aber handwerklich erkennbar geschulte Darbietung verfolgt, das hat etwas von einem Sit-in gegen den Lauf der Zeit. Wenn Duschanbe die Kulisse zu einem Tschechow-Stück abgibt, dann ist die mittägliche Aufführung vor Abendpublikum eine Szene daraus. Aber nein, das ist nicht wahr, Tschechow beschwört eine Vergangenheit herauf. Es sind viel eher Winnies *Glückliche Tage*, die das Stadttheater mitsamt seinen Zuschauern spielt: «Das Haar bürsten und kämmen, wenn es noch nicht geschehen ist, oder wenn es fraglich ist, die Nägel pflegen, wenn sie Pflege nötig haben usw., diese Dinge helfen einem darüber hinweg.»
Den Lauf der Zeit, den werden auch jene Damen verfluchen, die ihre Abendkleider längst verramscht haben und nun ihre letzten sieben Sachen zum *Endspiel* ihrer Existenz auf den Markt tragen. Wie sie da tagein, tagaus zwischen den bunt gekleideten Landfrauen stehen, ist ihre bürger-

liche Herkunft unverkennbar. Die Verarmung kennt keine Rassen. Es ist der Besucher, der auf seinen eigenen Rassismus aufmerksam wird, indem er sich instinktiv über die Blonden unter den Marktfrauen wundert – so sehr hat er sich auf seinen Reisen daran gewöhnt, daß hell und westlich als Ausweis von Wohlstand genügt und dafür, an den Grenzen als Mensch behandelt zu werden, während die Dritte Welt nur aus Dunklen, Roten oder Gelben besteht. In Duschanbe jedoch sind Benettons *United Colors* tatsächlich vereint.

Die globale Kulturindustrie hat bislang nur ein paar Pizzerien und Hamburgerbuden als Vorposten errichtet, die kulinarisch wie architektonisch eine ungemütliche Zukunft verheißen: «Space Dream», «2000» oder «Paradise» heißen sie und bestehen aus viel zu großen, weißgetünchten Hallen, in denen sich weiße Plastikstühle auf weißen Kachelböden verlieren. Gäbe es einen Hotel- und Gastronomieführer der Hauptstadt, er käme mit einer Seite aus und müßte sich Mühe geben, nicht satirisch zu wirken. Das beste Hotel der Stadt, das sich am Rudaki-Prospekt ausbreitet, bietet sowjetisches Plüschdeko in Rot, das süßliche Gedanken an ein Bordell weckt, aber leider nicht genügend Wasser, um zu duschen. Das Nachtleben wird von einem Casino und ein paar Kneipen bestritten, in denen leichte Mädchen und schwere Jungs zu persischer Popmusik schwofen. Das Iran, von dem hier geträumt wird, ist nicht die Islamische Republik, sondern die Kunstwelt, die auf der Videoleinwand gleich neben den Spielautomaten zu sehen ist, eine Welt gutgefönter Orientalen in Cabriolets von BMW, die ihre Freundinnen singend über kalifornische Hügel kutschieren. Schaut man ihnen eine Weile zu, geht einem auf, daß der wahre Dialog der Kulturen nicht auf Konferenzen und Kirchentagen, sondern hier, am gottverlassensten Zipfel des ehemaligen kommunistischen Riesenreiches stattfindet: Postsowjetische Mafiosi, die unter schummrigen Lichterketten ebenso kurz wie eng beschürzten Tadschikinnen persische Anzüglichkeiten ins Ohr flüstern, um sich bei russischen Spirituosen nach einem Muster zu vergnügen, das bis hin zu der Video-Jukebox und dem *Mirror Ball* der amerikanischen Kulturindustrie entstammt, hier aber mit iranischen Bildern, Rhythmen und Versen gefüllt ist, die in Iran selbst nur als verbotener Import existieren. Die iranischen Inhalte und amerikanischen Formen, an denen sich die neue Elite vergnügt, täuschen darüber hinweg, daß sie sich politisch und wirtschaftlich weiter an Moskau orientiert.

Vor zehn Jahren sah das anders aus. Als die Grenzen plötzlich offenstanden, haben die Tadschiken alles Iranische wie einen Heilsbringer begrüßt. Über sechzig Jahre lang waren die kulturellen Verbindungen gekappt gewesen. Sogar die Gedichte des Hafis, die die Tadschiken in kyrillischer Schrift lasen, hatte die Zensur entstellt; gestrichen war, was in ihnen auf Gott und die Religion verwies. Und doch war es die Poesie, in der sich das persische Erbe Tadschikistans bewahrte. «Wir sind eine Nation, die der Dichtung verfallen ist», erklärt das Golrochsar, die bekannteste Lyrikerin des Landes, die in vielen ihrer Gedichte die klassische Form der Ghazele aufgegriffen hat. «Sie hätten sehen sollen, wie das war, als zum ersten Mal persische Bücher nach Tadschikistan kamen; niemand wußte, was er da kauft, aber die Menschen haben soviel gekauft, das war unglaublich.»

Golrochsar ist eine so selbstbewußte wie herzliche Dame mittleren Alters, deren umfassender Bildungshorizont und ihre immense Popularität in kulturell kargen Zeiten wie diesen daran erinnern, daß die Tadschiken sich immer als Kulturnation begriffen haben. In einem Persisch, das für den iranischen Besucher berückend altertümlich klingt, erzählt sie, wie sie selbst vor zehn Jahren zum ersten Mal nach Iran fuhr. «Ich hatte das Gefühl, vor tausend Jahren schon einmal dort gewesen und nun wiedergekommen zu

sein», sagt sie. «Als ich zum Grabmal von Hafis kam, hörte ich mein Herz klopfen. Ich berührte meinen Arm und spürte die Adern pochen. Ich berührte meinen Körper und spürte, wie ich bebte. ‹Mein Herz schlägt wie wild›, sagte ich zu meinem Begleiter. ‹Nicht nur dein Herz›, antwortete er. ‹Auch dein Gesicht, dein Körper zittern.›»
Während sich das Iran-Bild der tadschikischen Intellektuellen in der persischen Dichtung manifestierte, sah die religiöse Opposition auf die Islamische Revolution. Gemeinsam gelang es ihnen 1992, die kommunistische Regierung zu stürzen und kurzzeitig selbst die Verantwortung zu übernehmen, doch haben die prorussischen Kräfte inzwischen längst wieder die Oberhand. Das liegt am politischen und militärischen Beharren Moskaus, aber auch daran, daß die Emissäre aus Teheran sich zumal in den Anfangsjahren allzu plump anstellten und mit revolutionärer Propaganda statt mit Dichtung und Musik warben. Sie mußten feststellen, daß die Anziehung Goguschs, der großen persischen Schlagersängerin der siebziger Jahre, ungleich größer ist als diejenige Chomeinis. Die Szenen, in denen Diplomaten und Geistliche aus Teheran in Erwartung einer Nation nach Tadschikistan eilten, die sich nach ihren schiitisch-revolutionären Unterweisungen verzehrt, um in Duschanbe auf Intellektuelle zu treffen, die die persische Nation lieber bei einem Glas Wodka hochleben ließen, darf man sich ebenso lebhaft vorstellen wie die Verblüffung der Intellektuellen, die aus Teheran freudig die Erben von Hafis und Rudaki erwartet hatten, aber nun auf dem Rollfeld des Flughafens kleingeistige Theologen empfingen. Stoff gäbe das für einen Slapstick, wie er im Stadttheater von Duschanbe schon lange nicht mehr aufgeführt worden sein dürfte: Nicht Tschechow, nicht Beckett, sondern Groucho Marx.
Nach den Jahren des Bürgerkriegs und der anhaltenden ökonomischen Krise sehnen sich viele Tadschiken nach der ordnenden Hand und den alten Zeiten. Der Putin-Effekt

hat sich auch im März 2000 bei den ersten Parlamentswahlen nach dem Friedensschluß gezeigt. Während die Parteien des islamischen und säkular-demokratischen Spektrums, die die persischen Wurzeln der tadschikischen Kultur betonen, abgeschlagen auf den Rängen lagen, siegte die Regierungspartei des exkommunistischen Präsidenten Rachmonov vor denen, die sich immer noch Kommunisten nennen. Gewiß waren die Fälschungen bei der Wahl massiv und offenkundig; aber selbst Vertreter der «Partei der Islamischen Partei der Wiedergeburt» geben zu, daß sie auch bei fairen Wahlen nicht gewonnen hätten und eher die gegnerischen Kommunisten um den Sieg betrogen worden sind. Die Nostalgie der Bevölkerung, die mit ihrer Verarmung einhergeht, die demokratisch sich legitimierende Herrschaft der Oligarchen und ihr Kalaschnikow-Kapitalismus, das Schielen nach westlichen Investoren und die anhaltende Präsenz einer national, hier also persisch geprägten Popularkultur – Duschanbe, die Hauptstadt des neuen Staates, ist dabei, wieder die russische Provinz zu werden, die sie immer schon war.
Pünktlich um halb zehn, als die Four-Wheel-Drives schon verschwunden sind, formiert sich eine Kolonne weißer Motorräder um einen schwarzen Mercedes-Benz, dessen Seitenfenster von Vorhängen bedeckt ist. Offenbar bereiten sie sich auf den angekündigten Besuch des weißrussischen Präsidenten vor. Von einem Polizeiauto angeführt, fahren sie ein ums andere Mal den Rudaki-Prospekt hinauf und hinab. Am nächsten Tag klappt es schon fast perfekt, und der übernächste Abend dient schon der Routine. Einmal schaut jemand hinter dem Vorhang der Staatskarosse hervor. Es ist ein kleiner Junge, und seine Augen leuchten mindestens so sehr wie die Blaulichter der Motorräder. So spät durfte er wahrscheinlich noch nie auf die Straße. Noch ein Stück also, bevor die Nacht das Leben in Duschanbe endgültig vertreibt: Ali im Wunderland.

Krieg ohne Grund Die erste Geschichte, die der Krieg schrieb, spielt in einem Bad. Es liegt an einem Feldweg am Stadtrand von Korgan-Tjube, von Bäumen umsäumt, von Äckern umgeben. Im Juni 1992 ist hier, etwa 150 Kilometer südlich der Hauptstadt Duschanbe, der tadschikische Bürgerkrieg ausgebrochen. Milizen aus der südlichen Stadt Kulab hatten ihre Gegner, die aus dem westlich gelegenen Garm stammten, eingekesselt. Die Garmis riefen daraufhin einen Urologen ins *Hammam-e Torkmanestan*, der den gefangenen Kulabis die Hoden herausschnitt. Schon weil das Bad nicht besonders groß, die Gefangenen aber zahlreich waren, durften sie anschließend zu ihrem Clan zurückkehren. Manchmal hat man auch nur ihre Hoden geschickt.

Heute ist vom «Bad von Turkmenistan» nurmehr das von Einschußlöchern übersäte Gemäuer übriggeblieben. Kein Schild weist auf die Ereignisse des Kriegs hin, kein Wärter versperrt den Zutritt. Außer einem Gang und einer Reihe kleiner Kammern, den ehemaligen Waschräumen wahrscheinlich, die dann als Gefängniszellen gedient haben müssen, gibt es einen Saal, der die Phantasie auf schreckliche Weise beflügelt. Man will es nicht und fragt sich doch, ob hier der Urologe oder das Erschießungskommando tätig war oder beide. Das Vogelgezwitscher, das an diesem sonnigen Frühlingstag durch die Öffnungen hereinfliegt, die früher einmal Fenster waren, das Zirpen der Grillen und das sanfte Rauschen des Windes könnten gespenstischer nicht sein. «Die genaueren Umstände, unter denen die Gewalt zwischen Garmis und Kulabis eskalierte, sind noch unbekannt», hatte der Besucher zu Hause in einem Fachartikel über den tadschikischen Bürgerkrieg gelesen. So genau wollte er die Umstände gar nicht kennenlernen.

Wenn es «saubere» Kriege gäbe, dann war dies jedenfalls ein Krieg von der schmutzigsten Sorte. Vergewaltigungen von Frauen, Häutungen bei lebendigem Leibe, Leichenverstümmelungen wie das nachträgliche Herausreißen der Augen oder das Abschneiden der Brüste – das ganze Arsenal jener Kampfmittel, die für Glaubenskriege der frühen Neuzeit und die Bürgerkriege des vergangenen Jahrzehnts typisch sind, hatte der Konflikt, der mit dem Friedensabkommen von 1997 wenigstens formell zu Ende ging, zu bieten. Würde man die Gewalt blind und archaisch nennen, die den jüngsten Kriegen in Afrika, auf dem Balkan oder eben in Zentralasien gemeinsam ist – man täte der Vergangenheit wahrscheinlich sogar unrecht und ignorierte außerdem die Systematik, mit der sie sich gegen die Zivilbevölkerung richtet. Nicht bloß in die Menschen, in die Welt scheint etwas gefahren, das zu erkennen wäre, bevor es sich bändigen ließe.

Der Westen hat von dem Krieg, obwohl er bis zu hunderttausend Menschenleben kostete und jeden neunten der sechs Millionen Tadschiken zum Flüchtling machte, so gut wie keine Notiz genommen. Vielleicht lag das auch daran, daß die Frontlinien zu verworren und zu beweglich waren, um sie auf einfache Begriffe zu bringen. Die gängigste Erklärung, wonach in Tadschikistan säkulare Kräfte gegen Islamisten kämpften, trifft nur einen Ausschnitt der Realität. Ebensowenig wie die Zivilisationen bekriegten sich in Tadschikistan die Ethnien oder Nationalitäten, von denen es vor allem in Folge der sowjetischen Kolonisierung und Deportationen mehr als ein Dutzend gibt: neben Tadschiken, Uzbeken und Russen auch Balten, Ukrainer, Kasachen, Kirgisen, Turkmenen, Tataren, Osseten, Baschkiren, Araber, Armenier, Deutsche, Juden und Koreaner. Zählt man noch die Wachanzen, Chugnanzen, Jasguljemen, Rochanen, Ischkaschimen, Jagnoben und andere Völker hinzu, die sich im schwer passierbaren Pamirgebirge mit ihrer je eigenen Sprache erhalten haben, so scheint der Staat, den die Sowjets geschaffen haben, um den persischsprachigen Zentralasiaten eine Heimstatt zu geben, einen idealen

Nährboden für einen umfassenden ethnischen Konflikt zu bieten. Aber ausgebrochen ist er nicht. Tatsächlich bekriegt haben sich in Tadschikistan nicht die Völker, sondern einzelne Clans in wechselnden Allianzen.

Über das Muster für den tadschikischen Bürgerkrieg sind in der politikwissenschaftlichen Fachliteratur, die sich mit der Zunahme ethnischer Auseinandersetzungen oder der These vom Zusammenprall der Zivilisationen beschäftigt, bislang nur einzelne Studien zu entdecken. Dabei zeigt schon die Entwicklung in Staaten wie Somalia, Afghanistan oder Algerien, daß die bekannten Erklärungen nicht genügen, um solche Art von Kriegen zu begreifen. Sie entstehen, wo nach dem Zusammenbruch oder Zerfall der staatlichen Ordnung neue Kräfte darum ringen, das entstandene Vakuum zu füllen, eine Entwicklung, die sich mit dem Zusammenbruch der bipolaren Weltordnung dramatisch beschleunigt hat. Diese Kräfte sind *warlords* und Milizen eher als Politiker und Armeen. Der Typus des Bürgerkriegs, den sie repräsentieren, besteht weniger in offenen Schlachten als in einzelnen Scharmützeln. In den Städten fegen Scharfschützen die anliegenden Straßen leer, bevor strategisch wichtige Gebäude besetzt werden. Außerhalb der Städte wird selten im eigentlichen Sinne gekämpft, vielmehr die Bevölkerung ganzer Landstriche vertrieben. Die Milizen bringen einige Bewohner um, woraufhin deren Angehörige und Nachbarn flüchten und ihre Häuser der Plünderung und Brandschatzung anheimgeben. Ähnlich wie im Dreißigjährigen Krieg, als die ökonomischen Interessen von Kriegsunternehmern wie Wallenstein, Ernst zu Mansfeld oder Pappenheim bald schon die konfessionellen Bindungen überlagerten, sind auch die Motive der neuen Kriege, wenn überhaupt, nur am Anfang wirklich ideologisch. Je länger das Chaos anhält, desto mehr reduziert sich der Krieg auf einen Kampf um die Zinsen der Macht: um die ertragreichen Ämter, Versorgungsunternehmen, Fabriken, Bodenschätze und nicht zuletzt die Straßen und Wege, auf denen Drogen und Konsumgüter geschmuggelt oder wenigstens die Durchreisenden um Wegegeld erpreßt werden können. Schon die Kontrolle über ein kleines Gebiet sichert dem Clan des *warlords* meist Reichtum und seinen Soldaten immerhin ein Auskommen, wo die übrige Bevölkerung ums Überleben ringt. Das System reicht – vor allem in Afrika – von Kindern, die sich eine Waffe besorgen, um sich das tägliche Brot verdienen zu können, bis zu regelrechten Kriegsbetrieben, die mit dem Krieg Milliardenbeträge umsetzen.

Auch in Tadschikistan waren die Frontlinien nur am Anfang eindeutig: Auf der einen Seite stand die Nomenklatura aus sowjetischer Zeit, die sich gegen eine Perestroika nach russischem Vorbild sträubte und dennoch von Moskau militärisch umfassend unterstützt wurde; auf der anderen Seite stand eine Opposition aus säkular-nationalistischen und religiös orientierten Kräften, die eine parlamentarische Demokratie und die Rückbesinnung auf die persischen – nicht unbedingt die islamischen – Wurzeln der Tadschiken anstrebte. Aber schon damals war die ideologische nur eine Seite des Konfliktes. Die andere Seite war die Rivalität der Orte und Clans, auf der schon die Sowjets ihre Macht in Tadschikistan gründeten. Siebzig Jahre lang hatten sie die Herrschaft in der neugegründeten Hauptstadt Duschanbe an Parteimitglieder aus der nordtadschikischen Stadt Leninabad delegiert, die heute wieder ihren alten Namen Chodschand trägt. Um das regionale Ungleichgewicht auszutarieren, beteiligten sie die Kader aus Kulab an der Verteilung der Ämter, die wie überall im sowjetischen Imperium zugleich eine Verteilung der lukrativsten Einkommensquellen war.

Weitgehend ausgeschlossen von der Macht blieben dagegen die Region um die Stadt Garm im geographischen Zentrum Tadschikistans und das Pamirgebirge im Westen. Die säkulare und islamische Opposition, die sich im Zuge der sowjetischen Perestroika herausbildete, bestand denn auch weitgehend aus Garmis und Pamiris. Sie wollten das kommunistische System stürzen, sie wollten vor allem aber die Vorherrschaft der Koalition aus Chodschand und Kulab brechen. Besonders kompliziert wurde die Gefechtslage dadurch, daß auch *warlords* aus anderen Regionen des Landes ihren Vorteil suchten und sich mal dieser, mal jener Kriegspartei anschlossen. Infolge der Landflucht sowie der sowjetischen Zwangsumsiedelungen waren die Stellungen der Gegner außerdem an manchen Orten förmlich ineinander verkeilt und nur wenige hundert Meter voneinander entfernt, da die Menschen auch in der neuen Umgebung ihre Bindung an die alten Solidargemeinschaften nicht aufgegeben hatten.

Auf beiden Seiten der Front verschoben sich im Laufe des Krieges die Gewichte. Innerhalb der herrschenden Koalition kam es schon bald zu bewaffneten Auseinandersetzungen zwischen Milizen aus Chodschand und aus Kulab, die letztere für sich entscheiden konnten. In der Opposition dagegen setzten sich immer deutlicher die religiösen Extremisten durch, die ihre Waffen und Inspirationen aus Afghanistan empfingen. Hinzu kam, daß die Kommandanten in ihrem jeweiligen Herrschaftsgebiet weitgehend autonom waren. Weisungen der Regierung in Duschanbe beziehungsweise der ohnehin zersplitterten Opposition im Exil befolgten sie nur, wenn es ihnen genehm erschien; wo sie es für opportun hielten, wechselten sie auch schon mal die Front oder bekämpften Milizen aus dem eigenen Lager. In den kulturalistischen Erklärungsmodellen, die seit Jahren die Wissenschaft und noch stärker die Presse beherrschen, findet ein solch ausgeprägter Pragmatismus keinen Platz. Sieht man im Widerstreit der Gesinnungen und Traditionen, in der Prägung durch eine vormoderne oder jedenfalls nicht ausreichend aufgeklärte irrational gebliebene Kultur, wie sie vorzugsweise dem Islam zugeschrieben wird, den

Schlüssel, um einen Konflikt wie den tadschikischen zu verstehen, wird man keine Antwort darauf finden, warum den Akteuren der individuelle ökonomische Nutzen so offenkundig wichtiger ist als die Werte, Überzeugungen oder Identitäten, für die sie angeblich kämpfen. Worthülsen wie die vom islamischen Gottes- oder afrikanischen Stammeskrieger sind deshalb so verlockend, weil sie die Akteure einer früheren, ja mythischen Epoche zuschlagen, die von unserer Zivilisation strikt geschieden ist, einer fremden Kultur, die wir letztlich nicht begreifen können. Mithin braucht man die Mühe, genau hinzusehen, gar nicht erst aufzubringen, sondern kann Konflikte wie in Algerien, Tadschikistan und Indonesien über einen Kamm scheren und genüßlich über die Anekdoten von stolzen Kriegerrassen und blindwütigen Glaubenskämpfern erschauern, wie sie grimmig dreinschauende Experten zur besten Sendezeit verbreiten, als spräche der Kolonisator vor heimischem Kamin über seine Erfahrung mit den Wilden. Dabei lehrt das Beispiel Tadschikistans, daß gerade die angeblichen Gesinnungstäter eines solchen Konfliktes eine Rationalität an den Tag legen, die allen Altruismus hinter sich gelassen hat, eine Vernunft, die so ausschließlich instrumentell geworden ist, als entspränge sie den Schreckensbildern einer modernen Ellbogengesellschaft oder den apokalyptischen Träumen Hollywoods. Das Beispiel ist uns nicht fern. In denselben Jahren wie in Tadschikistan hätte man es auch im ehemaligen Jugoslawien finden können, zweihundert Kilometer südöstlich von München.

Nicht in eine archaische Vergangenheit, in eine entzauberte Zukunft weist der tadschikische Krieg, eine Zukunft, in der die vertrauten politischen Bezugssysteme untergegangen sind, aber die Menschen weiterleben. Damit die Gesellschaft in ihre kleinsten Einheiten, die Clans oder Stämme, zerfällt, bedarf es im Unterschied zum *science fiction* allerdings nicht des großen Knalls; die alte Ordnung kann langsam verrotten oder sich wie in Tadschikistan gleichsam über Nacht in Luft auflösen. Und im Gegensatz zu *Mad Max* werden die Helden nicht von Mel Gibson gespielt, sondern sind Kriminelle wie Sangak Safarov. Der ehemalige Büffetier, der in der Schule nur zwei, im Gefängnis aber dreiundzwanzig Jahre verbracht hatte, war vor dem Bürgerkrieg völlig unbekannt, aber schon wenige Monate nach seinem Ausbruch der wohl mächtigste Mann Tadschikistans. Er verdrängte die Clans aus Chodschand von der Führung und verschaffte den Kulabis die Vorherrschaft über das Land, die sie bis heute innehaben. «Wir werden Tadschikistan und Rußland von diesem demokratischen Abschaum säubern!» rief er seinen Männern entgegen. Als diese schließlich Korgan-Tjube eroberten, flohen die Milizen der Garmis mitsamt ihrem Urologen. Es blieben die Menschen in der Nachbarschaft, Kulabis ebenso wie Garmis. In den fünfziger Jahren waren sie oder ihre Eltern nach Korgan-Tjube zwangsumgesiedelt worden, um die hiesigen Felder zu beackern. Weil Kulabis und Garmis in derselben Siedlung und oft in einer Straße wohnten, weil sie die gleiche Sprache sprachen und auch äußerlich kaum voneinander zu unterscheiden waren, mußten die Soldaten aus Kulab oft erst die Pässe der Bewohner kontrollieren, um zu erfahren, wer aus Garm stammte und also umgebracht oder vertrieben werden sollte.

In einem Land wie Tadschikistan haben sich die ethnischen, geographischen und kulturellen Wurzeln so vielfältig ineinander verflochten, daß die Frage, zu wem man denn gehört, sich im Frieden oft gar nicht mehr stellt. Der Krieg aber muß sie beantworten, weil Identitäten – und seien sie noch so konstruiert oder willkürlich definiert – Linien schaffen, an denen entlang es sich kämpfen läßt. Nur wenn man festlegt, zu wem man gehört, kann man den jeweils anderen identifizieren, und je brutaler man diesen anderen bekämpft, desto leichter wird es, die Eigenen für den Krieg zu gewinnen. Die nackte, für den Außenstehenden wie für die Opfer sinnlos scheinende Gewalt findet hier ihren einsichtigen Zweck, denn die Angst vor der Vergeltung läßt denen, in deren Namen ein Massaker verübt worden ist, keine andere Wahl, als sich den Tätern anzuschließen oder sie zum eigenen Schutz mindestens zu unterstützen. Das Verhältnis zu den «eigenen» Soldaten bleibt oft pragmatisch, kann aber auch, wie in Jugoslawien, in ideologische Gefolgschaft umschlagen, denn nichts läßt den nationalen, ethnischen oder religiösen Wahn besser gedeihen als die Furcht, sei sie real begründet oder propagandistisch erzeugt. Wird dann im Namen der Opfer tatsächlich zurückgeschlagen, trifft es natürlich wieder die Zivilisten, und so stellt sich der Haß auf die jeweils anderen, den man doch gemeinhin als Grund für den Krieg angibt, in Wirklichkeit als dessen Produkt heraus.

Ein paar hundert Meter hinter dem «Bad von Turkmenistan» trifft der Besucher eine jener Familien, die aus Garm stammt und im Sommer 1992 vor den Milizen aus Kulab flüchtete. Es sollte Dezember werden, bis sie am Pyandsch-Fluß ankam, der die Grenze zu Afghanistan bildet. Umringt von Nachbarn und Nachfahren erzählt der Vater, wie die Afghanen im eisigen Wasser standen, um die Kinder hinüberzutragen, wie sie die Flüchtlinge auf ihre Pferde und Esel setzten und in ihr Dorf führten, wo es «keine Soldaten mehr gab». Alles, sogar die Kleidung, hätten sie mit ihnen geteilt. Der Vater erzählt von dem Staunen der Afghanen darüber, daß aus dem Norden Muslime zu ihnen gekommen waren und im Nachbarland also nicht nur Ungläubige lebten. «Sie fragten uns, weshalb wir unsere Häuser verlassen hätten. ‹Was sollten wir denn machen?› antworteten wir. ‹Diese Plage ist nun einmal über uns gekommen.›»

Als die Familie nach dem Friedensabkommen von 1997 nach Korgan-Tjube zurückkehrte, fand sie auf ihrem Grundstück eine Ruine vor. Wie es denn sei, wieder unter

Kulabis zu leben? fragt der Besucher; ob der Haß nicht das Zusammenleben vergifte? «Ach was», sagt der Vater und weist auf eine junge Frau, die im Kreis derer steht, die das Gespräch verfolgen: «Schauen Sie, die Frau dort, unsere Nachbarin, ist eine Kulabi. Und dort, der Junge – auch ein Kulabi. Das ist doch alles Unfug, was da geredet wird.» Aber seien es denn nicht Kulabis gewesen, die sie vertrieben und ihre Angehörigen ermordet haben? «Ja», sagt der Vater zuerst und korrigiert sich im selben Atemzug: «Das heißt, nein, das waren doch Soldaten.» Diese hätten sowenig etwas mit der Frau und dem Jungen zu tun gehabt, sagt der Vater, wie sie selbst mit den Leuten im Bad.

Daß nicht Kulab gegen Garm, sondern einzelne Milizen aus den beiden Städten gegeneinander gekämpft haben, ist nirgends eindringlicher als in Kulab selbst zu erfahren. Man sollte meinen, daß es der Stadt nun besser ginge, da doch ihre Söhne den Krieg für sich entschieden haben und in Duschanbe die Regierung anführen. Aber schon die aufgerissene Straße am Ortseingang zeigt an, daß die Sieger sich niemandem als ihrem Clan verpflichtet fühlen und der Gemeinsinn nicht einmal zum Lokalpatriotismus reicht. In Kulab ist, wie in den meisten Städten Tadschikistans, keine einzige Fabrik in Betrieb. Die Schulen sind geschlossen oder haben nur sporadisch geöffnet, von einem öffentlichen Kulturangebot, das in sowjetischer Zeit zwar ideologisch geprägt, aber doch in erstaunlicher Breite vorhanden war, nicht zu reden. Niemand geht hier mehr ins Stadttheater, ins Kino, in die Bibliothek. Strom gibt es nur drei Stunden am Tag, und immer wieder kommt es vor, daß Notfallpatienten im Krankenhaus sterben, weil die Lampen und Geräte im Operationssaal gerade nicht funktionieren. Praktisch gehört die Stadt dem Kommandanten Ghorban Chafof und seinen zwei Brüdern, die sämtliche Fabriken aufgekauft haben, ohne Anstalten zu machen, sie wieder in Betrieb zu nehmen. Nicht nur, daß sie das finanziell nicht nötig haben – eine industrielle Ökonomie, die etwa auch Zulieferbetriebe einschlösse und also die Einnahmequellen für die Bevölkerung erweiterte, sieht das System, auf dem ihre finanzielle und politische Macht beruht, nicht vor. Ein weiterer der Chafof-Brüder ist vor einiger Zeit gestorben, an einer Überdosis Drogen, wie es in der Stadt heißt. Ein Basar in Duschanbe ist heute nach ihm benannt. Ein Offizier, den der Besucher beim Mittagessen im Park kennenlernt, berichtet von einer Frau, einer Mutter von sieben Kindern. Sieben Monate lang habe sie ihre Witwenrente von umgerechnet zwei Mark monatlich nicht erhalten, dann habe sie sich aufgehängt. Vor ein paar Tagen erst sei das geschehen. Der Offizier sagt, er selbst bekomme sein Gehalt, das bei etwa zwanzig Mark liege, nur unregelmäßig ausgezahlt. Daß er kein Geld habe, die Hochzeit seines Sohnes zu finanzieren, verstehe sich von selbst. Aber es finde sich auch weit und breit niemand, von dem man Geld leihen könne. «Ich hatte geglaubt, daß die Regierung sich um Kulab kümmere, wo sie sich doch jetzt aus Kulabis zusammensetzt», sagt der Besucher. Das wundere ihn auch, erwidert der Offizier: «Sie müssen doch einen Ort haben, zu dem sie zurückkehren können, wenn sie einmal alt sind.»

In der Mitte des Parks, unweit des unversehrten Lenindenkmals, liegt das Grab des Mystikers Sayyed Mir Hamedani, zu dem die Menschen seit Jahrhunderten pilgern. Eine Legende besagt, daß die Kommunisten 1937 den Wallfahrtsort aus der Welt schaffen wollten. Als sie Hand an den Grabstein aus indischem Marmor gelegt hätten, sei ein Sturm losgebrochen und habe die Heiden in die Flucht geschlagen. Noch heute besuchen die Gläubigen Sayyid Hamedani. Vor dem Grabmal sitzt ein Mullah, der den Pilgern zum Abschied einige Suren aus dem Koran vorträgt und dafür recht gut entlohnt wird, für hiesige Verhältnisse jedenfalls. Allerdings streicht er das Geld, wie sich herausstellt, nicht für sich selbst ein, sondern gibt es an den Verband der hiesigen Geistlichen weiter, der den Schichtbetrieb am Grab organisiert. In Kulab sind selbst die Mullahs Genossenschaftler.

Der Journalist Muhyiddin Alimpur, der damals das Büro der BBC in Duschanbe leitete, hat vor ein paar Jahren einen Film über die Pilgerstätte gedreht. Er muß eine beeindrukkende, furchtlose Persönlichkeit gewesen sein, zumindest bekommt jeder, der von ihm erzählt, leuchtende Augen. Auf den Fotos, die ihn mit langen Haaren, wildem Bart und fast immer lachend zeigen, ist etwas von dem Charisma zu erahnen. Alimpur wurde 1995 erschossen, als die Kriegsparteien in Alma Ata zu einer Konferenz zusammenkamen. Es heißt, die Täter stammten aus den Reihen der herrschenden Milizen und hätten den Friedensprozeß stören wollen, aber wer weiß das schon. Dutzende, vielleicht Hunderte Intellektuelle sind während des Kriegs ermordet worden, darunter einige der brillantesten Denker des Landes. Nur in den seltensten Fällen ist herausgekommen, wer die Mörder waren und warum sie getötet haben. Manch einer hat das Durcheinander wohl zum Anlaß genommen, alte Rechnungen zu begleichen oder sich für bissige Bemerkungen zu rächen. Mitunter war das Töten einfach eine andere Form der Zensur.

Auf einem der Wege, die zum Grabe Hamedanis führen, ist eine lange Palette mit Fotos aufgestellt. Links hängen die Helden des Weltkriegs, rechts die Gefallenen des jüngsten Bürgerkriegs. Die Linken sehen mit ihren weißen Rauschebärten und tadschikischen Kappen wie Derwische aus, die Rechten sind jünger und fast immer rasiert, schließlich kämpften sie als Kulabis auf der Seite derer, die sich den Laizismus auf die Fahnen geschrieben hatten. Orden tragen allerdings nur die Linken auf der Brust, die Gefallenen des Weltkriegs, und zwar jeder einzelne ein Dutzend und mehr. Innerhalb der Milizen zahlte sich Eifer nicht in Ehre aus, sondern ausschließlich im Sold. Dafür ist den Rechten, den Gefallenen des Bürgerkriegs, im Park noch ein sogenanntes Museum gewidmet, das aus einem einzigen Saal besteht. An den unverputzten Wänden hängen Bilder aus dem Krieg und weitere Fotos mit rasierten, also antiklerikalen Märtyrern. Da ist zum Beispiel Dawlat Ali Dawlatov, der ehemalige Programmdirektor des tadschikischen Fernsehens. Bei den Begräbnissen von regierungstreuen Soldaten ließ er immer wieder deren Kinder filmen. Man stellte sie vor den Leichnam ihres Vaters und fragte sie aus dem Off, was sie tun wollten, wenn sie einmal groß sind. «Eine Kalaschnikow nehmen und Garmis töten!» schrien sie dann. Als die Russen später begannen, ihren Einfluß auf die herrschenden Clans in Duschanbe geltend zu machen, um den Krieg zu beenden, wurden Männer wie Dawlatov nicht mehr gebraucht. Sie waren zu radikal und kannten keine Kompromisse. Also hängt sein Photo jetzt im «Museum» von Kulab.

Daß es zu dem Friedensabkommen von 1997 kam, ist vor allem mit dem Druck Rußlands und Irans auf ihre jeweilige Klientel zu erklären. Beide Staaten waren daran interessiert, Tadschikistan zu befrieden, nachdem Afghanistan durch den Siegeszug der Taliban in die amerikanische Einflußsphäre geraten schien. Daß aber der Frieden bislang weitgehend Bestand gehabt hat, ist angesichts der zuvor an den Tag gelegten Brutalität denn doch erstaunlich. Parteien, die sich gegenseitig «auszurotten» versprochen hatten, konkurrieren heute um Wählerstimmen; Kommandanten, die sich bis aufs Messer bekämpft haben, sitzen als Minister an einem Kabinettstisch. So unergründlich der Krieg erschien, so unerklärlich mutet der Frieden an. Aber er ist es nicht. Daß es keine blinden Instinkte, sondern rationale Entscheidungen sind, den Nachbarn, den Gegner, beliebige Zivilisten zu massakrieren, ist nicht nur das Problem eines solchen Krieges – es ist zugleich die einzige Chance, ihn zu beenden, dann nämlich, wenn es für genügend maßgebende Beteiligte effizientere Möglichkeiten des Erwerbs gibt. Auf eine einfache, aber nicht allzu simplifizierende Formel gebracht: Die Mehrzahl der *warlords* hat Mitte der neunziger Jahre zu begreifen begonnen, daß aus dem Krieg nicht mehr viel herauszuschlagen und der Frieden profitabler geworden ist. Mit dem Friedensschluß haben sie die Beute unter sich verteilt. Für die Bevölkerung ist es das Schlechteste nicht, kann sie doch zu ihrem Tagwerk zurückkehren und sich allmählich an den Alltag eines Friedens gewöhnen, der nicht idyllisch, aber ungleich besser als der Krieg ist. Die Konturen einer neuen Ordnung werden erkennbar, die der alten verblüffend ähnelt und neun Jahre nach der Unabhängigkeit erneut die Bindung an Moskau zur Grundlage hat. Die regionale Balance, die in sowjetischer Zeit den Staat stabilisiert hat, ist wiederhergestellt worden, nur daß jetzt anstelle der Clans aus Chodschand die Region Kulab die Vorherrschaft übernommen hat. Die Kommandanten und Politiker der übrigen Regionen sahen sich vor die Alternative gestellt, die Ämter anzunehmen, die ihnen die Regierung anbot, oder sich auf lange Sicht in ihren Gebieten zu verschanzen. Die meisten entschieden sich für das Amt und wurden Minister, Direktor des Gaswerkes oder wenigstens Leiter eines Kaufhauses. Ihre Ansichten änderten sie dabei oft so rasch wie ihr Aussehen.

Der berüchtigte Mullah Abdurrahman zum Beispiel, der die Garmis in Korgan-Tjube angeführt hat, durfte dank des Friedensabkommens, das der Opposition dreißig Prozent der Ämter versprach, den lukrativen Posten des nationalen Zollchefs übernehmen. Mit solchen Würden ausgestattet, konnte er es verschmerzen, daß der Präsident auf der ersten Sitzung über die brustlangen Bärte der neuen Funktionäre witzelte. Zur nächsten Sitzung erschien der Mullah mit Schnurrbart. Wie manche andere Kommandanten, die früher auf seiten der Islamisten gekämpft haben, ist Abdurrahman inzwischen aus der «Partei der islamischen Wiedergeburt» ausgetreten. Eben weil die Ideologie oft nur ein Mantel war, der die persönlichen und häufig genug kriminellen Motive der Krieger verhüllte, konnte man sich ihrer leicht entledigen. Der Spitzenkandidat der Islamisten bei den Parlamentswahlen im März 2000, Mohammadscharif Hemmatzadeh, spricht das im Gespräch offen aus. Viele ihrer Kommandanten hätten sie nicht aus Überzeugung unterstützt, sondern einfach weil sie jenen Regionen angehörten, in denen die Opposition herrschte. «Als unser Boot ans Ufer des Friedens kam, fiel es ihnen nicht schwer, auszusteigen und sich der Regierung anzuschließen», sagt er und schließt mit einem Fazit, das für einen Islamisten bemerkenswert ist: «In der Politik zählt das Interesse mehr als die Gesinnung.»

Auch Soradscheddin Dawlatov hat früher auf seiten der Opposition gekämpft und repräsentiert nun als Bürgermeister der Stadt Garm den tadschikischen Staat. Obwohl er sich ebenfalls längst rasiert hat und zum dünnen Schnurrbart die Krawatte trägt, wirkt er nicht wie ein Opportunist. Daß er an seinem Glauben festhält, signalisiert er gleich zu Beginn des Gespräches, indem er es mit einem gemeinschaftlichen Gebet eröffnet. Auch wirkt sein Arbeitsplatz im Amtsgebäude von Garm nicht eben pompös. Das einzige Inventar im kleinen Raum sind ein Schreibtisch, ein paar Stühle und ein Poster mit Alpenpanorama. «Niemand will hier mehr kämpfen», sagt Dawlatov. Die Tadschiken hätten nur zu gut verstanden, daß der Krieg zu nichts führe, daß er nur Unheil, Leid und Armut bringe. Es gebe im Ort eine Straße, in der allein 72 Tote zu beklagen seien, berichtet der Bürgermeister und gerät in Rage. «Ich war auch ein Kommandeur, ich war selbst in den Bergen, aber ich will keinen Krieg mehr. Niemand will mehr den Krieg. Der Krieg war ein Fehler. Er führt zu nichts. Welchen Krieg gibt es, an dessen Ende nicht der Frieden steht?»

Jetzt gehe es einzig darum, so der Bürgermeister, den Menschen Sicherheit zu geben und es ihnen zu ermöglichen, in Ruhe auf die Felder zu gehen. Daß die Garmis dabei von der Zentralregierung nichts zu erhoffen haben, deutet sich an, als der Besucher den elenden Zustand der Straße anspricht, die in die 200 Kilometer entfernt gelegene Hauptstadt führt. Ohne Jeep ist sie selbst im Sommer fast nicht zu passieren. Der Bürgermeister weiß, daß sich die Produkte der hiesigen Landwirtschaft nur dann in größerem Umfang verkaufen lassen, wenn die Wege es erlauben, sie zu transportieren – Soradscheddin Dawlatov hebt nicht einmal an, die Regierung zu kritisieren. Er schüttelt nur den Kopf.

Der Kommandant, der den Besucher ein paar Kilometer außerhalb von Garm empfängt, hat kein Amt bekommen, aber dafür seinen Bart behalten. Das unmöblierte Gebäude, in dem er seinen Teppich ausgebreitet hat, ist wohl einmal eine Schule gewesen. Heute dient es ein paar jungen Männern, die alles riskiert und nichts gewonnen haben, als provisorische Kaserne. Sie sind die Restposten des Krieges. Einst als *Mudschahedin* in die Berge gezogen, hat man ihnen nach dem Friedensabkommen dieses Altersheim für jugendliche Veteranen zugewiesen, um sie mit ein paar Rubel monatlichem Sold sich selbst zu überlassen. Ihre Tage verbringen sie mit Waschen, Kochen, Gartenbau und dem Warten auf etwas, das so konkret ist wie Godot.

«Die Regierung hat unsere Ziele zermalmt», sagt der Kommandant, der seinen Namen Ali Dawlatov wegen der russischen Endung eigentlich ablehnt und dennoch keinen anderen nennt. Um das Leiden der Bevölkerung zu beenden, hätte die Führung seiner «Partei der Islamischen Wiedergeburt» einen ungerechten Frieden akzeptiert. «So Gott will, werden wir uns jetzt auf den Weg der Politik begeben, um unsere Vorhaben zu verwirklichen.» Der Kommandant läßt an seiner Skepsis keinen Zweifel und verweist auf die Bei-

spiele Algeriens und der Türkei, wo die islamistischen Parteien ihren Wahlsieg mit dem Verbot bezahlt hätten. Er spricht über den – auch von auswärtigen Beobachtern registrierten – Betrug bei den jüngsten Wahlen in Tadschikistan, die dem Präsidenten eine nahezu hundertprozentige Zustimmung und seiner Partei eine deutliche absolute Mehrheit beschert haben. «Die Geschichte zeigt, daß der Kampf mit politischen Mitteln nicht zu gewinnen ist, und dennoch bleibt uns nichts anderes übrig, es noch einmal zu versuchen.» Und wenn es auch diesmal nicht gelingt, werden sie dann wieder zu den Waffen greifen? «Nein!», ruft der Kommandant, von der Logik seines eigenen Gedankens sichtlich erschrocken, und beteuert, daß niemand mehr in Tadschikistan den Krieg wolle. «Das Regime hat sein Werk in den Knochen und Gehirnen der *Mudschahedin* verrichtet.»
Was der Kommandant damit meint, wird im Gespräch mit seinen Soldaten deutlich, die draußen auf der Wiese herumlungern. Man muß nicht mit ihren Zielen und Methoden sympathisieren, um ihre resignierte Wut zu verstehen. Es sind traurige Gesichter, in die der Besucher schaut, nicht ausgemergelt, aber doch hager und viel zu ernst für ihr Alter. «Wir wollten, daß alles in der Gesellschaft geteilt wird, daß nicht einer hundert Teile besitzt und die übrigen hundert nur einen Teil», sagt einer, der aussieht wie ein junger Che Guevara und sogar dessen Mütze geerbt zu haben scheint. «Wir wollten Gerechtigkeit, Islam und Gottes Zufriedenheit.» Keines ihrer Ziele hätten sie erreicht, und doch residierten viele ihrer ehemaligen Führer jetzt in großen Büros und Villen, erklärt er: «Uns hat man hier wie Abfall am Wegrand liegenlassen.» Sie könnten mit ihrer Lage unzufriedener nicht sein, aber auf die Frage, ob der Krieg zu früh abgebrochen worden sei, winkt der Soldat ab. «War der Krieg ein Fehler?» will der Besucher auch von ihm wissen. Der Soldat zögert. «Der Krieg war kein Fehler, aber er wurde zum Fehler.» Am Anfang sei es um den Islam

gegangen, aber dann nur noch um Ämter. Die jungen Männer sprechen es nicht aus, aber im Laufe der Unterhaltung deutet sich immer mehr an, daß sie sich nach nichts so sehr sehnen wie nach einem Leben, das sie wohl von ihrer Kindheit kennen, aber selbst nie geführt haben, nach Frau und Kindern und einem Hof, der sie ernährt.

Den Analysen westlicher Forschungsinstitute zufolge steht der tadschikische Frieden auf tönernen Füßen. Im Land selbst ergibt sich ein anderer Eindruck. Überall sieht man die neuerrichteten Häuser derer, die es im Krieg zu etwas gebracht haben und ihren Wohlstand nun vermehren wollen. Die Friedensgegner kontrollieren einzelne Gebiete im Osten wie im Westen der Hauptstadt und stammen sowohl aus den Reihen der exkommunistischen Regierung wie aus denen der islamistischen Oppositionen. Sie mögen sich noch lange in ihren Gebieten behaupten oder die Möglichkeit haben, in der Hauptstadt Anschläge zu verüben. Aber stark genug, das Land in einen neuen Bürgerkrieg zu stürzen, sind sie kaum, zumal es ihnen angesichts der allgegenwärtigen Kriegsmüdigkeit immer schwerer fällt, Soldaten zu rekrutieren. Der Regierung des bedächtigen Ali Rachmonov kommt es womöglich zugute, daß ihre mächtigsten und radikalsten Feldherren den Krieg nicht überlebt haben. Zumeist sind sie Intrigen aus den eigenen Reihen zum Opfer gefallen oder sind bei internen Auseinandersetzungen gestorben. Sangak Safarov etwa, dem die jetzige Führung ihre Macht verdankt, kam bereits am 30. März 1993 bei einer Schießerei ums Leben.

Es wird erzählt, daß ihn beim Besuch eines Flüchtlingslagers an der Grenze zu Afghanistan Reue überkommen habe. Jedenfalls hielt er eine Fernsehansprache, in der er sich bei der Bevölkerung indirekt entschuldigte und die Flüchtlinge beschwor, zurückzukehren; er persönlich werde für ihre Sicherheit garantieren. Anschließend habe Safarov den zweiten mächtigen Kommandanten des Regierungslagers,

Faizaleh Saidow, aufgesucht, um ihn von der Notwendigkeit des Friedens zu überzeugen. Saidows Vater war von den Garmis in Korgan-Tjube als Geisel genommen worden. Zuerst hatten die Garmis dem Sohn die Fingernägel, dann die Finger und schließlich die Leiche geschickt, ohne ihn zum Einlenken zu bewegen. Die beiden Kommandanten unterhielten sich unter vier Augen in Saidows Büro. Nach einer Weile hörten Saidows Männer Schüsse. Sie stürmten ins Büro, fanden ihren Führer tot am Boden und erschossen Sangak Safarov.

Viele solcher Geschichten hat der Krieg erfunden. Meist enden sie mit dem Tod. Soradscheddin Dawlatov, der couragierte Bürgermeister von Garm, wurde kurz nach unserem Besuch zusammen mit seinem Fahrer und Leibwächter von Unbekannten ermordet. Auch der Urologe aus dem «Bad von Turkmenistan» lebt nicht mehr. Er floh nach Moskau, kehrte inkognito nach Duschanbe zurück, wurde erkannt und tot aus einem Zug geworfen. «Dies war der Krieg ohne Grund», ruft der Vater aus Korgan-Tjube, der sein Haus wieder errichtet hat und seine Felder wieder beackert, der gegen seine Nachbarin aus Kulab keinen Haß hegt, aber die Welt nicht mehr versteht, seit das «Bad von Turkmenistan» geschlossen ist.

Kapitalismus als reale Utopie

Die einzige Straße, die nach Garm führt, besthet aus Staub, Schlamm, großflächigen Wasserlachen und knietiefen Schlaglöchern. Sie schlängelt sich an den Abhängen grüner Berge und schneebedeckter Gipfel entlang, die in einem weiten, kieselübersäten Tal münden. Ein Fluß fließt dort in weitverzweigten Adern. Je weiter man auf der Straße fährt, desto einsamer wird die Landschaft, aber auch um so großartiger. Ein paar Häuser sieht man hier und da, ein paar Bauern, die ihren Ochsen vor den Pflug gespannt haben, ein paar Kinder, die auf einer Holzkiste russische Zigaretten, iranische Kekse und chinesische Strümpfe anbieten. Schon die tadschikische Hauptstadt Duschanbe ist nicht eben der Nabel der Welt, die Reise nach Garm aber führt in eine Gegend, die so abgeschieden wirkt, wie es ein Ort in dieser Welt überhaupt nur sein kann: *Everybody knows this nowhere*. Und ausgerechnet hier, wo die Tankstellen aus einem Greis bestehen, der neben einem Plastikbottich Benzin auf die paar Fahrzeuge wartet, die täglich vorbeikommen, hier also, in der abgelegensten Provinz des ehemaligen sowjetischen Imperiums, setzt der Kapitalismus zu einem erstaunlichen Höhenflug an.

In den wenigsten Gesellschaften des einst kommunistischen Ostens hat der freie Markt gehalten, was dessen Propagandisten im Kalten Krieg verheißen hatten. Von blühenden Landschaften nicht einmal mehr träumend, kämpfen in der ehemaligen Sowjetunion heute immer mehr Menschen ums nackte Überleben, während eine winzige Minderheit es verstanden hat, aus den neugewonnenen Freiheiten reichlich Kapital zu schlagen. Nirgends aber zeigt der Kapitalismus längere Schatten: Wachsende Arbeitslosigkeit, nicht ausgezahlte Renten, der Verfall der Infrastruktur und öffentlicher Einrichtungen, eine um sich greifende Kriminalität, die den Staat längst erfaßt hat, stehen dem aggressiven Vormarsch einer Konsumkultur entgegen, zu der freilich nur die wenigen Reichen und eine neue, dünne Mittelschicht Zugang haben. Die übrigen Menschen lernen nur die Verlockungen der neuen Kultur kennen, nicht ihre Befriedigungen.

In Tadschikistan ist das eigentlich nicht anders. Die junge Republik galt schon immer als ein Armenhaus der Sowjetunion und stürzte zudem 1992, unmittelbar nach ihrer Ausrufung, in einen fünfjährigen Bürgerkrieg. Im Westen des Landes jedoch hat die muslimische Aga Khan-Stiftung mit internationaler Unterstützung ein Projekt aufgebaut, das den vielen Enttäuschungen, die das Ende des Kommunismus mit sich gebracht hat, eine eigene Geschichte entgegengesetzt. Sie lehrt, daß der Übergang zur Marktwirtschaft gelingen und einer Mehrheit der Bevölkerung zu einem besseren Leben verhelfen kann – wenn er denn behutsam beschritten wird und nicht nur ein paar schlaue Profiteure, sondern die Gesellschaft als Ganzes mit einbezieht.

Begonnen hat die Aga Khan-Stiftung, die dem Oberhaupt der ismailitischen Schiiten, Prinz Karim Aga Khan, untersteht, ihr Engagement nicht in Garm, sondern weiter westlich im Pamirgebirge, in der Autonomen Region Gorno-Badachschan, die 45 Prozent der Fläche Tadschikistans bedeckt, aber nur 3 Prozent der Bevölkerung stellt. Sie ist mit der Außenwelt nur durch eine Straße verbunden, die über mehrere viertausend Meter hohe Pässe führt und die meiste Zeit des Jahres nicht befahrbar ist. In sowjetischer Zeit waren die Bewohner fast vollständig von Lebensmittellieferungen der Zentralregierung in Moskau abhängig. Nach dem Zerfall der Sowjetunion und dem Ausbruch des Bürgerkriegs fielen die Transportflüge von einem auf den anderen Monat aus. Die zweihunderttausend meist ismailitischen Pamiris, zu denen sich noch fünfzigtausend Kriegsflüchtlinge gesellten, standen buchstäblich vor dem Nichts. Weil aus dem umkämpften Duschanbe keine Hilfe zu erwarten war, sprang die Aga Khan-Stiftung ein und organisierte ein Sofortprogramm, um ihre Glaubensbrüder vor dem Hungertod zu retten. Ein System zur Verteilung der Hilfsgüter existierte bereits, und so war es relativ unkompliziert, das Überleben kurzfristig zu sichern. Viel schwieriger war es jedoch, die Hilfe überflüssig werden zu lassen. Dies gelang, indem die Stiftung einerseits den tadschikischen Staat überzeugte, den Boden an die Bewohner zu verteilen, und andererseits diese mit den Möglichkeiten der modernen Landwirtschaft, vor allem aber mit den Mechanismen des Marktes vertraut machte. Inzwischen versorgt sich Gorno-Badachschan zu 90 Prozent selbst, und das

Programm ist längst auf andere Regionen ausgeweitet worden, vor allem auf das Gebiet um das Städtchen Garm im Zentrum Tadschikistans.
Auch dort ist die Landschaft gebirgig, aber die Täler sind fruchtbar und grün. Deshalb hat die Stiftung andere Erwartungen als in Gorno-Badachschan. Die Landwirtschaft soll Gewinne erzeugen. Das Prinzip des Projekts bleibt jedoch gleich: nicht nur den Boden zu privatisieren, sondern die Privatinitiative und die Kreativität in einer Gesellschaft zu fördern, die das System der Kollektivität verinnerlicht hat. Früher seien die Bauern Angestellte gewesen und habe jede Kolchose ihren Agronomen und ihren Ökonomen gehabt, die ihre Weisungen von der Zentrale erhielten und wiederum an die Bauern weitergaben, erklärt Mahmood Osmanzai, ein in Kanada ausgebildeter Tadschike, der das landwirtschaftliche Programm der Aga Khan-Stiftung in Garm leitet. Den Bauern sei gesagt worden, zu welcher Uhrzeit sie ihr Feld wässern, wieviel Gramm Pflanzenschutzmittel sie streuen, an welchen Tagen sie ernten sollten. «In dem Augenblick, da dieses System zusammenbrach und niemand mehr den Bauern sagte, was sie zu tun hatten, war es notwendig, ihnen eine Reihe von Kenntnissen zu vermitteln, damit sie unter den neuen Bedingungen bestehen können», beschreibt Osmanzai seine Aufgabe.
Die Wirksamkeit des Programms läßt sich nicht nur an den Statistiken ablesen, die etwa ausweisen, daß die Produktivität des Getreideanbaus auf den privatisierten Böden allein innerhalb des vergangenen Jahres um 50 Prozent, die des Kartoffelanbaus sogar um 135 Prozent gestiegen ist. Man sieht überall, wenn man durch die Täler Garms fährt, Menschen, die ihre Felder und selbst steilste Hänge beackern. Das versteht sich in Tadschikistan, das in weiten Landstrichen noch immer durch den plötzlichen Systemwechsel und den sich anschließenden Krieg paralysiert zu sein scheint, keineswegs von selbst. Im Süden etwa, wo die leuchtend

grünen Hügel noch ungleich besser zu bearbeiten wären als das Hochgebirge Garms, liegen die meisten Äcker brach. Auch die Stimmung ist in Garm spürbar besser als im Süden, wo nur einige wenige Clans die Macht und das Geld an sich gerissen haben, während sich für die übrigen Menschen die Nachteile des Kommunismus mit den Übeln des Kapitalismus verbinden. Die Gespräche mit Bauern, die der Besucher auf den Märkten oder auf ihren Feldern trifft, muten bisweilen wie Dialoge aus dem Lehr- und Märchenbuch des Kapitalismus an: «Natürlich ist es jetzt besser», sagt einer, der mit seinen beiden Söhnen gekommen ist, um Gemüse zu verkaufen. «Das Feld, das uns jetzt selbst gehört, diese sieben Hektar, die zur Zeit der Kolchose zehn oder zwölf Zentner Ernte erzeugt haben, dort ernten wir jetzt dreißig oder vierzig Zentner, und zwar, weil es unser eigenes Land ist und wir gute Samen und Pflanzenschutzmittel haben.» Die Sowchose habe nichts mit ihnen zu tun gehabt, das sei nicht ihr Land gewesen, da hätten sie für den Staat und die Funktionäre gearbeitet, erklärt er und fährt im Stile eines Freien Demokraten fort: «Wenn wir heute dagegen gut arbeiten, können wir gut leben, und wenn wir nicht gut arbeiten, dann sind wir verloren.»
Die freie Marktwirtschaft entwickelt in Garm eine geradezu utopische, für den Besucher aus dem Westen nicht für möglich gehaltene Kraft. Mit den Prinzipien der globalen Ökonomie hat das allerdings kaum etwas zu tun, vielmehr wird erkennbar, wie weit sich die Freie Marktwirtschaft inzwischen von ihren Ursprüngen entfernt hat. Im tadschikischen Gebirge kehrt der Kapitalismus zu seinen Anfängen zurück, als das Geld eben erst eingeführt worden war und immer noch einen so realen Wert hatte wie ein Huhn oder ein Sack Kartoffeln. Kritik ist nur von jenen zu hören, die noch kein Land erhalten haben, und außerdem in Duschanbe, wo sich der Präsident der Kommunistischen Partei, Schadi Schabdolov, strikt gegen die Abkehr vom Kollektivismus ausspricht.

Dieser sei zutiefst im tadschikischen Volk verwurzelt und nicht erst von den Bolschewiken eingeführt worden, versichert er im Gespräch. Schon zu Zeiten Tamerlans hätten die Bauern die Felder gemeinsam beackert. «Wir wehren uns gegen die Zwangsprivatisierung, gegen den Druck der internationalen Organisationen, die unsere östliche Kultur weder verstehen noch anerkennen, die nicht begreifen, daß wir Menschen sind, die ihren Tee niemals allein trinken.» Allein steht der Kommunist mit seiner Haltung nicht. Bei den Wahlen im vergangenen März hat seine Partei offiziell über ein Drittel der Stimmen bekommen; tatsächlich dürfte ihr Stimmenanteil höher gewesen sein, heißt es im Land, wo außer den regierenden «Volksdemokraten» niemand an eine korrekte Auszählung glaubt. In Garm jedoch sind die Kommunisten nur spärlich vertreten, und das liegt gewiß auch daran, daß die Menschen weniger Gründe haben, in der Nostalgie zu schwelgen.

Die Aga Khan-Stiftung ist nicht die einzige ausländische Organisation, die ernsthaft und mit vorzeigbaren Resultaten versucht, den Frieden in Tadschikistan durch Entwicklungshilfe zu stabilisieren. Aber keine andere vertritt einen so umfassenden Ansatz und bemüht sich so gezielt, nicht nur die Bedingungen für die Menschen zu verbessern, sondern sie auch mental für die neue Ordnung zu schulen. Das reicht von neuen Curricula für die Schulen bis zu der Reform des Gesundheitswesens, von einem Kreditprogramm für Geschäftsgründer bis zu Hilfen für alleinstehende Frauen. Vor allem bemüht sich die Stiftung, demokratische Gremien in den einzelnen Dörfern zu verankern oder aus den bestehenden, traditionellen Formen der gemeinsamen Entscheidungsfindung feste Institutionen wachsen zu lassen. Anders als die meisten anderen Entwicklungsorganisationen investiert die Stiftung nicht in beispielhafte Einzelprojekte, sondern bemüht sich, die Lebensbedingungen einer gesamten Region flächendeckend zu verbessern. Möglich ist eine Arbeit in dieser Breite nur, weil die Hilfe lediglich aus der Vermittlung von Wissen und Ideen besteht. Um die Eigenverantwortlichkeit zu stärken, aber auch um das vorhandene Geld besser zu nutzen, erhalten die Bauern grundsätzlich keine Geschenke, sondern Kredite, um die eingeführten, hochwertigen Dünger und Pflanzenschutzmittel zu kaufen.

Zum national wie international weithin anerkannten Erfolg des Projekts und seiner auch finanziellen Effizienz trägt bei, daß 247 der 250 Mitarbeiter in Garm Tadschiken sind, darunter der Leiter des Programms selbst. Sie verdienen nicht nur deutlich weniger als westliche Entwicklungshelfer, sie kennen die Mentalität, die örtlichen Bedingungen und werden nicht als Fremde wahrgenommen. Ausgebildet wurden sie auf Seminaren in der Hauptstadt Duschanbe oder im Ausland. Politisch korrekte Entwicklungshilfe aus Deutschland sieht dagegen in Tadschikistan häufig genug so aus, daß Helfer, gleichermaßen gut gesinnt wie gut bezahlt, ein Dorf anfahren, um mit Hilfe ihres Übersetzers eine alleinstehende Frau auszusuchen, der sie eine Kuh als Mittel zur Existenzgründung schenken. Die Folgen für das dörfliche Gefüge sind fast so verheerend wie die Folgen für die Kühe, die den Neid der Nachbarn oft mit einer nächtens durchschnittenen Kehle bezahlen.

Gewiß hilft auch der religiöse Hintergrund der Stiftung, damit sie von der Bevölkerung akzeptiert wird. Die Aga Khan-Stiftung vertritt eine dezidiert islamische Ethik, die sie in ihren Schriften ausführlich darstellt und die auch im Bewußtsein ihrer Mitarbeiter präsent ist, selbst bei denen, die ihren Arbeitstag gern mit ein paar Gläsern Wodka beschließen. Es sei nicht Mitleid, das sie treibe, erklärt der Agrarwissenschaftler Mahmud Osmanzai im gleichen Tonfall, wie er über die neuesten Anbaumethoden spricht, und es sei auch nicht Solidarität mit den Muslimen. Es sei die Überzeugung, daß es niemandem auf Dauer gut gehe, wenn es anderen Menschen schlecht gehe: Die Hand könne ihre Möglichkeiten nicht entfalten, wenn der Fuß lahm sei. Ihre Ethik beziehe sich auf die ganze Welt, auf alle Menschen. Mit religiöser Propaganda hätten sie nichts im Sinn. Deshalb unterschieden sie nicht zwischen gläubigen und nichtgläubigen Bauern, zwischen Anhängern der islamischen Opposition oder der exkommunistischen Regierung. Auch die paar jüdischen Bauern, die es hier gebe, nähmen an dem Programm teil. «Wir sind nicht dafür zuständig, die Menschen zu bewerten, sondern arbeiten prinzipiell mit jedem zusammen, der seinen eigenen Grund und Boden beackern möchte.» Osmanzai findet die Ethik, die ihn und seine Kollegen leitet, in zwei Versen des persischen Dichters Saadi zusammengefaßt:

Die Menschenkinder sind ja alle Brüder
Aus einem Stoff wie eines Leibes Glieder.
Hat Krankheit ein einzig Glied erfaßt,
So bleibt den andern weder Ruh noch Rast.

4 **Indonesien**
Frühjahr 2002

Illegal besiedeltes Gebiet entlang der Eisenbahnschienen des Senen-Bahnhofs, Jakarta. Nicht mehr wie früher nach außen franst die Stadt aus, sondern nach innen: Ein Zentrum im herkömmlichen Sinne, ein Viertel oder wenigstens einen Boulevard, an dem sich die Läden, Cafés oder Kultureinrichtungen aneinanderreihen, hat Jakarta längst nicht mehr. Bürgerliche Urbanität zieht sich auf einzelne, über die gesamte Stadt verteilte Punkte zusammen. Der Rest ist formell der öffentlichen Hand, faktisch sich selbst überlassen. – Foto: Daniel Schwartz/Lookat

Eis in Jakarta Noch ist nicht viel los auf der Eisfläche. Zwei, drei Könner üben sich in der Verfeinerung ihrer Pirouetten. Ein Trainer im weißbestickten Dreß bemüht sich gutgelaunt, einen vierjährigen Bub zum ersten Schritt auf Schlittschuhen zu überreden. Ein zweiter Trainer hat es mit einer sorgsam gestylten Dame von mittlerem Alter zu tun, die sich offenbar in den Kopf gesetzt hat, außer mit ihrer Erscheinung auch auf dem Eis zu glänzen, ein allzu ehrgeiziges Unterfangen, wie es scheint; immerhin dürfte sie die Übungsstunden mit dem feinsinnig lächelnden Athleten, der sie kraftvoll am Unterarm stützt, nicht als Fron begreifen. Ein paar junge Mädchen nutzen den Montag vormittag, um ungestört ihre Runden zu drehen, wenn sie nicht kichernd die Köpfe zusammenstecken; weiß Gott, warum sie heute schulfrei haben.

Rund um die Eisfläche, die allen Ansprüchen an ein professionelles Hockeyfeld genügt, reihen sich auf zwei Etagen die Coffeeshops, Eiscafés, Popcornbuden und Fastfood-Restaurants aneinander. Die halbe Welt ist vertreten: Außer im Arsenal der bekanntesten amerikanischen Ketten läßt sich der Hunger auch schnell auf Thailändisch oder Französisch, mit Sushi oder Döner, bei *Han's Oriental* oder in der *Pizzeria Del Arte* stillen. Die kulinarische Vielfalt wird durch die monotone Dancefloor-Musik, die jeden Winkel der weiten Halle zum Dröhnen bringt, nur scheinbar kontrastiert. Tatsächlich schmecken in dieser surrealen Vision eines globalen Dorfes selbst Thaifood und Crèpes wie eine Sauce.

Willkommen in Indonesien, dem größten Land des Islams. Willkommen in Jakarta, knapp unterhalb des Äquators, zehn Millionen Einwohner, vielleicht fünfzehn. Willkommen im *Taman Anggrek*, der angeblich größten Shoppingmall der Welt: Über fünfhundert Geschäfte, drei internationale Kaufhäuser, Banking-Center, Cineplex, Wasserfall, dreizehn Parkhäuser, die obligatorischen Aufzüge aus Glas und eine Schlittschuhbahn. Außentemperatur: 35 Grad. Luftfeuchtigkeit: Keine Ahnung, aber das Hemd war nach ein paar Minuten klitschnaß, als der Besucher sich am ersten Tag auf den Irrsinn einließ, die Stadt zu Fuß zu erkunden. Zum zynischen Trost zog er sich im klimatisierten Taxi eine Erkältung zu. Schlimmer noch: die Abgase, die den Rachen wie Schmirgelpapier aufkratzen. Aber hier, bei Café Latte und künstlich erzeugter Brise im weiten Rund, ist es angenehm, mit Blick auf das Eis und die jungen Mädchen. Eine pudergezuckerte Durchsage ruft die Falschparker zu ihren Autos. Zwei junge Hippies schlurfen an der Bande entlang. Eine Dame beschwert sich bei der Kellnerin, offenbar weil sie mit der Temperatur oder der Crema des Espresso nicht einverstanden ist. Willkommen im Raumschiff Erde.

Das *Taman Anggrek* lehrt, wie man in zwanzig, dreißig Jahren auch in deutschen Mittelstädten seine Freizeit verbringen könnte. Über Indonesien lehrt es nicht viel. Wenn das *Taman Anggrek* ein Raumschiff ist, dann sind die Kampunas, die Wohnviertel der armen bis kleinbürgerlichen Schichten, die sich über die riesige Fläche Jakartas verteilen, der fremde Planet. Auf das Dichteste gedrängt leben hier die Menschen, oft zu zehnt oder zu fünfzehnt in armseliger Hütte oder gleich auf der Straße. Kanalisation, Müllabfuhr, Polizei – noch bevor man die Bewohner fragt, sieht und riecht man, daß nichts davon auch nur halbwegs funktioniert. Von der Welt der Shoppingmalls nehmen sie nur die elektrischen Werbetafeln an den Durchfahrtsstraßen wahr.

Der Widerspruch zwischen arm und reich ist in den meisten Gesellschaften, vor allem jedoch in den Metropolen der sogenannten Dritten Welt brutal. In Jakarta aber haben sich die Realitäten gänzlich voneinander abgekoppelt, Raumschiff und Planet. Sinnbild hierfür sind die acht gewaltigen Appartementtürme, die aus den sieben Etagen des Kommerz sprießen: Den besonders Glücklichen erlauben sie es, zwischen den Orten des Wohnens, der Freizeit und vielleicht sogar der Arbeit zu pendeln, ohne sich je ihrer eigenen Stadt auszusetzen. Weniger zentral und sichtbar, aber dafür noch luxuriöser sind die Wohnlandschaften wie das *Lippo Cikarang*, die sich im Zuge des asiatischen Booms überall an Jakartas Rändern ausgebreitet haben: Geschützt von hohen Mauern und privaten Sicherheitsdiensten, verfügen sie mit eigener Mall, Busineßpark, Privatschulen, Golfplatz, Wasserspielen und anderen Sporteinrichtungen, künstlichen Seen, Hügeln und großzügigen Grünflächen über alles, was der moderne Mensch zum Leben und Arbeiten braucht. Alle Dienstleistungen liegen in privater Hand und funktionieren dank großzügiger Bezahlung wie geschmiert. Wohnen kann man in Appartements oder standardisierten Einfamilienhäusern, die nicht nur *Villa España*, *Casa del Madrid* oder *Taman Valencia* heißen, sondern auch so aussehen. Wer sich selbst so genügt, für den verliert die Stadt jede herkömmliche Bedeutung; wenn er sie überhaupt braucht, wird sie zum Außenterrain, in dem man auf sechsspurigen Highways und Hochstraßen nur noch einzelne Ziele – das Büro, wenn es denn nicht im eigenen Wohnpark liegt, das Restaurant, diese oder jene Mall – ansteuert. Der Rest ist formell der öffentlichen Hand, faktisch sich selbst überlassen. Nicht mehr wie früher nach außen franst die Stadt aus, sondern nach innen: Ein Zentrum im herkömmlichen Sinne, ein Viertel oder wenigstens einen Boulevard, an dem sich die Läden, Cafés oder Kultureinrichtungen aneinanderreihen, hat Jakarta längst nicht mehr. Bürgerliche Urbanität zieht sich auf einzelne, über die gesamte Stadt verteilte Punkte zusammen.

Daß die Wohlhabenden sich vom Rest der Stadt abschotten, ist längst nicht mehr nur eine Entwicklung südländischer Metropolen. Gerade in den Vereinigten Staaten und allmählich auch in Westeuropa ziehen es immer mehr Bürger vor, im privaten Musterländle der *gated communities* zu leben, statt den zunehmenden Tücken des öffentlichen Raumes sich auszusetzen. Auch in Jakarta ist das soziale Schisma weniger frappant als etwa in Indien, Thailand oder manchen Städten Südamerikas, insofern es nur an einzelnen Stellen jene Schreckensbilder umfassender Verelendung bietet. Ins Auge sticht hier vielmehr die kulturelle Dimension der Abkoppelung. Jene Indonesier, für die Orte wie das *Taman Anggrek* zur Geographie ihrer Lebenswelt gehören, mögen sie sie aufsuchen oder nicht, partizipieren so vollständig an einem globalen Code, daß die Unterscheidung in indigene und westliche Zeichen für sie keine Bedeutung hat. Der *alternative rock* etwa, den die schlurfenden Hippies gerade aus dem In-Platten-Laden gekauft haben könnten, unterscheidet sich außer in der Sprache durch nichts von der entsprechenden europäischen Musik; er ist keine Nachahmung, sondern eine andere, formal gleichwertige Variante desselben Phänomens. Natürlich gibt es innerhalb des Codes nationale Sonderzeichen, und die Stelle volkstümlicher Unterhaltung wird von der indonesischen Mischung aus Folklore und Schlager ausgefüllt. Aber es ist dieselbe Stelle innerhalb eines gemeinsamen kulturellen Referenzsystems. Der einheimischen Country-Musik, die ebenso wie der Jazz in Indonesien überraschend viele Anhänger hat, kommt derselbe Nimbus des Exotischen, auch Ulkigen zu wie überall außerhalb der Vereinigten Staaten, wo sie die Rolle des Indigenen übernimmt. Aber dennoch sind die indonesischen Country-Stars und ihr Publikum so einheimisch, wie Deutsche es in Deutschland sind, die einen Salsa-Kurs buchen.

Auch der religiöse Extremismus ist hier eine Spielart des Globalen. Ähnlich wie die arabische *al-Qaida*, aber auch wie der religiöse oder rechtsnationale Fundamentalismus in den Vereinigten Staaten, der populäre Chauvinismus in Europa sowie die Führung und Anhängerschaft national-religiöser Gemeinschaften in Indien oder Fernost sind die islamistischen Parteien und Gruppierungen Indonesiens aus der Mittel- und Oberschicht hervorgegangen. Sie gehören der Welt an, der sie den Rücken kehren. In Indonesien nennt man sie oft verächtlich die Wahhabiten, auch um das Fremde ihrer Sitten und Überzeugungen zu bezeichnen. Tatsächlich sind die ideologischen Muster der indonesischen Extremisten im saudischen Wahhabismus vorgezeichnet und werden sie zudem aus den Golfstaaten finanziell alimentiert. Aber dennoch macht man es sich zu einfach, wenn man das Aufkommen eines Glaubenspurismus, wie er in Indonesien nur über spärliche historische Wurzeln verfügt, allein äußeren Einflüssen zuschreibt. Schon weil ihn das Land – geringer verbreitet und mit weniger Einfluß, aber ideologisch kaum weniger streng – auch in christlicher Form kennt, kann allein der Verweis auf Saudi-Arabien das Phänomen nicht hinreichend erklären. Was vielen Indonesiern fremd erscheint, ist die Kostümierung, die weiße Galabiyya als Gewand und die vielen arabischen Floskeln, der lange, etwas zottelige Bart, das Changieren zwischen Sanftheit und Strenge in den Bewegungen wie in der Sprache. Ein Export sind die Wahhabiten deswegen so wenig oder so viel wie der indonesische Country-Musiker, denn auch das Kostüm des muslimischen Glaubenseiferers stammt aus dem *Taman Anggrek* des globalen Lebensraums, Etage Spielverderber, Boutique Islam. Das Uniforme ihrer Kleidung, ihres Verhaltens und ihrer Weltanschauung ist nichts als eine besonders perfide Spielart des modernen Individualismus. Von den entsprechenden Bewegungen anderer Länder, die das Einkaufszentrum der Möglichkeiten am liebsten abbrennen würden, unterscheidet sie der äußeren Erscheinung nach alles, gemeinsam aber ist ihnen der Wunsch nach Ursprünglichkeit, nach Reinheit, Brüderlichkeit, strikten moralischen

Normen und eindeutigem Kanon, nach Zerschlagung aller Divergenz, die auf verschiedene Weise in der Ambivalenz der lokalen Traditionen und in der normierten Multikultur der Handels- wie der Warenketten zum Ausdruck kommt. Mag der Kapitalismus aus dem Geiste des Puritanismus hervorgegangen sein, so ist dieser heute das verbindende Element seiner entschiedensten Antagonisten.

Weil die sogenannten Wahhabiten, die sich vor allem aus der Mittelschicht rekrutieren, mit den Möglichkeiten der modernen Kommunikation, des Lobbyismus und der effizienten Öffentlichkeitsarbeit mit großer Selbstverständlichkeit umgehen, sind sie in der öffentlichen Wahrnehmung relativ stark präsent, zumal in der Wahrnehmung des Auslands, das über die zweihundertzehn Millionen Indonesier meist nur dann berichtet, wenn sich zweitausend von ihnen zum Protest vor der amerikanischen Botschaft versammeln. Bei den Wahlen erzielen sie jedoch trotz ungleich größerer sozialer Not so magere Ergebnisse, wie man sie sich für die Rechtsradikalen in Europa wünschte, ein, zwei Prozent. Gelegentlich gelingt es ihnen (mit tätiger Mithilfe des Militärs, das seine Daseinsberechtigung untermauern möchte, wie viele Indonesier vermuten), die sozialen Konflikte auszunutzen, um den Mob gegen Andersgläubige aufzustacheln, doch insgesamt hat sich an der Frömmigkeit der einfachen Bevölkerung, die von lokalen, auch außerislamischen Traditionen durchsetzt ist, wenig verändert. Kennzeichnend hierfür ist, daß die amtierende Präsidentin Megawati ihr Wählerreservoir vor allem in der Unterschicht hat. Schon aufgrund ihres Geschlechts, aber auch hinsichtlich ihrer strikt laizistischen Vorstellungen entspricht sie nicht der Vorstellung muslimischer Fundamentalisten und westlicher Experten vom Staatsoberhaupt des größten muslimischen Landes der Erde.

Es stimmt, daß die Religion im öffentlichen Diskurs heute eine größere Rolle spielt als vor zehn Jahren und ihre äußeren Zeichen wie das Kopftuch, der Bart oder die weiße Kappe der Mekkapilger sichtbarer geworden sind. Aber der Wandel, dem sich dieser Bedeutungszuwachs verdankt, hat sich nicht in der gesamten Bevölkerung vollzogen. Vor allem sind es Akademiker, Studenten, Angestellte, Ingenieure, Techniker, Geschäftsmänner, Hausfrauen oder Politiker, bei denen ein neues Bewußtsein von der Religion auszumachen ist, Angehörige einer sozialen Schicht also, die einen Ort wie das *Taman Anggrek* nicht als Putzpersonal oder Handwerker betreten würden. Daß ihre frisch entdeckte Frömmigkeit zum Extremismus führt, ist dabei die Ausnahme. Viel häufiger drückt sie sich in einem entschieden konservativen Weltbild aus, in der Furcht vor fremden Einflüssen, der ostentativen Besinnung auf die nationale, ethnische und religiöse Identität, auf das, was Politiker in Deutschland Leitkultur nennen würden. Entsprechend haben die beiden großen religiösen Parteien ihre Wählerschaft vor allem in der Mittel- und Oberschicht. Nicht grundsätzlich anders als die europäische Christdemokratie orientieren sie sich an islamischen Grundwerten, ohne deswegen nur von Muslimen gewählt zu werden oder den Islam als staatliches Modell zu propagieren. Die freie, in manchem allzu anarchische Marktwirtschaft stellen sie sowenig in Frage wie die übrigen Parteien, die sich im Zuge der demokratischen Revolution etabliert haben. Auf dem Eis wiegt das Kopftuch noch weniger als draußen bei 35 Grad.

Lockt das *Taman Anggrek* durch schiere Größe, setzt das *Plaza Semaya* auf Exklusivität, um im Wettbewerb der Einkaufszentren zu bestehen. Der Marmor ist edler, die Architektur vornehmer, die Farben zurückhaltender. Statt amerikanischem Pop bildet leichte europäische Klassik die akustische Kulisse. Die Namen der Boutiquen und Einrichtungshäuser ergeben ein *Who's who* des gehobenen Markenjetsets zwischen Cartier und Dior. Sogar *Manchester United* ist mit einem eigenen Fanshop vertreten, und die

Bioläden dürften die besten des ganzen Landes sein. Besondere Attraktion ist der *Gourmet Garden*, in dem sich etwa dreißig Restaurants mit Fast Food aller Herren Länder um eine riesige Halle aus Tischen und Stühlen verteilen. Genau in der Mitte steht eine Litfaßsäule von riesigem Durchmesser, wie sie eines Tages sicher auch deutsche Plätze schmükken wird: Nicht langweilige Plakate, sondern Werbespots strahlen die Botschaften der Schönen Neuen Welt in 360 Grad aus. Auch für die Kleinsten ist im *Plaza Semaya* mit beängstigender Perfektion gesorgt. Ein eigenes Kinderzentrum mit Krabbelzimmer, Babysitter und den neuesten Computerspielen erlaubt den Eltern, sich von allen Sorgen befreit dem Einkauf zu widmen. Die eigentliche Innovation ist für den Besucher aber ein Friseurladen namens *Kiddy Cuts*, in dessen kunterbuntem Warteraum die Kids in Plastikautos oder auf Spielzeugmotorrädern sitzen und auf dem je eigenen Bildschirm Teletubbis gucken. Willkommen in der Zukunft.

Die Blumenkinder von Banda Aceh

Sie verteilen Blumen und Bonbons an die Passanten, sie halten Luftballons in die Luft, und sie haben sich kunterbunte Plakate um den Körper gehängt, auf denen sie in Wasserfarben zum Dialog aufrufen, zur Harmonie und zum «Frieden mit wahrer Liebe». Aber die jungen Mädchen, die hier für *Peace and Love* demonstrieren, stehen weder am Boulevard von San Francisco, noch gehören sie der *Aktion Sühnezeichen* an. Sie haben sich auf der belebtesten Kreuzung von Banda Aceh versammelt, am Westzipfel des südostasiatischen Riesenreiches Indonesien, wo seit annähernd dreißig Jahren Bürgerkrieg herrscht. Und obwohl sie auf deren Zeichensprache zurückgreifen, sehen die Mädchen nicht eben wie eine Versammlung von Hippies aus: Die lila Blumenkränze tragen sie nicht auf dem Haar, sondern auf dem Dschilbab, dem langen weißen Kopftuch besonders frommer Indonesierinnen, das ein einziges kleines Loch für das Gesicht frei läßt; nicht wenige tragen sogar noch einen zusätzlichen Schleier, der bis unter die Augen reicht. Ihren Slogan rufen sie mit der gleichen festen Mechanik wie früher die Vietnamdemonstranten, nur daß es sich dabei nicht um die Parole *Ho Chi Min* handelt, sondern um einen Satz, den man aus westlichen Fernsehbildern nur von den Kundgebungen der Fundamentalisten kennt: *Allahu akbar.*

Es sind nicht viele, die sich rund um die Verkehrsinsel versammelt haben, vielleicht dreißig oder vierzig junge Mädchen. Natürlich würden sie gelegentlich auch zusammen mit ihren Kommilitonen auf die Straße gehen, aber heute hätten sie sich für eine besondere Form des Protestes entschieden, erklärt eine der Anführerinnen, eine zierliche Frau von kaum zwanzig Jahren, mit schneller Stimme. Sie wollten ein symbolisches Bild dafür schaffen, daß die Frauen von Aceh den Bürgerkrieg nicht länger ertrügen. Sie wollten der Weltöffentlichkeit zeigen, daß die Frauen von Aceh sich nach Frieden sehnten.

Von der Weltöffentlichkeit zu sprechen, wenn man sich zwischen ein paar Rikschas und Kleinbussen in Banda Aceh drängelt, wirkt recht verwegen. Die ohnehin beschauliche Hauptstadt der Provinz Aceh, deren Kontakt zur Außenwelt sich im wesentlichen auf einen täglichen Linienflug nach Jakarta beschränkt, ist durch den Krieg zusätzlich gelähmt. Zwar ziehen wenigstens tagsüber wieder die ersten Abläufe eines Alltags ein, seit das indonesische Militär in den letzten Monaten die Kontrolle über einen Großteil von Aceh zurückgewonnen hat, aber die Ökonomie und das seit jeher reiche soziale und kulturelle Leben der Acehnesen liegen noch immer brach. Es fahren schlicht nicht genügend Autos, um den Eindruck einer normalen Provinzstadt hervorzurufen, und die Bewohner haben gar nicht so viel zu tun, als daß sie die breiten Straßen durch ihre bloße Anwesenheit belebten. So wirkt Banda Aceh so gottverlassen, wie man sich ein Nest an der Rückseite des sumatrischen Urwalds nur vorstellen kann. Und tatsächlich kann Gott sich um die Stadt nicht besonders gekümmert haben. Seit 1873 die Holländer einfielen, sind Frieden und Selbstbestimmung hier nicht über ein Intermezzo hinausgekommen. Der letzte, der gegenwärtige Bürgerkrieg hat jeden sechsten der viereinhalb Millionen Acehnesen in die Flucht getrieben und allein im vergangenen Jahr über zweitausend Menschen das Leben gekostet.

Immerhin kennen die jungen Aktivistinnen die Mechanismen genau, nach denen die internationale Öffentlichkeit funktioniert. Ein gewöhnlicher Protestzug ergäbe allenfalls eine Meldung in der Regionalzeitung, aber ein Happening tiefverschleierter junger Mädchen, die mit Blumen für den Frieden demonstrieren, könnte es mit viel Einsatz und Glück zu einem Bild bringen, das wenigstens durch die nationalen Medien geht und von dort vielleicht sogar um die Welt. Das größte Problem für sie ist, überhaupt Journalisten aufzutreiben, die das Ereignis über Aceh hinaus dokumentieren. Bis auf die Mitarbeiter indonesischsprachiger Radiodienste im Ausland sind internationale Medien in Aceh nicht vertreten, und auch die nationale indonesische Presse widmet dem Konflikt nur noch sporadische Aufmerksamkeit. Schon auf den indonesischen Archipel verteilen sich so viele regionale Konfliktherde – West-Papua, die Molukken, Westkalimantan, Ost-Timor –, daß selbst Diplomaten und Korrespondenten den Überblick verlieren; wie sollen die Acehnesen da erst im globalen Wettbewerb der Kriege, Menschenrechtsverletzungen und Vertreibungen bestehen, bei achtunddreißig Kriegen, die derzeit weltweit geführt werden?

Dabei zeigt das Beispiel von Ost-Timor, als ein einzelner Bericht eines französischen Fernsehteams eine mediale und diplomatische Kettenreaktion ausgelöst hat, daß die Acehnesen wahrscheinlich nur dann eine Chance auf Frieden hätten, wenn es ihnen gelänge, die Aufmerksamkeit einer breiten internationalen Öffentlichkeit zu wecken. Aber Ost-Timor war auch deshalb anders, so ist in Aceh oft zu hören, weil dort Christen gegen eine muslimische Zentralregierung gekämpft haben. Wer interessiere sich schon dafür, wenn es Muslime seien, die ermordet, vertrieben oder gefoltert würden, noch dazu von einem Staat, der sich unter seiner neuen, laizistischen Präsidentin den Vereinigten Staaten andiene? Tatsächlich bemühen sich Regierungsvertreter in Jakarta, seit jüngstem die Rebellen mit den Taliban gleichzusetzen, gegen die es auf gleiche Weise zu kämpfen gelte wie in Afghanistan. Die Motivation ist offenkundig: Wie *amnesty international* in ihrem jüngsten Jahresbericht herausstellte, nutzen die unterschiedlichsten Staaten den 11. September, um ihre bekannten Repressionen als Krieg gegen den Terrorismus zu kostümieren. Während aber das neu entdeckte Argument etwa im Falle Simbabwe allzu weit hergeholt erscheint, stoßen Rußland, China, Indien, Israel, Ägypten oder Usbekistan heute auf deutlich mehr Verständnis im Westen, wenn sie im Namen der Terrorbekämpfung gegen angebliche und wirkliche Islamisten aller Art vorgehen.

Daß gerade die Acehnesen unter dem Generalverdacht des religiösen Extremismus stehen, ist historisch nicht ganz zufällig, galten ihre religiösen Anschauungen doch immer schon als besonders streng. Die Islamisierung Acehs setzte im Vergleich zu anderen Regionen Südostasiens bereits früh ein, nämlich im Zuge des Gewürzhandels zwischen der nahöstlichen Welt und den Molukken im 13. Jahrhundert. Dabei wandelte sich mit der Religion auch die Herrschaftsform: Aus den buddhistischen Höfen wurden Sultanate, die sich in ihrer politischen und sozialen Ordnung an der persisch-arabischen Welt orientierten. Der Islam war

also für die Acehnesen nicht nur ein Glauben, sondern schuf auch eine neue soziale und politische Ordnung. Demgegenüber begann der Islam auf Java, der heutigen Kerninsel Indonesiens, erst vierhundert Jahre später unter König Agung sich durchzusetzen und nahm weit stärker als in Aceh die bestehenden Kulturen auf. Mit der neuen Religion etablierte sich kein neues politisches System; vielmehr bezogen sich die javanischen Mataram-Herrscher weiterhin auf das letzte hinduistische Großreich Majapahit, um sich zu legitimieren. Weil sie keine bestimmte religiöse Anschauung vorgaben, ist die religiöse Welt des Islams auf Java vielfältiger und weit stärker durch vorislamische Traditionen bestimmt als in Aceh, wo sich eine relativ klar konturierte, orthodox-islamische Identität herausbildete, die zudem bis heute das Selbstverständnis von Staat und Gesellschaft entscheidend prägt. Anders als im übrigen Indonesien gründet das Recht in der Scharia, sind die meisten Frauen verschleiert und wird während des Ramadans öffentlich nichts verzehrt. Daß sich Widerstand gegen äußere Mächte bis heute immer auch islamisch artikuliert, ist nur zu natürlich, denn im Selbstverständnis der Acehnesen ist es vor allem ihre Religiosität, die sie von Holländern oder Javanesen unterscheidet. Doch hat es in der hundertdreißigjährigen Geschichte ihres Aufbegehrens nur eine einzige Phase gegeben, in der die Religion nicht nur der Ausdruck, sondern auch das Motiv des Kampfes war, und zwar nach der Unabhängigkeit Indonesiens im Jahr 1950.
Der neue Staat vereinigte die zahlreichen, historisch und kulturell kaum miteinander verbundenen Kolonien Hollands in Südostasien zu einem modernen Nationalstaat. Obwohl die Acehnesen zunächst die Gründung Indonesiens feierten, kam es in den darauffolgenden Jahren immer wieder zu Rebellionen gegen die Zentralregierung in Jakarta. Unabhängigkeitskriege waren das nicht, vielmehr ging es den Aufständischen darum, das laizistische Staatswesen

Indonesiens zu islamisieren, vor allem im Bereich des Rechts. Die Zugeständnisse, die die säkular orientierte Elite auf Java den stärker religiös orientierten Acehnesen bei der Staatsgründung gemacht hatte, waren stillschweigend wieder zurückgenommen oder gar nicht erst umgesetzt worden. Als die Provinz 1959 einen «Sonderstatus» mit weitreichender kultureller und religiöser Autonomie erhielt, ebbte die Rebellion ab.

Der gegenwärtige Aufstand in Aceh hat ein anderes Ziel, nämlich die Unabhängigkeit Acehs, und auch seine Ursachen sind verschieden. Sie gehen zurück auf das Jahr 1965, als sich in der indonesischen Hauptstadt Jakarta General Suharto an die Macht putschte und die sogenannte «Neue Ordnung» ausrief. In Suharto paarte sich, wie unter so vielen anderen Diktaturen jener Zeit, eine autokratische Auffassung von der Herrschaft mit dem entschiedenen Willen, das eigene Land zu modernisieren, zu zentralisieren und zu industrialisieren. Zudem betrieb Suharto ohne Rücksicht auf die Interessen der anderen indonesischen Ethnien die Javanisierung Indonesiens, nicht zuletzt durch eine Politik des Bevölkerungstransfers von Java in die verschiedenen Regionen. Bis in einzelne Floskeln übernahm die modernistische Rhetorik der «Neuen Ordnung» die Muster des europäischen Kolonialismus, nur daß die Kolonialmacht, die es auf sich nahm, die Rückständigen und Wilden mit den Segnungen der Zivilisation und des technischen Fortschritts zu beglücken, der indonesische Zentralstaat selbst war. Keiner der ethnisch-religiösen Konflikte, die nach dem Sturz Suhartos und mit dem Übergang zur Demokratie an beinah allen Rändern des Archipels ausgebrochen sind, läßt sich ohne diese rückhaltlos zentralistische Politik im Vielvölkerstaat verstehen, die in einem zutiefst fortschrittsgläubigen, modernen Nationalismus gründete: In Ost-Timor stand die Bevölkerung gegen die Besatzung durch indonesische Truppen im

Jahr 1975 und die zunehmende Vorherrschaft javanischer Zuwanderer auf; in Westkalimantan massakrierten christliche und animistische Dayaks eingewanderte muslimische Maduresen aus Java; in Neuguinea kämpft eine der ältesten Unabhängigkeitsbewegungen der Welt, die «Organisation Freies Papua», gegen die Vorherrschaft der Javaner. Auf den bis dahin so friedlich wirkenden Molukken gehen seit drei Jahren christliche und muslimische Milizen gegen die je andersgläubige Bevölkerung vor, ebenfalls eine Folge sozialer Abgründe, die durch Suhartos Politik des «Transmigrasi» entstanden sind.

Für Aceh, das aufgrund seiner eigenständigen Geschichte und seines Sonderstatus bis dahin weitgehend von äußeren Einflüssen und Einwirkungen abgeschirmt war, hatte die «Neue Ordnung» besonders dramatische Auswirkungen. Suharto ließ die reichen Bodenschätze Acehs im großen Stil ausbeuten, so daß in den achtziger Jahren 40 Prozent der weltweiten Gasproduktion aus Indonesien stammte. Zementanlagen, Raffinerien und industrielle Komplexe wurden errichtet, aber den Profit daraus zog die Zentralregierung in Java fast vollständig ein: 11 Prozent trug Aceh zum nationalen Haushalt bei und erhielt weniger als ein Prozent zurück. Nicht einmal von der zunehmenden Zahl der Arbeitsplätze profitierten die Acehnesen wirklich, da Suharto die Masseneinwanderung von Javanern nach Aceh förderte, um die dicht besiedelte Zentralprovinz zu entlasten. Die Arbeiter und Angestellten der großen Industrieanlagen lebten zumeist isoliert von der übrigen Bevölkerung, deren soziale Lage sich trotz des wirtschaftlichen Aufschwungs eher verschlechtert hatte. Die Unzufriedenheit der Acehnesen richtete sich vor allem auf diese ökonomische Benachteiligung, aber auch auf die Präsenz einer neuen Schicht von leitenden Beamten und Angestellten aus Java, denen die kulturellen und religiösen Traditionen Acehs fremd, wenn nicht rückständig erschienen.

1976 nahm die «Bewegung Freies Aceh» (*Gerakin Aceh Merdeka*, kurz: GAM) unter Hasan di Tiro, einem Sohn acehnesischer Notabeln, den militärischen Kampf gegen die Zentralregierung auf. Ihr Ruf nach Unabhängigkeit stieß allerdings zunächst nicht auf das erhoffte Echo, ein Hinweis darauf, daß das Verlangen nach einem eigenen Staat der Acehnesen keineswegs, wie gelegentlich zu lesen, auf archaische Ursprünge zurückzuführen ist, sondern von Jakarta geradezu mutwillig hervorgebracht werden mußte. Von der indonesischen Armee fast besiegt, setzte die GAM den Kampf in den achtziger Jahren für mehrere Jahre aus, um ihn 1989, besser vorbereitet und ausgestattet, wieder aufzunehmen. Inzwischen hatten sich die Auswirkungen von Suhartos Wirtschafts- und Bevölkerungspolitik in vollem Unfang gezeigt, so daß weit mehr Menschen mit den Rebellen sympathisierten. Immer weiter zurückgedrängt, erklärte die indonesische Armee Aceh 1991 zum «militärischen Operationsgebiet» und schaltete fast alle zivilen Institutionen aus, zuvörderst die Justiz, von der kaum mehr als die Gebäude übriggeblieben sind. Um die Bevölkerung davon abzubringen, weiterhin die Rebellen zu unterstützen, griff das Militär auf nackte Gewalt zurück, auf Plünderungen, Morde, Brandschatzungen oder Vergewaltigungen. Tausende von Männern verschwanden, wenn sie nicht an Ort und Stelle umgebracht wurden, so daß ganze Dörfer heute nur aus Frauen bestehen, «Witwendörfer» genannt. Weil auch die GAM für Menschenrechtsverletzungen und «ethnische Säuberungen» verantwortlich ist, bleibt kein Teil der Bevölkerung verschont: Während das Militär die Acehnesen und damit die Mehrheit der Bevölkerung drangsaliert, widmet sich die GAM der Minderheit, nämlich vor allem den eingewanderten Javanern. Allein in den zwei Jahren vor der letzten Offensive des Militärs sind Zehntausende Javaner aus Aceh geflohen. Gefoltert, ermordet oder vergewaltigt werden aber auch angebliche Kollaborateure des Militärs und ihre Angehörigen.

Während die staatliche Verwaltung verfiel, agierten die lokalen Offiziere immer selbständiger und verwischten sich die Konturen der Auseinandersetzung. Rangen auf der einen Seite der Front Militär und Polizei zunehmend um die Macht und das Geld, löste sich gleichzeitig auch die GAM in Einzelfraktionen und örtliche Kommandos auf. Immer häufiger begingen maskierte Trupps die Massaker, um ähnlich wie in Algerien entweder den jeweiligen Gegner zu belasten oder ein allgemeines Klima der Panik zu erzeugen. So nahm die Auseinandersetzung in Aceh in den neunziger Jahren allmählich das Muster der neuen Kriege an, wie sie Martin van Creveld bereits 1989 prognostiziert hat, um Konflikte, wie sie in den darauffolgenden Jahren in Afghanistan, Somalia oder Tadschikistan tatsächlich ausbrachen, von den bisherigen Formen des modernen Kriegs zu unterscheiden. Dabei füllen örtliche Milizen das Vakuum, das entsteht, wenn der Staat verschwindet. Auf verblüffende Weise gleichen die «neuen» dabei den ganz alten, prämodernen Kriegern, etwa aus dem Dreißigjährigen Krieg in Europa, aber auch aus so unterschiedlichen Ländern wie Zaire oder China. Völkerrechtliche Konventionen haben für sie keine Bedeutung, politischer Kontrolle sind sie nicht ausgesetzt, die Trennung von Armee und unbewaffneter Zivilbevölkerung kennen sie nicht, mehr noch: Gezielte Angriffe auf Unbeteiligte sind bei einer militärischen Auseinandersetzung, die sich selten in offenen Schlachten, meistens dagegen in Scharmützeln, Anschlägen und vor allem der Ausbeutung des eigenen und vollständigen Zerstörung des gegenerischen Geländes äußert, ein regulärer Teil der Kriegsführung.

Ein solcher *low intensity war* verläuft fast immer an der Grenze ethnischer, religiöser oder geographischer Identitäten, doch verwandelt er sich mit zunehmendem Verlauf zu einer Industrie, die Ideologie und Identität wenn überhaupt im Sinne einer austauschbaren *corporate identity* umgeht. So abwegig es wäre, ein Unternehmen zu fragen, warum es produziert, so unwichtig wird es im Laufe der Zeit, aus welchem ideologischen Antrieb der Krieg begonnen wurde. Der Krieg wird sein eigener Zweck: In Regionen, in denen die Ökonomie auf den Stand des vorindustriellen Zeitalters zurückgeschossen, häufig sogar die Landwirtschaft systematisch zugrunde gerichtet worden ist, bietet der Dienst bei einem der *warlords* häufig die einzige Möglichkeit des Broterwerbs. Dessen Milizen haben weniger mit regulären Streitkräften, mit klassischen Guerillaverbänden zu tun als mit waffenstarrenden Mafiosi, gleich ob sie auf der Seite des Staates oder der Opposition stehen, sofern diese Begriffe in einer Region noch von Bedeutung sind. Militärische Hoheit über ein Gebiet, mag es noch so klein, ein Tal oder nur ein Paß sein, bedeutet die Möglichkeit, regelmäßig Nahrung, Statussymbole und Abgaben einzutreiben oder auch ganze Dörfer auszurauben. Nicht nur machen die Milizionäre dabei reiche Beute – oft genug werden sie auch durch die Freiheit entlohnt, Frauen zu vergewaltigen oder zu versklaven. Nicht selten kommt die Existenz großer industrieller Komplexe hinzu, die zu schützen ein besonders einträgliches Geschäft ist. Auf diese Weise sind in Aceh insbesondere westliche Öl- und Gaskonzerne in die Finanzierung des Krieges involviert. Vor allem aber bedeutet die Militärische Hoheit die Kontrolle über Handels- und Schmuggelwege, Drogen, alle Arten von Geschäften. Es ist in Aceh praktisch unmöglich, sich geschäftlich ohne Beteiligung des Militärs oder der Polizei zu betätigen. Der australische Journalist Lesley McCulloch, der es im Januar 2002 auf sich genommen hat, mit dem Bus die zwölfstündige Strecke von Medan in Nordsumatra nach Banda Aceh zu fahren, berichtet von achtunddreißig Checkpoints des Militärs und der Polizei, an denen der

Fahrer jeweils etwa vierzig Euro bezahlen mußte. Der Betrag mag selbst für indonesische Verhältnisse gering erscheinen, aber rechnet man ihn auf die Anzahl der Checkpoints an einer einzigen Straße hoch, ahnt man, wie viele Soldaten der Krieg ernährt. Von der täglichen Patrouille kommt man entweder tot oder steinreich zurück, lautet ein oft zu hörender Scherz in Aceh.

Nach dem Sturz Suhartos und der Wahl des liberal-islamischen Abdurrahman Wahid zum Staatspräsidenten Indonesiens im Jahr 1999 schien sich eine Chance aufzutun, den Konflikt in Aceh zu beenden. Der militärische Sonderstatus wurde aufgehoben, und der oberste General der indonesischen Streitkräfte, General Wiranto, mußte nach Banda Aceh eilen, um sich bei der Bevölkerung formell zu entschuldigen. Die Bevölkerung nutzte die neue Freiheit, um friedlich für ein Referendum über die Unabhängigkeit Acehs zu demonstrieren. Bei der größten Kundgebung versammelten sich in Banda Aceh, einer Stadt von 270 000 Einwohnern, mehrere hunderttausend Menschen. Wahid seinerseits bot eine umfassende Autonomie an und ernannte mit Hasballah Saad einen Acehnesen zum Minister für Menschenrechte. Das Parlament in Jakarta verabschiedete ein neues Gesetz, daß der Provinz unter anderem 70 Prozent der Einnahmen aus dem Gasabbau, kulturelle und politische Selbstbestimmung und die direkte Wahl des Gouverneurs zusprach. In Genf trafen Vertreter der GAM und der indonesischen Regierung zum ersten Mal zu Friedensverhandlungen zusammen. Der neuen Regierung in Jakarta und der politischen Führung der GAM, die hauptsächlich im skandinavischen Exil lebt, mochte man den guten Willen nicht absprechen, das Problem war nur: Die wirklich Beteiligten saßen gar nicht am Verhandlungstisch, nämlich das indonesische Militär und die lokalen Kommandanten der GAM. Vor allem das Militär sabotierte den Friedensprozeß nach Kräften, etwa indem es Vertreter der GAM am

Flughafen von Banda Aceh einfach festsetzte, parallel zu den Verhandlungen militärische Offensiven begann oder das Vertrauen der Bevölkerung in die neue Regierung in Jakarta durch gezielte Gewaltakte untergrub.
Wahids Menschenrechtsminister Hasballah Saad ist ein zurückhaltender, bescheidener Mann, der sein fülliges Gesicht allenfalls dann regt, wenn er sanft, mit halb geschlossenen Augen in seinen Bart lächelt. Daß er sich in der Politik nicht wohlgefühlt habe, wie er ohne Regung sagt, nimmt man dem Professor für Ökonomie sofort ab. Hasballah Saad ist es, der den Besucher überzeugt, nach Aceh zu reisen, damit etwas von der Situation an die internationale Öffentlichkeit dringt. «Minister für Menschenrechte zu sein, das war eine unmögliche Aufgabe», sagt er im Flugzeug nach Banda Aceh, indem ihn bis hin zu den Stewardessen beinah jedermann zu kennen und schätzen scheint. «Neben mir am Kabinettstisch saß der Vertreter des Militärs, dem ich praktisch sagen mußte: Ich sitze hier, damit du hinter Gitter kommst.» Bewirkt habe er allenfalls punktuell etwas; solange sich das politische System nicht ändere, sei ein Ministerium für Menschenrechte reine Kosmetik. Präsident Wahid habe ihn unterstützt, aber die Macht des Militärs nicht brechen können.
Indem sie die Unruhe in Aceh und anderen Provinzen Indonesiens schürten, zementierten die Generäle ihre eigene Daseinsberechtigung und führten die Regierung innerhalb und außerhalb des Landes als unvermögend vor. Zudem besänftigte die Fortsetzung des Kriegs die eigene, durch die Demokratisierung irritierte Armee, nicht nur weil ihr dadurch eine wichtige Einnahmequelle erhalten blieb; solange in Aceh gekämpft wurde, waren die Soldaten und Kommandanten vor Menschenrechtstribunalen sicher, wie sie nach dem Rückzug aus Ost-Timor eingerichtet worden sind. Aber auch die lokalen GAM-Kommandeure hatten wenig Interesse, den Konflikt zu beenden, der ihnen Macht

und Einkommen bescherte. Daß sich mit dem Ende Suhartos rasch zivile Institutionen herausbildeten und sich die kulturelle und religiöse Elite Acehs für einen politischen Prozeß aussprach, untergrub den Anspruch der GAM, als einzige Gruppe die Interessen der Acehnesen zu vertreten. Die friedlichen Massenproteste für ein Referendum, das von den Rebellen abgelehnt wurde, schwächte ihre Stellung nachhaltig. Daß sie daraufhin ihre Strategie forcierte, einzelne oder kleine Gruppen von Polizisten zu ermorden, sollte offenkundig die Polizei zu Gegengewalt provozieren, die sich wie immer gegen die unbeteiligte Zivilbevölkerung richtete und damit der GAM neuen Zulauf brachte.
Inzwischen dürfte die Unterstützung für die GAM so hoch sein wie vielleicht nie in ihrer Geschichte. Die neue Präsidentin Megawati Sukarnoputri, die den zwar integren, aber politisch unfähigen Abdurrahman Wahid ablöste, ist eine säkulare Nationalistin, die der orthodoxen Religiosität der Acehnesen viel ferner steht als ihr frommer Vorgänger. Weil das Militär sie bei dem Machtkampf mit Wahid unterstützte, ließ sie den Generälen im Gegenzug freie Hand in Aceh.
Das Wahnwitzige an dem Rückfall in die Politik der Stärke, in die Zeit der Diktatur, ist: Wie die meisten anderen siebenunddreißig Konflikte, die weltweit ausgetragen werden, wäre auch der Konflikt in Aceh lösbar. Der Nahe Osten mit seinen tiefreichenden historischen Verwerfungen und der Gemengelage äußerer Interessen und Einflüsse ist nicht überall. Die meisten Acehnesen würden eine politische Lösung, die ihnen weitreichende Autonomie, Rechtssicherheit und die Beteiligung an den eigenen natürlichen Ressourcen brächte, wohl noch immer akzeptieren; ohnehin hat es viele Jahre der Unterdrückung gedauert, bis sie so weit waren, sich von Indonesien lösen zu wollen. Ausländische Staaten sind glücklicherweise nicht direkt involviert, und die westlichen Öl- und Gaskonzerne, die den Krieg mitfinanzieren, könnten sich wohl auch mit einem Frieden arrangieren.

Selbst die Regierung in Jakarta, die nach der Asienkrise und dem politischen Umbruch Investoren ins Land zurücklokken möchte, verfolgt kein eigenes Interesse in Aceh. Aus machtpolitischen Erwägungen unternimmt sie nur nichts dagegen, daß dort andere Institutionen im Staat ihre Interessen rücksichtslos verfolgen. Der Krieg ist nicht unlösbar, aber solange ihn niemand ernsthaft lösen will, führen ihn diejenigen fort, die von ihm profitieren.

Daß eine demokratisch gewählte, liberal gesinnte und westlich orientierte Politikerin wie Megawati Sukarnoputri es zuläßt, daß die Menschenrechte in den Randprovinzen systematisch verletzt werden, läßt sich allein mit dem Hinweis auf die Macht des Militärs nicht erklären; immerhin könnte sich ihre Regierung wenigstens darum bemühen, die Generäle in die Schranken zu weisen, sie könnte wie ihr Vorgänger Wahid internationale Vermittler einschalten und die Friedensverhandlungen entschlossener vorantreiben. Dem zugrunde liegt auch eine Logik des *homo sacer*, die Giorgio Agamben und Slavoj Zizek in Erinnerung gerufen haben, um auf eine neue Entwicklung in der internationalen Politik aufmerksam zu machen. Im alten römischen Recht ist der *homo sacer* jemand, dessen Blut zu vergießen keine Strafe auf sich zieht, ähnlich wie die germanische Rechtsfigur des Vogelfreien. Übersetzt in die heutige Politik könnte man unter der Kategorie all diejenigen fassen, die aus dem Geltungsbereich der eigenen Rechtsnormen fallen. Das sind längst nicht nur die Palästinenser in den Besetzten Gebieten oder die *unlawful combatants*, als die Donald Rumsfeld die festgenommenen Taliban bezeichnet, um sie von «regulären Kriegsgefangenen» zu unterscheiden, sondern für Zizek auch die Empfänger humanitärer Hilfe etwa in Ruanda, Bosnien oder Afghanistan, die *Sans Papier* in Frankreich, die Bewohner der Favelas in Brasilien oder der schwarzen Ghettos in den Vereinigten Staaten. Als Bedürftiger kann der *homo sacer* also durchaus von der internationalen Humanität profitieren. Aber er bleibt ein Opfer: als bloßes Objekt der Weltpolitik kann der *homo sacer* unterstützt oder bestraft werden, aber innerhalb des Normensystems nicht autonom handeln. Daß sich die Normen verfestigt und globalisiert haben, daß die internationale Humanität inzwischen wie selbstverständlich in Form von Resolutionen, Interventionen und internationalen Hilfsaktionen realpolitisch handelt, steht der Entstehung eines neuen *homo sacer* nicht entgegen, sondern bedingt sie geradezu. Gerade weil humanitäre Normen in der internationalen Politik immer deutlicher betont, ja geradezu als Werbeträger der eigenen Interessenpolitik genutzt und in der Öffentlichkeit immer universeller verstanden werden, ist es notwendig geworden, Ausnahmen zu legitimieren. Wo das Recht ohnehin nur auf dem Papier existiert oder die Verletzung elementarer Menschenrechte duldet, muß niemand von seiner Anwendung ausgenommen werden. So erklärt sich, warum speziell seit dem 11. September die Logik des *homo sacer* nicht mehr nur stillschweigend angewendet, sondern als Doktrin ausdrücklich befürwortet wird. «Die Herausforderung für die postmoderne Welt besteht darin, daß wir uns an das Konzept des double standard gewöhnen müssen», schrieb der außenpolitische Berater des britischen Premierministers, Richard Cooper, am 7. April 2002 im *Observer*. «Unter uns handeln wir auf rechtsstaatlicher Basis und in offener Sicherheitspartnerschaft.» Aber jenseits der Insel der Seligen müsse man wieder zu den «rauheren Methoden früherer Zeiten greifen: Gewalt, Präventivattacken, Täuschung. Unter uns halten wir uns an die Gesetze, aber wenn wir im Dschungel operieren, müssen wir die Gesetze des Dschungels anwenden.»

Daß die Vereinigten Staaten öffentlich über die Einführung der Folter diskutieren, hätte man sich vor ein paar Jahren nicht vorstellen können. Der Vorschlag, Häftlinge in befreundete Diktaturen oder nach Israel zu transferieren, um sie dort foltern zu lassen, den Jonathan Alter am 5. November 2001 im *Newsweek* vorgebracht hat, bezeichnet die neue Logik der alten Realität genau: Seit Jahrzehnten bildet der CIA verbündete Geheimdienste in Südamerika und anderen Staaten der Dritten Welt auch in der Anwendung von Folter aus. Neu ist jedoch die Idee, eine beliebig definierbare Gruppe von Menschen aus dem Geltungsbereich des eigenen, sogar als universal deklarierten Rechts auszuschließen. Überträgt man diese globale Logik auf den indonesischen Staat, verwundert es nicht länger, daß auch oder gerade eine demokratisch gewählte, dem freien Markt verpflichtete Regierung zumal nach dem 11. September Zonen duldet, in denen die popagierten Normen und Werte keine Anwendung finden. Die Regierung Megawati ist kein finsteres Gewaltregime; spricht man mit ihren Vertretern und Beratern, hat man es mit liberalen, westlich orientierten Menschen zu tun. Doch haben sie von der internationalen Humanität nicht nur die Rhetorik der Freiheit, sondern auch die Logik des *homo sacer* übernommen.

In einer großangelegten Offensive, die mit dem bekannten Terror gegen die Zivilbevölkerung einherging, gelang es der Armee im Frühjahr 2002, die GAM in die Berge zurückzudrängen. Vertrieben hat sie aber nicht nur die Rebellen, sondern auch Cuh Bania, eine zahnlose, gebückte Greisin mit weiß loderndem Haar, die schon dadurch bestürzt, daß sie in Wirklichkeit nur sechsundfünfzig Jahre alt ist. Cuh Bania ist die älteste Bewohnerin eines Flüchtlingsheims, das die Regierung vor wenigen Monaten in der Stadthalle von Aceh eingerichtet hat. Das Gebäude wurde dem messingen Aushang nach am 23. Februar des Jahres 1993 eröffnet, sieht aber aus, als würde es seit mindestens dreißig Jahren verfallen. Verteilt auf dem weißen Kachelboden haben sich die Flüchtlinge auf je ein, zwei dünnen Decken eingerichtet; eine Privatsphäre existiert nicht, schon von sanitären

Bedingungen zu sprechen, würde die Lage beschönigen. Niemand in der weiten Halle spricht ein lautes Wort, niemand zeigt Emotionen. Apathie und Alltag haben sich zu einer seltsam stoischen Stimmung gepaart.

Die Frauen sind zu siebzig Prozent Witwen, die meisten von ihnen jung. Männer gibt es hier nur eine Handvoll. Die meisten Kinder stehen noch so unter Schock, daß sie sich nicht trauen, auf dem Platz vor der Stadthalle zu spielen, sagen die Mütter. Deren Geschichten ähneln sich: Die zweiunddreißig Jahre alte Roswita, die man eher als Cuh Bania für Mitte fünfzig halten würde, erzählt, wie Anfang des Jahres uniformierte Männer mit Motorradmasken in ihr Dorf Kalla Natan Subari einfielen und alle zwanzig Häuser niedergebrannt, zwanzig Männer ermordet hätten. Die überlebenden Männer, darunter ihr eigener Gatte, seien «irgendwohin gegangen», sagt Roswita, um nicht auszusprechen, daß sie sich der GAM angeschlossen haben. Weil die Verwandten aus den benachbarten Dörfern Angst gehabt hätten, die Erwachsenen aufzunehmen, seien sie mit vierzig Nachbarn nach Banda Aceh gekommen; nur eins ihrer sechs Kinder habe sie mitnehmen können, die übrigen habe sie auf die Verwandten verteilt. «Der gleiche Staat, der mein Haus niedergebrannt hat, hat mich nun aufgenommen», sagt sie trocken, als würde sie die neueste Errungenschaft der amerikanischen Militärdoktrin, gleichzeitig Bomben und Brot abzuwerfen, im Sinn haben. Ja, Haß empfinde sie, aber wichtiger als Rache sei es ihr, in ihr Dorf zurückkehren zu können, zu ihren Kindern, um ihr Haus wiederaufzubauen, um wieder leben zu können, einfach nur leben. Sie seien Bauern, beteuert Roswita mit beinah tonloser Stimme, sie hätten weder mit der GAM noch mit dem Militär etwas zu tun. Sie wollten einfach nur leben.

«Wenn die GAM und die Armee Krieg führen wollen, sollen sie uns doch wenigstens nicht mehr hineinziehen», pflichtet ein junger Mann in Schirmmütze bei, dem sie beim Verhör zum Glück nur die Zähne eingeschlagen haben. Vielen seiner Freunde seien die Ohren abgeschnitten worden; bei anderen habe er nur die Leiche vorgefunden, den abgeschnittenen Penis in den Mund gesteckt. Photos werden gezeigt von verkohlten oder verstümmelten Leichen, das ist mein Bruder, der rechts da ist mein Mann. «Ich trage das Bild immer bei mir, damit alle es erfahren, was uns geschehen ist», sagt eine junge Frau mit rotem Kopftuch, zweiundzwanzig Jahre jung. Ihren Mann und vier weitere Verwandte hätten sie am 27. März dieses Jahres vor ihren Augen bei lebendigem Leib verbrannt. «Bitte benachrichtigen Sie die UNO», beschwört sie den Berichterstatter. Da fällt ihr Cuh Bania ins Wort, die bislang abseits gestanden hatte: «Ja, bitte löst das Problem von Aceh», wirft sie flehend ein, um dann ihre Geschichte anzudeuten. Von ihrem Dorf ist nichts mehr übrig, ihren Mann hat sie nicht mehr gesehen, seit ihn die Uniformierten mitgenommen haben, ihre drei Söhne wurden umgebracht, ihre drei Töchter hat sie verloren, von ihren Enkeln hat sie keine Spur. Durch eine Kette von Zufällen hat es sie in die Stadthalle von Banda Aceh verschlagen, wo sie die älteste ist und die einzige, die weint. Und nun spricht diese sechsundfünfzigjährige Greisin aus einem sumatrischen Bergdorf, die anders als die übrigen Flüchtlinge nicht einmal Indonesisch, sondern nur Acehnesisch spricht, die sich in der Stadt, unter all den jungen Frauen aus fremden Dörfern verlassen fühlen muß wie jemals ein Mensch, nun spricht Cuh Bania von den Vereinten Nationen wie von der einzig verbliebenen Hoffnung ihres alten Lebens. Kein Festredner dürfte je ein bewegenderes Plädoyer für die internationale Humanität gehalten haben.

Wahrscheinlich hat sie den Begriff bei einer ihrer Mitbewohnerinnen aufgeschnappt oder beim Besuch von einer der vielen privaten Initiativen, die in Banda Aceh zwischen den Fronten der beiden Kriegsparteien das Feld der Politik beackern, eine Arbeit wie auf einem Steinboden. Fast alle Vertreter der verschiedenen NGOs, die der Besucher trifft, sind jung, selten über dreißig Jahre alt; viele von ihnen haben selbst Mißhandlungen erlebt oder verstehen sich explizit als Organisationen zur Selbsthilfe. Um Frauen, um Rechtsschutz, um die Betreuung von Opfern kümmern sie sich, finanziert von Mitgliedsbeiträgen, von religiösen Stiftungen und zum Teil von ausländischen Stiftungen. Sie sprechen von Menschenrechten, von Rechtsstaatlichkeit, von zivilem Widerstand, von Demokratie, sogar von Umweltschutz, als seien sie Mitglieder eines grünen Kreisverbandes Ende der siebziger Jahre. Vor einigen Monaten haben sich die verschiedenen Organisationen als «Aceh Civil Society Taskforce» zu einem Dachverband zusammengeschlossen, geleitet von einem örtlichen Theologen. So wollen sie Druck auf die Friedensverhandlungen in Genf ausüben, die die indonesische Regierung und die GAM vor kurzem lustlos wieder aufgenommen haben. Gewiß wünschen sie sich eine größere Autonomie für Aceh oder gar die Unabhängigkeit; wichtiger noch ist ihnen jedoch, daß endlich der Krieg aufhört und die Mißhandlungen des Militärs, daß endlich Rechtsstaatlichkeit herrscht und ein Alltag, der nicht von Gewalt durchzogen ist. Zu den vielen jungen Leute in Banda Aceh, die nichts mehr von großen Lösungen und radikalen Entwürfen hören wollen, gehört auch die Gruppe der tiefverschleierten Studentinnen, die sich zum Happening auf der Kreuzung versammelt haben.

Die islamische Welt, so heißt es seit dem 11. September immer wieder, stehe dem Westen zunehmend feindlich gegenüber, und daß der Graben tiefer geworden ist, läßt sich ernsthaft kaum bestreiten. Warum hassen sie uns bloß? wird auf Titelseiten scheinbar hilflos gefragt, um sogleich auf die grundlegend andersartigen Werte von Muslimen zu verweisen. Der sanftmütige Experte verlangt, Verständnis für die Andersartigkeit aufzubringen, während der kulturelle Kraftprotz auf die Überlegenheit des eigenen Wertesystems pocht. Beide übersehen, daß viele Muslime sich über den Westen und speziell die Vereinigten Staaten nicht etwa deshalb erregen, weil sie von deren Werten nichts wissen wollen, sondern weil sie den Glauben längst verloren haben, daß der Westen es ihnen gegenüber ernst meint mit seinen Werten. Der Unmut gründet gerade nicht in einem Gefühl der Überlegenheit, sondern in einer tief empfundenen Zurückweisung, die immer häufiger ins Ressentiment umschlägt. Das nächstliegende Beispiel hierfür ist die Türkei, die allmählich nicht mehr buhlen mag, zu Europa gehören zu dürfen. Das Wort von den «doppelten Standards», das allgegenwärtig ist, wo in muslimischen Gesellschaften über den Westen gesprochen oder geschrieben wird, ist ein präziser Ausdruck dieser Enttäuschung, insofern er gerade jene Universalität der grundlegenden humanitären Werte einfordert, auf die multikulturelle Optimisten hierzulande gern verzichten. Mit dem Islam und ob er tolerant ist oder den Werten der Aufklärung entgegensteht, hat das wenig zu tun, vielmehr damit, daß nach dem Ende der großen Ideologien, dem wirtschaftlichen Niedergang in beinah allen Ländern außerhalb der westlichen Hemisphäre und der Häufung und neuen Grausamkeit bewaffneter Konflikte der Mehrheit der Menschen – nicht nur den Muslimen – kaum mehr als die Sehnsucht geblieben ist, ein einigermaßen friedliches und selbstbestimmtes Leben zu führen. Es ist keineswegs so, daß die meisten Iraner, Indonesier, Türken oder Libanesen danach streben, mit möglichst willkürlichen Rechtssystemen, in undemokratischen Verhältnissen und ohne sozialen Ausgleich zu leben, im Gegenteil; in vielen dieser Länder existieren breite Bewegungen, die sich für Rechtsstaatlichkeit, Demokratie, soziale Gerechtigkeit einsetzen. Natürlich sind die Verhältnisse in diesen Ländern trotz unübersehbarer Fortschritte noch weit von westlichen Standards entfernt, aber die Menschen sind darüber nicht froh, sondern bestürzt oder resigniert, und sie werfen dem Westen nicht seine Werte vor, sondern daß er sie verrät, wenn er Diktaturen, korrupte Regime oder den Terror einer Staatsgewalt deckt. Gewiß geht die Sympathie für Osama bin Laden, die Taliban oder Saddam Hussein über einige extremistische Kreise in der islamischen Welt hinaus, aber die Frage, die einem zwischen Rabat und Jakarta weit häufiger und viel verzweifelter begegnet, lautet, warum der Westen diese politischen Monster so viele Jahre unterstützt hat. Wenn die verschleierten Studentinnen, der fromme Menschenrechtsminister und sogar die junge Greisin Cuh Bania die Weltöffentlichkeit aufrütteln wollen, dann appellieren sie implizit an einen Mythos globaler Werte, an den man im Westen um so weniger glaubt, je hölzerner die Predigten der Staatsmänner und Leitartikler ausfallen.

Zwei Fernsehkameras und ein kleiner Pulk von Männern tauchen an der einen Ecke der Kreuzung im Schlepptau eines jungen Mädchens auf, weiß Gott, woher es die Journalisten aufgetrieben hat. Ihre Kommilitoninnen lächeln verschmitzt, als sie die Kameras bemerken, und heben ihre Plakate noch ein Stückchen höher. Wahrscheinlich ist es nur das Lokalfernsehen. Vielleicht schafft es ein Bild in die nationale Nachrichtensendung. Wenn ein Wunder geschieht, geht es von dort um die Welt.

5 Israel und Palästina
Winter 2001/2002

Ein palästinensischer Jugendlicher in Gaza-Stadt wird von einem israelischen Soldaten abgeführt. Daß Juden einen Ort gefunden haben, an dem sie keine verfolgte oder allenfalls geduldete Minderheit sind, das ist eigentlich so unglaublich, so utopisch und gerecht, wie man es der Geschichte niemals zutrauen würde. Und man hat recht, der Geschichte zu mißtrauen, denn in einem Akt allerbösester Perfidie hat sie die erfüllte Verheißung des einen an das Golgatha des anderen Volkes gekettet. – Foto: Kai Wiedenhöfer/Lookat

Das doppelte Lachen Ein glucksendes und ein polterndes Lachen bringen mich in den Nahen Osten. Einen Nachmittag zuvor war ich in Tel Aviv angekommen. Nach Jerusalem brachte mich ein Russe, der ständig betonte, kein Usbeke zu sein. Was für ein grünes Land! war das erste, worüber ich staunte, ohne zu vergessen, daß das Grün von Menschen mühsam gemacht ist, von den staunenswerten Eltern derer, die das Land bevölkern. Während im Radio Neil Youngs *Heart of Gold* die muslimische Sehnucht nach dem Felsendom zu besingen schien, hieß es an einer Abfahrt *No Turn to Jerusalem*, als seien hier selbst die Autobahnschilder geweiht. Abends saß ich mit dem Indologen David Shulman im Café und aß Salat mit Putenbrust. Die hellen Gesichter und Haare der Gäste, die Gesten der Kellnerin, die weißen Baststühle, die Pasta des Tages, mein schnauzbärtiger Freund aus Iowa – wir hätten in Frankfurt oder in Brüssel sein können, ungewöhnlich nur die Konzentration schöner Frauen und daß der Name meines Freundes hier wie mein eigener klingt, mit der Betonung auf der letzten Silbe.

Heute morgen fuhr ich im leeren Bus nach Haifa (Vom *Busfahrer, der Gott sein wollte* handelt eine Erzählung Edgar Kerets, aber die Leute fürchten sich hier vor *Fahrgästen*, die sich zum Gott erheben), trank mittags Caffè latte an einem Strand, der in Italien hätte liegen können, wenn nicht der Schlager in Hebräisch gesungen wäre. Von dort nahm ich den Zug nach Akko, das für seine historische, sprich: original arabische Altstadt bekannt ist. Um den Bahnhof herum fand ich es erstaunlich schmuddelig, aber solche Ecken findet man auch in Frankfurt oder Italien,

dachte ich, es gibt sie überall in Europa. Auf dem Weg zur Altstadt nahm ich wahr, wie die Schilder und Geräusche allmählich arabisch wurden, ohne daraus Schlüsse zu ziehen. Eine breite Brücke führt über den mittelalterlichen Festungsgraben, dann ist man schon unversehens im engen Suq. Ich sah die Gewürzsäcke, das angenehm träge Licht der Dachritzen und Tunnel, die Wände aus preiswerten Damenschuhen im Schaufenster, die Stoiker vor ihren Läden, die erste Wasserpfeife, aber ich begriff noch immer nichts, bis ich in die weit geöffneten Augen eines vierjährigen Mädchens blickte.
Den Strom der Passanten teilend, stand es breitbeinig vor mir, an die Knie seines Vaters oder Onkels gelehnt, eines stämmigen, ja feisten Mannes von vielleicht vierzig, fünfundvierzig Jahren. Er hob das Mädchen in die Höhe und weiter hinter die Schulter und wieder nach vorne, schmiß es in die Luft, um es sicher aufzufangen, ahmte breitarmig ein Riesenrad nach, von dem aus das Mädchen souverän die Köpfe und Kopftücher der Händler und Kunden überblickte. Und beide lachen, lachen sich mitten im Basar schlapp, ihre Bauchmuskeln müssen wehtun, so sehr lachen das Mädchen und der feiste, unrasierte Vater oder Onkel mit der ledernen Fliegerjacke und der zu weiten schwarzen Hose, glucksend das eine, polternd der andere, eine Minute geht das, zwei, während ich mich erinnere, das doppelte Lachen zu kennen, das glucksende eines Kindes und das polternde des Mannes, das die ausgestellte, etwas schmuddelige Männlichkeit des Orients, die er allen Gesten und Bewegungen nach verkörpert, für Augenblicke in Luft auflöst. Ich kenne es aus Beirut, aus Damaskus und vor allem aus Kairo, wo wir mit unserer Tochter gelebt haben. Aus Isfahan kenne ich es nicht, dort sind die Männer viel zu steif. Arabische Männer dagegen haben diese spezifische Form der festen, zupackenden, lauthals lachenden Zärtlichkeit, wenn sie mit Kindern spielen (und sie können kaum

anders, als mit ihnen zu spielen, sobald sie ihnen begegnen), und die Kinder lieben das, ich kenne es von meiner Tochter, sie lachen sich schlapp, sie wollen niemals aufhören, mag es ihnen noch so schwindeln.

Es ist beides zusammen, das gleichzeitige Glucksen und Poltern, das ich in Kairo gehört habe und in Beirut und Damaskus. Schlagartig geht mir auf, daß ich im Nahen Osten bin, an einem arabischen Ort. Bestimmt will ich nicht nahelegen, daß Araber die einzigen sind, die Kinder liebhaben, aber etwas ist an ihrer clownesk-burschikosen Zärtlichkeit, das ich nur von ihnen kenne, vielleicht weil diese Zärtlichkeit ein Bild der Männlichkeit voraussetzt, das dann aufgehoben, in der Luft herumgewirbelt wird wie das Kind in stämmigen Armen, dabei wage ich es kaum zu denken, weil es auf mich selbst billig romantisierend, geradezu orientalistisch wirkt. Schon von «den» Arabern zu sprechen, kratzt mein Bewußtwein, doch verbinde ich nun einmal diesen abenteuerlich selbstbewußten, albern männlichen Umgang mit Kindern dank meiner Tochter so direkt mit arabischen Ländern, daß das doppelte Lachen auf mich wie ein Ortsschild wirkt.

Am nächsten Abend werde ich mit David und dem Historiker Gadi Algazi in einer Pizzeria von Tel Aviv sitzen, werde vom zweistimmigen Lachen so relativierend erzählen, daß sie nicht denken, ich wolle das Arabische gegenüber meinen israelischen Freunden verklären, schließlich bin ich Gast und schimpfe schon genug auf die Politik ihres Staates (freilich nicht so viel wie sie selbst, aber das ist etwas anderes, handelt es sich doch um ihr eigenes Land). Gadi, ein gutaussehender junger Mann mit großen schwarzen Locken, der vor Jahren als Kriegsdienstverweigerer berühmt wurde, befreit mich von meiner Sorge, anmaßend zu sein, indem er ausruft, er wisse genau, wovon ich spreche, ich habe recht, diese spezifische Zärtlichkeit der Männer gegenüber Kindern habe er selbst als Kind oft erlebt, und ich habe auch recht, daß es Ausländern, Westlern schwer zu erklären sei, worauf er instinktiv seinen Landsmann David anschaut, der mit forschendem Blick zugehört hat. Klar kennst du es, entgegne ich ihm, bist als Sohn eines Alexandriners schließlich ein halber Araber, was ich eigentlich nicht sagen darf, denn Juden sind keine Araber, mögen sie oder ihre Vorfahren arabisch geredet, gedichtet, sich als Araber empfunden haben, mögen jüdische Intellektuelle noch bis in die dreißiger, vierziger Jahre des vergangenen Jahrhunderts den arabischen Nationalismus verfochten haben, mögen sie Said oder Ahmad geheißen haben, bevor Israel ihnen einen hebräischen Namen in den Paß schrieb, Juden sind allenfalls – angesichts des virulenten innerisraelischen Rassismus würde Gadi wohl böse sagen: schlimmstenfalls – orientalische, niemals arabische Juden, wie ich während meiner Reise schnell lerne, weil mir der Fehler ständig unterläuft, als ob meine Zunge mir einen Streich spielen wollte: Wann immer ich von orientalischen Juden sprechen will, nenne ich sie aus Versehen arabische Juden, denn sie haben nun einmal die gleichen Gesichtszüge, die gleichen Farben, und ihr Hebräisch klingt anders als das von David und die Durchsagen im Flughafen, es klingt nicht wie eine slawische oder baltische Sprache, sondern ganz ähnlich wie das Arabische, es hat die Kehllaute und emphatischen Vokale, es hat das ganze Arsenal der Gutturale. Sie sind doch nun einmal Araber, flüstert mir mein naives Bewußtsein immer wieder ein, so wie die iranischen Juden iranische Juden sind (die wenigstens haben kein Problem damit), so wie eine Rose eine Rose eine Rose ist. Daß ein arabischer Jude kein arabischer Jude ist, allein darin steckt schon eine der historischen Tragödien des Nahen Ostens, denn so wie das Judentum heute seine tiefe Verwurzelung im arabischen Kulturraum negiert, indem es etwa die großartige jüdisch-arabische Tradition von Dichtern oder Philosophen aus ihrem kulturellen und sprachlichen

Kontext herausschneidet, um sie einer national-jüdischen Geschichte einzuverleiben, so verdrängt die arabische Welt, daß sie eben keineswegs bloß durch den Islam geprägt ist, sondern ihre kulturelle Blüte gerade auch ihren jüdischen (und christlichen) Wurzeln und Zweigen verdankt. Vielleicht wird der Frieden wirklich erst dann herrschen, wenn Israel sich nicht mehr wie ein westlich-koloniales Implantat in der arabischen Welt verhält und umgehrt der Nahe Osten sich «israelisiert», wenn also die arabische Welt eine jüdische Existenz in der Region nicht nur aus Einsicht in die eigene Schwäche hinnimmt, sondern sie ein für allemal bejaht. Vielleicht bedeutet Frieden zwischen Juden und Arabern, daß der Nahe Osten nicht erst hinter den Stadtmauern von Akko beginnt.

Zwar gehört Gadi zu den Sephardim der zweiten Generation, von denen viele den meist subtilen, unmittelbar nach der Staatsgründung häufig genug brutalen Zwang zur Assimilation an das staatstragende europäische Judentum, zur systematischen Vernichtung ihrer kulturellen und sprachlichen Wurzeln kritisch reflektieren, aber erst jetzt fällt ihm und mir auf, daß nicht nur das Erbe der Dichtung, der Philosophie und der Musik, sondern sogar das doppelte Lachen den Muslimen und Juden dieses Bodens gemeinsam ist.

Frontwechsel in Akko Es ist kein richtiger Platz, eher eine groß geratene Kreuzung vieler Gassen in der Altstadt von Akko. Ein stämmiger Kurzer mit Goldkette und Heckklappenfrisur, der früher einmal Regisseur der lokalen Fußballmannschaft gewesen sein muß, wartet hinter seinem Döner-Stand vergeblich auf Kunden. Zwei alte Männer haben sich gegenüber vor ihre Häuser gesetzt, um sich zu unterhalten, ohne das tröpfelnde Leben in Akko aus den Augen zu verlieren. Ein weißer, sorgsam geputzter japanischer Mittelklassewagen fährt mit dröhnender ägyptischer Popmusik vor. Die zwei jungen, athletischen Männer, die aussteigen, setzen sich zu ihren Freunden ins Teehaus, ohne daß sich nach der Begrüßung ein Gespräch entspönne. Im Augenblick bin ich der einzige Passant, den es zu beobachten gilt. Ich freue mich, endlich das erste Konzert aus Wasserpfeifen in Israel zu hören, und bleibe stehen. Ich weiß, daß ich mich mit dem fragenden Blick und dem kleinen Rucksack als Fremder ausweise, obgleich ich nicht westlich aussehe; vielleicht, daß sie mich für einen israelischen Touristen halten. Der Exfußballer, die beiden alten und die übrigen jungen Männer schauen mich reglos an, nicht unfreundlich, vielmehr gleichmütig und distanziert, wie Tiere im Käfig einen Besucher anschauen, geht es mir durch den Kopf. Ich beschließe, eine Wasserpfeife zu rauchen, und gehe auf die Freunde zu. An ihrem Blinzeln merke ich, daß ich sie überrasche. Dies ist kein pittoreskes Teehaus, keines mit orientalischen Kacheln und Miniaturen, es hat nur zwei kahle Zimmer mit ein paar Plastikstühlen darinnen und davor. Schon vor der Intifada dürfte es wenige Ausländer gegeben haben, die hier Rast einlegten; jetzt scheint die Grenze, die zwischen den Einheimischen und den wenigen Touristen verläuft, die noch durch Akko streunen, zu einer Mauer geworden zu sein so breit wie der Wall um die Altstadt. Man wechselt nicht die Seiten.

Draußen, in den neuen Stadtvierteln von Akko, in Tel Aviv oder im Westteil Jerusalems, da erinnert kaum etwas daran, daß dies einmal ein arabisches Land war und die israelische Bevölkerung noch zu einem Drittel palästinensisch ist. Gerade an der Küste existieren viele der arabischen Dörfer gar nicht mehr, die man auf alten Landkarten findet, sie wurden der Erinnerung der Vertriebenen anheimgegeben, damit die jüdischen Siedlungen, die an ihrer Stelle oder in ihrer Nähe errichtet wurden, sich mit den Trümmern der

Vergangenheit gar nicht erst herumplagen. Natürlich, viele Taxifahrer in Israel sind Palästinenser, es gibt Handwerker, Händler und eine winzige israelisch-arabische Mittelschicht, es gibt einzelne Frauen mit Kopftuch, die wie selbstverständlich durch die Straßen laufen. Aber sie sind nicht Teil der israelischen Gesellschaft; kein Werbeplakat, kein Straßenname, keine politische Parole wendet sich dort an sie. Als gesellschaftliche Gruppe sind sie beinah unsichtbar. Wo vorhanden, wirken ihre Zeichen, ihre Sprache, die Manifestationen ihres Gedächtnisses wie etwas Ausländisches. Nicht bloß wegen ihrer minderen Rechte sind sie Fremde, sondern weil sie im öffentlichen Bewußtsein – wenn überhaupt – nur als abstrakte, äußere Gefahr auftauchen. In der Altstadt Akkos hingegen tragen alle Wände die Bilder von zerstörten palästinensischen Häusern, von weinenden Frauen und ermordeten Kindern. Wer als israelischer oder westlicher Reisender durch die Gassen läuft, wird auf Schritt und Tritt daran erinnert, an einem fremden Ort zu sein, einem Ort, dessen Menschen anders sprechen, anders sich erinnern, anders die Gegenwart wahrnehmen als außerhalb des Walls.

Beinah physisch spüre ich, wie ich die Fronten wechsle, während ich zum Teehaus gehe und mich setze. Ich spüre, wie ich von den übrigen Gästen und dem Kellner beargwöhnt werde, mehr überrascht als unfreundlich, ängstlich eher als feindselig. Habe ich sie zuvor schon irritiert, wissen sie mich nun überhaupt nicht mehr einzuordnen. Konnte ich dem Aussehen nach sowohl zu ihnen wie zu den anderen, den Fremden, den Westlern oder Israelis gehören, schienen Blick und Rucksack doch bisher letzteres nahezulegen. Aber nun setze ich mich zu ihnen und verlange auf Arabisch nach Tee und Wasserpfeife, wenngleich mit einem komischen Akzent. Wenn wir in Kairo wären, wo die Leute im Teehaus um die Wette palavern, Witze reißen oder unter größtmöglichem Getöse die Spielkarten auf den Tisch pfeffern, würden alle Geräusche jetzt verebben, aber da ich in Akko, in einem der wenigen noch arabisch besiedelten Küstenorte Israels bin und sich in diesen Tagen auch noch die politische und ökonomische Depression auf die Gemüter setzt, die in Palästina ohnehin bedächtiger als in Ägypten sind, gibt es fast kein Gespräch, das verstummen könnte. Aber die Stille ist von gleichem Knistern.

Als der Kellner mir den Tee bringt, sagt er nichts. Als er mir die Wasserpfeife bringt, fragt er endlich, woher ich bin. Meine Antwort quittiert er mit der Andeutung eines Nikkens. Kurz darauf heben die Männer aufs Neue zu ihrer Unterhaltung an, die kaum den Namen verdient. Ohne es an einem Zeichen festmachen zu können, bin ich auf der anderen Seite angekommen. Niemand spricht mich an, niemand lächelt, niemand lädt mich zum zweiten Tee ein, wie ich es in Teehäusern anderer arabischer Länder beinahe erwarten würde. Dennoch löst sich die Spannung im Gleichmut auf. Was sollen sie mir noch länger Beachtung schenken, wenn sie sich selbst kaum beachten. Mit jedem Blubbern meiner Wasserpfeife sinke ich ein Stück tiefer in ihre Gegenwart, die von Vergangenheit ausgefüllt ist. Ich sehe ein Kind auf dem neumodischen Roller heranflitzen, als gehörte es zu meiner Sippschaft. Ich deute den beiden jungen Männern ein Nicken an, bevor sie unter dröhnender ägyptischer Popmusik davondüsen. Es scheint mir, als wüßte ich, in welches Haus der Schreiner und sein Geselle den neuen Schrank tragen. Obwohl sie ebenfalls nichts sprechen, erkenne ich sofort, daß die vier Westler, die aus einer Gasse auftauchen, um langsamen, sprungbereiten Schrittes in die gegenüberliegende zu verschwinden, Israelis sind, ein älteres, ein jüngeres Paar, wahrscheinlich Verwandte. Im Vorbeilaufen mustern sie uns ängstlich. Wir schauen sie an, wie Tiere im Zoo die Besucher anschauen. Vielleicht wünschen sie sich insgeheim, daß wir an Ketten lägen, damit wir sie nicht anfallen. Dabei sind hier doch nicht die Besetzten Gebiete. Wenn sie wüßten, wie träge wir in fünfzig Jahren geworden sind, wenn sie die Wirkung der Wasserpfeife kennen würden. Die hier sind, haben sich längst im Homeland eingerichtet, in dem es anders als in Ramallah oder Hebron wenigstens ein paar Jobs und keine Checkpoints gibt, in dem ab und zu die Müllabfuhr vorbeikommt und die Wasserleitungen funktionieren. Obwohl die Touristen nicht aussehen, als würden sie die Politik ihres Ministerpräsidenten gutheißen, ihren Besuch in Akko vielleicht sogar als Geste der Solidarität verstehen, will ich sie hier nicht haben und weiß zugleich, daß die Menschen hier darunter leiden, daß die Touristen ausbleiben. Ich erschrecke heftig darüber, wie sich die vier Menschen, die mir an anderen Orten nicht unsympathisch erschienen wären, in Vertreter eines Kollektivs verwandeln, in Repräsentanten einer abstrakten, äußeren Gefahr.

Frage einer jungen Siedlerin

Warum wollen sie uns töten? übersetzt mir Eliyahu die Frage der Tochter an den jordanischen Studenten. Wir stehen im Wohnzimmer des Rabbi Menachim Forman, eines bemerkenswerten Mannes. Dem polnischen Konzentrationslager entkommen, lebt er mit Frau und zehn Kindern seit beinah drei Jahrzehnten in Tqoa, einer jüdischen Siedlung auf einem kargen Hügel mitten im Westjordanland. Vor einigen Jahren hatten die Gutwilligen zaghaft begonnen, sich mit den Palästinensern zu treffen, die ihr Dorf seit jeher auf dem Hügel gegenüber haben; die Kinder hatten manchmal miteinander gespielt. Aber seit dem Scheitern der Friedensverhandlungen weiß man wieder: Drüben, kaum zweihundert Meter Luftlinie entfernt, das ist der Feind, gleich von welchem der beiden Hügel man schaut.

Die einzige Straße nach Tqoa führt durch ein Geisterland, in dem man nie weiß, ob es gerade gefährlicher ist, mit palästinensischem oder israelischem Nummernschild zu fahren. Gewehre und Steine haben beide, Araber und Siedler. Rabbi Menachim Forman ist überzeugter Siedler und radikaler Zionist in dem Sinne, daß er die Pflicht, die Westbank, ja diesen besonderen Hügel jüdisch zu besiedeln, unmittelbar aus der Bibel ableitet. Juden sei es aufgetragen, Wächter ihres heiligen Landes, jedes einzelnen Ortes zu sein, den die Bibel als Stätte des Volkes Israel erwähnt. Das biblische Tekoa beheimate einen der Helden Davids, wie das Buch Samuel lehrt, und wird außerdem als der Geburtsort des Propheten Amos angegeben. Nach der Rückkehr aus dem babylonischen Exil beteiligten sich die Bewohner von Tekoa am Bau der Stadtmauer von Jerusalem, heißt es bei Nehemia.
Das Leben in Tqoa sei reich an Entbehrungen, an Strapazen und täglichen Gefahren, meint Rabbi Forman, und wer ein paar Stunden in Tqoa verbracht hat, glaubt es ihm aufs Wort. Kinder scheinen sie hier alle im Dutzend zu haben, aber keines davon sieht man auf den breiten, zugigen Straßen spielen, niemand geht spazieren oder vergnügt sich in einem Café. Arbeit, Lernen und Gebete bestimmen den von Soldaten streng geschützten Alltag. Wieviel bequemer könnten sie es haben, würden sie in Jerusalem wohnen oder gar in Europa oder Amerika, sagt der Rabbi mit einem entschuldigenden Lächeln, aber sie nähmen ihren Glauben nun einmal ernst. Kein Problem, sage ich, solange sein Glaube nicht andere vertreibe oder unter jüdische Herrschaft zwinge. Das eben sei das Mißverständnis, entgegnet der Rabbi: Die Bibel, wie er sie liest, verlangt von ihm, in Tqoa zu leben, aber den Staat Israel, den verlangt sie nicht. Deshalb ist Rabbi Forman ein prominenter Friedensaktivist und sucht den Dialog mit den arabischen und muslimischen Führern, auch mit Scheich Yassin, dem spiritus

rector der Hamas-Bewegung. Der amerikanische Botschafter habe ihm gesagt, daß der Computer des CIA ihn gleichzeitig als jüdischen Siedler wie auch als Unterstützer einer radikal-islamistischen Organisation führe; daß darin ein Widerspruch liegen könnte, sei dem Computer offenbar noch nicht aufgefallen, grinst der Rabbi. Für ihn selbst ist die jüdische Besiedlung der Westbank mit den Kontakten zu den Palästinensern vereinbar, weil Israel für ihn eine religiöse, nicht eine staatliche Idee ist.

Welten trennen ihn von den säkularen Friedensanhängern in Israel, aber auch seinen zionistischen Nachbarn in Tqoa ist der Rabbi nicht geheuer; wollen diese das Westjordanland offiziell annektieren, haben jene nichts dagegen, es abzustoßen wie einen faulen Fisch. Die Zweistaatenlösung, die in den Friedensverhandlungen angestrebt worden ist, erscheint Rabbi Forman wie ein Albtraum, denn sie brächte wohl die Räumung der jüdischen Siedlungen in der Westbank mit sich. Da er einen jüdischen Staat ablehnt und einen islamischen Staat fürchtet, propagiert er unverdrossen die Utopie einer einzigen, nicht religiös definierten Nation westlich des Jordans, die den Gläubigen aller drei abrahamitischen Religionen eine Heimstatt bietet. Auf Resonanz trifft er damit in diesen Tagen am ehesten noch bei einigen muslimischen Theologen, mit denen Rabbi Forman auch der Erscheinung, dem langen weißen Bart und dem spitzbübischen Lächeln nach mehr verbindet als mit den Intellektuellen von Tel Aviv und Ramallah.

Ich habe Rabbi Forman in Tqoa besucht. In seiner kargen Wohnküche hat er aus der Bibel zitiert und von der Anfeindung und dem Respekt gesprochen, die er in seiner eigenen Gemeinde erfährt. Über seine Gespräche mit muslimischen Gelehrten haben wir uns unterhalten, über die Frage, ob der Islam ein Staatsmodell lehre und über die schiitische Ultraorthodoxie, die ähnlich ihrem jüdischen Pendant jede religiös sanktionierte Herrschaft für illegitim hält, solange sie nicht vom Messias selbst ausgeht. Außer seiner Frau, deren deutsche Gesichtszüge meist in einem warmherzigen Lächeln aufgehen, waren noch zwei weitere Besucher dabei: Eliyahu McLean, ein junger orthodoxer Jude aus den Vereinigten Staaten, der sich in der kleinen religiösen Friedensbewegung Israels engagiert, sowie der jordanische Student, der eine Doktorarbeit im Fach Judaistik verfaßt. Gegen mittag setzen sich außerdem zwei der fünf Töchter des Hauses, die aus der Schule zurückgekehrt sind, zu uns. Als wir aufbrechen wollen, schüttelt die größere der beiden, ein blondes, waches Mädchen von vielleicht sechzehn, vielleicht achtzehn Jahren, heftig den Kopf. Sie verstehe das alles nicht, ruft sie auf Hebräisch und meint damit nicht, daß sie kein Englisch beherrscht. Sie verstehe nicht, daß wir hier so hübsche Visionen entwickeln könnten, während draußen die Hölle los sei, übersetzt Eliyahu ihre aufbrausenden Worte. Warum wollen sie uns töten?

Schon an der Haustür angekommen, entzündet sich ein Gespräch zwischen ihr und dem jordanischen Studenten, der Verständnis wecken möchte für die Wut der Palästinenser. Doch wütend ist auch das junge Mädchen, das niemandem etwas zuleide tun, sondern einfach nur friedlich leben, gelegentlich ein bißchen Spaß habe möchte, ohne die Angst vor Heckenschützen, ohne den Haß, von dem sie sich umgeben sieht. Derweil deutet Rabbi Forman durch Mimik und leise Bemerkungen an, daß er sich für den unerwarteten Einwurf seiner Tochter entschuldigt, ihre selbstbewußte, unmittelbare Emotionalität ihn aber zugleich freut.

Vor der Tür versucht Eliyahu, Verständnis für die Tochter zu wecken, nicht viel anders, als es zuvor der jordanische Student für die Palästinenser getan hat. Sie ist in Tqoa geboren, sie hat nie anderswo gelebt. In einer feindseligen, gewalttätigen Umgebung ist sie großgeworden, dabei hat sie von klein auf gelernt, daß sie es waren, die auf aller Welt verfolgten Juden, die auf der Suche nach einem Stück siche-

rer Erde ein brachliegendes Land fruchtbar gemacht, eine Wildnis zivilisiert haben. In friedlicher Absicht seien sie gekommen, doch in mehreren Kriegen und unzähligen Attentaten von den Arabern angegriffen worden, die keinen Kompromiß akzeptiert und es bis heute nicht aufgegeben hätten, sie zurück aufs Meer treiben zu wollen. Gewiß hätten die Juden sich gewehrt, aber niemanden vertrieben. Jene Araber, die ihre Häuser und Dörfer verlassen haben, seien dem Ruf ihrer Führer gefolgt, die allein darauf spekuliert hätten, zunächst die eigenen Kräfte zu sammeln, um dann um so stärker loszuschlagen. Das ist – in groben Zügen – die Geschichte, die das Mädchen in der Schule gelernt hat und durch ihre täglichen Erfahrungen bestätigt zu werden scheint. Jeder neue Terroranschlag der Palästinenser, jede Minute der Angst, die sie auf der Busfahrt nach Jerusalem durchlebt, bestätigt sie in der Auffassung, daß mit den Arabern kein Frieden zu machen ist.
Tatsächlich existieren Rundfunkaufnahmen arabischer Führer aus dem Jahr 1948, die zum Rückzug aufrufen. Tatsächlich kündigen radikale Palästinenser immer noch täglich an, die Juden ins Meer zu treiben. Aber darum geht es nicht. Eliyahu braucht kein Verständnis für das junge Mädchen zu wecken; ein Blick in ihre zornig leuchtenden und doch liebevollen Augen lehrt, daß ihr Herz mindestens so rein ist wie das vieler palästinensischer Jugendlicher, die Steine auf israelische Panzer werfen. Es geht nicht darum, daß die Geschichte des Mädchens nicht stimmt, daß Palästina kein Brachland war, daß Hunderttausende Palästinenser systematisch vertrieben, massakriert, entrechtet worden sind. Es geht darum, daß das Mädchen nicht lügt, so viele Fehler ihre Geschichte enthalten mag. Es geht darum, daß es auf diesem Hügel zur Welt gekommen ist und nicht auf dem gegenüberliegenden. Es geht darum, daß es die entgegengesetzte Geschichte gelernt hätte, wenn sie zweihundert Meter Luftlinie entfernt großgeworden wäre, eine Geschichte, die Ausch-

witz allenfalls als Randepisode aus dem fernen Polen notiert und das Versagen der arabischen Führer übergeht. Es geht darum, daß Juden und Palästinenser niemals zusammenkommen werden, solange sie nicht beginnen, ihre Geschichten gemeinsam zu erzählen.
Auf dem Rückweg nach Jerusalem nimmt der jordanische Student Eliyahu, mich und auch Menachim Forman ein Stück in seinem klapprigen Auto mit. Der Rabbi muß in die nächstliegende Siedlung, die er als Seelsorger und Vorbeter zusätzlich betreut. Auf der unheimlich anmutenden Straße überlegen wir lachend, wie wir den Siedlern, die mit Steinen oder Gewehren hinter einem Felsen lauern mögen, signalisieren, daß wir zwei orthodoxe Juden an Bord haben, und gleichzeitig die palästinensischen Terroristen vor dem Irrtum bewahren, auf einen Jordanier und einen Iraner zu schießen. Es geht schließlich darum, daß man überleben will.

Stop Apartheid vor Ramallah

Am meisten überrascht der Schriftzug auf dem brusthohen Betonverschlag, aus dem der Helm des jungen Soldaten herauslugt, das Maschinengewehr in Kopfhöhe auf die Palästinenser gerichtet, die den Checkpoint passieren. Checkpoint, das klingt wie eine Art Grenzübergang oder wenigstens wie eine Mautstation an der Autobahn. Ich stelle mir die frühere Grenze zur DDR vor, einen breiten betonierten Platz, der von einem langgezogenen Schieferdach geteilt wird; Ampeln habe ich vor Augen, die die Autos auf die Spuren leiten, in denen sie von uniformierten Beamten abgefertigt werden. Ich stelle mir jedenfalls eine Ordnung vor, ein noch so simpel konstruiertes System, durch das die Reisenden geschleust werden. Ein israelischer Checkpoint in Palästina besteht aus einer aufgerissenen Landstraße und drei Mauern ohne Dach, in de-

nen ein oder mehrere, mit kugelsicheren Westen schwer beladene Soldaten stehen.
Hundert Meter davor müssen alle Reisenden aus den Bussen oder Sammeltaxis aussteigen. Es gibt nicht genug Platz am Straßenrand für die vielen Busse und Taxis zum Drehen, aber irgendwie müssen sie sich ihren Weg zurück bahnen, denn den Checkpoint passieren dürfen nur Privatautos, vorausgesetzt die Fahrer sind bereit, mehrere Stunden zu warten. So verkeilen sich die wendenden Wagen unter großem Gehupe ineinander, während die Reisenden mitsamt Kindern und Gepäck zwischen den Stoßstangen lavieren, um möglichst rasch aus der Staub- und Abgaswolke zu treten. Auf einem schmalen Trampelpfad, der an der abgezäunten Straße entlangführt, laufen sie die hundert Meter zum sogenannten Checkpoint. Auf der anderen Seite der Straße sieht man den Gänsemarsch der Entgegenkommenden. Kurz vor dem Soldaten endet der Zaun und damit der letzte Rest von Ordnung. Die Kolonnen beider Richtungen fließen ineinander wie in einer Fußgängerzone. Stämmige Mütter mit dem hinten zusammengebundenen Kopftuch, vollgepackte Plastikkörbe an beiden Händen, werden überholt von Geschäftsleuten, die mit dem Handy telephonieren. Hübsche Studentinnen in Jeans und engen Blusen kommen alten Männern entgegen, den Kopf mit dem traditionellen Tuch der Palästinenser bedeckt. Ein Vater trägt das Baby in der einen, den Hartschalenkoffer in der anderen Hand. Ihm folgt die Gattin, eine Halogenleuchte im Arm. Und alle müssen vorbei an dem Betonverschlag, an dem jungen Soldaten, zwanzig, einundzwanzig Jahre alt, der das Maschinengewehr wie zufällig in Kopfhöhe hält. Am meisten aber überrascht der Schriftzug auf der Mauer, dreißig Zentimeter unterhalb des Helms: «Stop Apartheid!»
Niemand kontrolliert die Mutter, weder den *businessman* noch die Studentinnen durchsucht jemand nach Waffen;

kein Offizier fragt den Alten, wohin er will, dabei könnten die Familien Granaten in den Koffern versteckt haben. Wollte die israelische Armee Terroristen abfangen, müßte sie hier mit einem Regiment stehen. Aber nicht einmal nach den Ausweisen wird gefragt. Von einer nahen Anhöhe beobachten die übrigen Soldaten scheinbar teilnahmslos den Checkpoint; gespannt wirkt nur der junge Mann im Verschlag, der durch ein Walkie-talkie mit seinen Kameraden verbunden ist, vielleicht, daß die Mutprobe zur Ausbildung gehört. Aber nein, das wäre schon zuviel der Intention, denn hier geht es der israelischen Armee offenkundig nur um eines: daß alle Palästinenser, Mütter, Greise und Studenten, wann immer sie von einer Stadt in die nächste, vom Geschäftstermin, vom Möbeleinkauf oder von der Universität nach Hause wollen, den Gewehrlauf eines zwanzig-, einundzwanzigjährigen Jungen passieren. Die jämmerlich improvisierte Anlage erfüllt so offenkundig den einen und einzigen Zweck, die Palästinenser zu demütigen, ihnen klarzumachen, wer ihr Land beherrscht, daß die Armee nicht einmal der Spruch zu stören scheint, den wahrscheinlich eine Friedensgruppe oder Menschenrechtsorganisation auf den Betonverhau gepinselt hat. Womöglich ist das Graffiti bewußt nicht übermalt worden, soll es dem höhnisch ausgestellten Zynismus der Armee die Krone aufsetzen, daß der Vorwurf der Apartheid, dem die eigene Regierung auf internationalen Konferenzen entschieden entgegentritt, in den Besetzten Gebieten sogar dreißig Zentimeter unter dem Helm eines Soldaten erhoben werden darf. Wahrscheinlich ist es der Armee aber auch einfach nur egal.
Ich bin das nicht gewöhnt. Ich passiere nicht täglich vier Checkpoints wie die Arzthelferin, neben der ich im Minibus gesessen habe. Ich ertrage es nicht mit Gleichmut, wenn ein Maschinengewehr wie zufällig auf meinen Kopf zielt. Wenn der Soldat wenigstens nachsähe, ob ich eine

Bombe umgeschnallt habe, wenn er wenigstens so täte, als stehe er zwischen den drei brusthohen Mauern, um sein eigenes Volk vor Terroristen zu schützen; er mag den Greis und die Mutter durchwinken, aber ich, ich sehe doch aus wie ein Palästinenser im gefährlichsten Alter, und eine auffallend weite Jacke habe ich außerdem – für mich müßte er sich doch interessieren. Mit jedem Schritt auf der staubigen Straße steigert sich meine ratlose Wut. Als ich endlich vor dem Maschinengewehr des blonden Soldaten angekommen bin, als ich ihm ins aufmerksame, nicht unfreundliche, aber entschlossene Gesicht blicke, auf dem nicht einmal der Bart sprießt, verspüre ich zum ersten Mal in meinem Leben das Begehren, jemandem an die Gurgel zu springen, oder nein, das stimmt nicht, ich will dem Burschen gar nicht an die Gurgel, ich will ihn einfach nur ohrfeigen und nach Hause zur Mutter schicken, die wahrscheinlich genauso alt und womöglich genauso dick ist wie die Frau, die vor mir ihre beiden Plastikkörbe trägt. Allein, ich traue mich nicht. Er hat das Gewehr. Was weiß ich denn, wie locker ihm der Finger am Abzug sitzt (ich weiß es, weil es die Zeitungen schreiben, auch manche israelische). Ich schlucke, ich würge meine Wut hinunter und denke: Ein Laboratorium ist der Checkpoint, in dem mit möglichst geringen Mitteln jene Aggression erzeugt wird, von der sich die Extremisten beider Seiten nähren.

Fünfzig Meter weiter warten die Busse und Sammeltaxis der anderen Seite auf Fahrgäste, nachdem sie die Ankommenden ausgeladen und unter lautem Gehupe gewendet haben. Es sind eigens Leute angestellt, die Ziele auszurufen und die Reisenden in die richtigen Busse zu lotsen. Inmitten des Chaos von Effizienz zu sprechen, wäre übertrieben, aber eine matte Routine ist den Abläufen und Gesichtern abzulesen. Niemand beschimpft die Soldaten, niemand regt sich auf; die Checkpoints gehören inzwischen zum palästinensischen Alltag wie in anderen Ländern Bushaltestellen oder Bahnhöfe. Natürlich lähmen sie das öffentliche Leben, die staatliche Verwaltung, die Wirtschaft. Manifest aber wird der Zorn der Palästinenser erst in den Städten, in den Cafés, in den Hörsälen, in den Geschäften, wo die Frage eines Besuchers genügt, die Menschen aus der Fassung zu bringen, ihr Leben und das der Besatzer zu verfluchen. Manifest wird der Zorn auf den Plakaten, die auf beinahe jeder Hauswand die Opfer beklagen oder die Selbstmordattentäter verherrlichen. Am Ort der täglichen Konfrontation dagegen, auf der aufgerissenen Landstraße, inmitten wendender Busse, hat man sich eingerichtet. Jemand verkauft Süßigkeiten, ein anderer Zigaretten. Ein Teehaus aus Wellblech bietet den wenigen Fahrern, die es auf sich nehmen, den Checkpoint mit dem Privatauto zu passieren, Wasserpfeifen und Sandwiches an.

Zwischen Stoßstangen und Auspuffrohren finde ich den Weg zum richtigen Minibus. Der Professor, den ich an der Bir-Zeit-Universität besuchen möchte, hatte mir empfohlen, für die Anfahrt von Ostjerusalem zwei Stunden einzukalkulieren, doch heute komme ich schneller durch. An anderen Tagen können die fünfzehn Kilometer auch vier oder zehn Stunden dauern, wenn der Checkpoint nicht plötzlich geschlossen wird, weil eine Bombe hochgegangen ist oder die israelische Regierung ihren eisernen Willen aus anderen Gründen zu beweisen hat. Dann muß man zu Hause bleiben oder auf dem Campus, im Büro oder bei Freunden übernachten, je nachdem, auf welcher Seite des Betonverhaus man sich gerade befindet. Die Universität hat das laufende Semester wegen der vielen ausgefallenen Unterrichtstage von vier auf inzwischen sieben Monate verlängert. Weil die Armee an solchen Tagen selbst Verletzten und Schwangeren die Fahrt zum Krankenhaus verbietet, beginnt und endet das palästinensische Leben längst nicht mehr nur symbolisch an den Checkpoints. Von Apartheid zu sprechen verbietet die Armee nicht.

Am Strand von Haifa Der Caffè latte schmeckt wirklich gut. Es ist noch zu früh zum Schwimmen, aber ein paar Russen haben sich in Badehosen auf ihre Handtücher gelegt. Frauen gibt es hier, so schön und elegant, daß man nicht weiß, wohin sich wenden, blonde, schwarze, braune, rote – so vielgesichtig, als verträten sie die Vereinten Farben von Benetton. Die Wintersonne hält sich mit der Frühjahrsbrise perfekt die Waage. Den ganzen Vormittag bin ich mit dem Soziologen Natan Sznaider den circulus vitiosus der Gewalt entlanggeschritten; vorhin erst, als wir nach dem Mittagessen bei einer palästinensischen Christin in seinen alten Volvo stiegen, mußte er mir erklären, warum Umfragen zufolge drei Viertel der Israelis die sogenannten Liquidierungen palästinensischer Aktivisten unterstützen, obwohl diese jeder beginnenden Waffenruhe zuverlässig ein Ende setzen und also offenkundig gerade jene Sicherheit torpedieren, der zuliebe die Liquidationen unterstützt werden. Beim Blick auf die persischen Gärten der Bahais sprachen wir darüber, daß der israelische Geheimdienst wiederholt gerade nicht die Extremisten, sondern gesprächsbereite Kräfte innerhalb der palästinensischen Widerstandsgruppen ermordet hat, für deren Tod Rache zu schwören sich die Extremisten natürlich nicht nehmen lassen, klammheimlich froh vielleicht sogar darüber, daß sie sich nicht länger mit den Einwänden der Gemäßigten herumschlagen müssen. Von den Liquidationen des israelischen Geheimdienstes waren wir auf die Anschläge der Palästinenser gekommen und darauf, daß friedliche Massenproteste die israelische Regierung international mehr unter Druck setzen würden als immer neue Selbstmordattentate, und dann waren wir den Kreis in der anderen Richtung entlanggeschritten, um wieder damit zu enden, daß Gewalt zur einzigen Option geworden ist und die Eskalation zu einer Strategie, die die Terroristen beider Seiten gemeinsam verfolgen müssen, um die eigene Macht zu sichern.

Vor drei Minuten war das erst. Jetzt lehne ich mich zurück in den Bastsessel und spüre den noch winterklammen Sand an den Füßen, der mit der Hitze meiner Nasenspitze angenehm korreliert. Ich schließe die Augen und finde sogar an der Popmusik Gefallen, die mich gleich der Brise umgarnt. Es ist berückend schön hier, denke ich, nicht nur der saubere Strand, das strahlende Wasser, der Kaffee, der wirklich gut schmeckt; es sind die Menschen, sie kommen aus allen Erdteilen und sitzen doch friedlich hier in Grüppchen, das macht man sich von außen gar nicht klar, wie bunt im eigentlichen Sinne die israelische Einwanderungsgesellschaft ist, und wenigstens am Strand sind alle freundlich, die Bedienung, die jungen Leute, die nebenan sitzen und gut miteinander umgehen, dabei hatte ich gehört, daß die Israelis eher schroff seien. Zu mir jedenfalls sind alle nett, offen, sie wollen wissen, woher ich komme, sie fragen freundlich nach, sind neugierig, niemand hat hier Aversionen gegen Fremde, Muslime oder Iraner, niemand hat hier überhaupt Aversionen, scheint es, sie passen einfach nicht zu der Stimmung eines verblüffend warm geratenen Februartages, der nur deshalb auf mich wie ein Werbetrailer wirkt, weil wir uns vor drei Minuten noch über Liquidationen und Selbstmordattentate unterhalten haben; Aversionen wären erkennbar uncool an diesem Strand mit lauter Menschen, die der Zigaretten- oder Textilwerbung entsprungen sein könnten. Wie schön ist es dagegen, mit geschlossenen Augen auf die Brise, die Sonne, den Strand und die Popmusik zu achten. *Life is so simple.*

Grundsätzlich anders leben wir im Westen nicht. Wir alle sehen jeden Tag das Elend auf der Welt und ahnen, daß sich unsere politische und ökonomische Freiheit der Armut und Unterdrückung anderer Völker verdankt. Wir ignorieren die Informationen nicht, aber wir lenken sie instinktiv in eine Ecke unseres Bewußtseins, die es uns erlaubt, weiterzuleben. Keiner von uns gehört gern zu den Ausbeutern, es hat sich nur so ergeben. Wahrscheinlich wären wir sogar bereit, viel aufzugeben, wenn wir nur das schlechte Gewissen abschütteln könnten, es wäre insgesamt ein gutes Geschäft; da wir nicht wissen, wie wir das anstellen können, behelfen wir uns mit Greenpeace und der Glücksspirale, sofern wir nicht gleich der rechten israelischen Presse der Verlockung nachgeben, die Opfer für dumm zu erklären (sie tragen selbst die Verantwortung dafür, daß sie zurückgeblieben sind, so ist eben ihre Kultur) oder für feindselig (sie kämpfen gegen unsere Zivilisation, wir müssen uns wehren).

Alle Informationen sind da; die Kommentare einer linken israelischen Tageszeitung wie *Ha'aretz* sind häufig so kritisch, daß ein deutscher Autor sie nicht schreiben könnte. Aber es sind die Kommentare. Wenn man genau hinschaut, fällt auf, daß die Auswahl und Plazierung der Nachrichten und Bilder in derselben Zeitung die Besatzung affirmiert. Und auf der Kommentarseite sind es immer wieder dieselben Autoren, die das Unrecht, das die Israelis an den Palästinensern begehen, anprangern. Wenn man sie kennt, muß man sie nicht lesen. Und selbst wenn man sie liest, verfängt sich die Empörung in der Wiederholung. Die Mechanismen der Verdrängung unter den vielen aufgeklärten, menschenfreundlichen, der Ökologie und der sozialen Gerechtigkeit verpflichteten Israelis sind die gleichen wie die unseren, nur daß sie angesichts der unmittelbaren Präsenz der Vertreibung und Besatzung stärker sein müssen, um zu funktionieren. Selbst meine eigenen Freunde in Jerusalem sagen, sie könnten nicht in ihrem Haus weiterleben, wenn sie sich jeden Tag klarmachten, daß es einmal einer arabischen Familie gehört hat, die enteignet und vertrieben wurde. Ich verstehe sie. Es sind gute Freunde. Sie haben das Haus vor fünfundzwanzig Jahren von anderen Israelis gekauft. Ich könnte auch nicht damit leben, mir jeden Tag die Geschichte des Hauses vor Augen zu führen. Ich würde die Geschichte nicht ignorieren, aber vermutlich eben so weit in die Ecke meines Bewußtseins schieben, daß ich fortfahren könnte, in dem Haus zu leben. Sicher würde ich auch für den Frieden demonstrieren gehen oder zumindest ein Los der Glücksspirale kaufen, wenn der Erlös besetzten Häusern zukäme.

Die Palästinenser haben sehr genau begriffen, daß sie nur eine Chance haben: Sie müssen in die Realität der Israelis einbrechen. Inzwischen hat die Besatzung so brutale Formen angenommen, daß es jedenfalls den israelischen Soldaten, den jungen Männern, die wie ihre Altersgenossen in anderen Ländern doch auch lieber eine Cola am Strand als ein Maschinengewehr am Checkpoint halten würden, von Tag zu Tag schwerer gemacht wird, ihr Tun vor den Werten zu verstecken, mit denen sie großgeworden sind. Vor allem aber hilft den Palästinensern die Gewalt, so brutal und zynisch ist das Spiel. Fünfunddreißig Jahre währt die Besetzung, und die meisten dieser Jahre waren friedlich. Die Palästinenser haben zwar geklagt, aber sie haben nicht gewaltsam aufbegehrt, ja sie waren zuverlässige Arbeiter, die abends oder am Wochenende wieder in den Besetzten Gebieten verschwanden. Nur die Steine der ersten Intifada haben die Israelis dazu gebracht, über den Rückzug zu reden. Nur der Terrorismus der zweiten Intifada scheint bewirken zu können, daß ihnen die Besatzung zu einem existentiellen Thema wird, nicht aus Mitleid, sondern aus Angst oder vielleicht nur aus dem Wunsch, endlich wieder normal leben zu können, wenigstens annähernd so normal wie wir Fernsehzuschauer im Westen.

Heute morgen kam ich auf dem Weg zum Busbahnhof in Jerusalem an einer Kreuzung vorbei. Es war eine vollkommen gewöhnliche Kreuzung zweier mehrspuriger Straßen, die sich nur in einem von morgendlichen Werktagskreuzungen anderer Länder unterschied: Viele der Passanten trugen Zeichen ihres jüdischen Glaubens, sei es nur die

Kippa oder die volle schwarze Tracht der Ultraorthodoxen. Kein Viertel! Kein Ghetto! Eine jüdische Großstadt! Beinah zweitausend Jahre waren Juden überall auf der Welt eine allenfalls geduldete, oft verfolgte Minderheit, bis sie ein deutscher Staat schließlich vollständig ausrotten wollte. Wie müssen sie sich nach einem eigenen Stück Erde gesehnt haben, einem Land, in dem sie sicher, aber endlich auch selbstbestimmt, vom guten Willen keiner anderen Gemeinschaft abhängig, leben. Jeder der älteren Herren, die in ihren jahrzehntealten Maßanzügen die Bürgersteige wechselten, erzählte von einer Rettung, jedem Gesicht war ein Wunder eingezeichnet. Daß man fast sechzig Jahre nach der Schoah an einer großen, innerstädtischen Kreuzung vorbeikommt, auf der alle Passanten Juden sind, das ist eigentlich so unglaublich, so utopisch und gerecht, wie man es der Geschichte niemals zutrauen würde. Und man hat recht, der Geschichte zu mißtrauen, denn in einem Akt allerbösester Perfidie hat sie die erfüllte Verheißung des einen an das Golgatha des anderen Volkes gekettet. «Ich las den Artikel wieder und wieder», schrieb ein Leser an die Redaktion von *Ha'aretz*, ein Louis Frankenthaler aus Jerusalem. «Dann hielt ich inne, tauschte die Namen der Opfer und Dörfer aus, vertauschte das Jahr und die Sprache der Soldaten und fand mich sechzig Jahre zurückversetzt in das ländliche Polen. Die toten Babys, die hilflosen Mütter und Väter waren damals keine Palästinenser. Es waren wir.» Vielleicht ist Louis Frankenthaler einer der älteren Herren, die ich heute morgen auf dem Weg zum Busbahnhof beobachtet habe.

Ich öffne die Augen und weiß, warum Natan so gern Zuflucht nimmt am Strand. Nur hier gelingt es ihm noch, sie zu schließen.

Der Himmel in Jerusalem

Der Prediger spürt seine Jahre. Das Mikrophon in der Hand sitzt er auf einem Stuhl neben der Gebetsnische. Müde sieht er aus, angespannt, die Stimme brüchig, rauh wie die Rinde eines alten Baumes. Anläßlich des Pilgermonats spricht er von der Barmherzigkeit Gottes, aber wenn er heute von der Barmherzigkeit der Gläubigen spricht, muß er sie beschwören. Den Gläubigen, die zum zentralen Jerusalemer Freitagsgebet in die Aqsa-Moschee auf dem Tempelberg gekommen sind, scheint der Sinn nach anderen Botschaften zu stehen. Eine zufällig mitgebrachte Zeitung geht herum. Immer wieder entdeckt jemand einen Bekannten und wechselt den Platz.

Anders als in westlichen Kirchen können die Besucher einer Moschee während der Predigt Zeitung lesen, mit dem Nachbar leise tratschen oder mit dem Sohn spielen. Viele betreten die Moschee erst während oder nach der Predigt, als gäbe der Prediger den Vorsänger zu dem eigentlichen Konzert. Er muß sich die Aufmerksamkeit seiner Zuhörer verdienen; trifft er ihren Nerv, hängen sie ihm an den Lippen. Wenn seine Lehren jedoch niemanden interessieren, bekommt er es mit der Einsamkeit zu tun.

Wieviel Palästinenser sind gestern umgekommen? Waren wieder Kinder dabei? In welche Stadt ist die israelische Armee eingedrungen? Auch der greise Prediger wird sich die täglichen Fragen stellen. Mißmutig beginnt er auf die Hauszerstörungen und die F 16-Bomber zu schimpfen, beläßt es aber dabei, die Gläubigen in allgemeinen Worten zur Tapferkeit aufzurufen und zur Geduld, um rasch zu den Vorzügen der Pilgerfahrt zurückzukehren. Aber geduldig waren sie lange genug, denken hier fast alle, und der Prediger wird die Unruhe verstehen. Hat Gott es ihnen vergolten? Der Prediger kommt nicht umhin, zum Widerstand aufzurufen, aber er kann doch nicht die Werte verleugnen, die ihn seine Religion gelehrt hat. Deshalb kommt er wieder auf die Barmherzigkeit zurück, die Barmherzigkeit Gottes und die der Menschen, und verspricht, daß der Herr sich ihrer annehmen wird, wenn sie nur weiter fest im Glauben stünden. Wenn sie nur barmherzig zu ihren Nächsten seien.

Es ist nicht nur die Erwartung der Gläubigen, derer sich der Prediger mit schwindenden Kräften erwehrt. Er redet auch gegen einen pummeligen Mann an, der vor dem Tor der Moschee eine andere Predigt hält, in der das Wort Barmherzigkeit nicht vorkommt. Auf einer kleinen Mauer steht der Mann, der einen kurzgeschorenen Bart und eine schwarze Kunstlederjacke trägt, vor ihm ein anwachsender Pulk von schließlich hundert Leuten. Mag er auch beständig den Koran und den Propheten zitieren, ist er erkennbar kein Theologe, eher ein Techniker oder ein Ingenieur, wie es sie unter den Islamisten besonders zahlreich gibt. Seine Sprache ist ein abenteuerliches Gemisch aus einem einfachen, nicht immer korrekten klassischen Arabisch und lächelnd vorgetragenen, aber wüsten Schimpfwörtern, mit denen er Israels Politiker belegt. Mir fällt auf, daß er seine Hörer niemals als Palästinenser oder Araber, sondern immer nur als Muslime anspricht. Und die Gegner werden nicht einmal mehr als Zionisten denunziert, sondern immer nur als Juden. Der nationale Befreiungskampf ist hier längst umgedeutet zum Glaubenskrieg.

Der Mann schwitzt aus allen Poren, aber anders als der Prediger drinnen wirkt er nicht müde, sondern scheint sich des Sieges gewiß. Von dort aus habe die Weltherrschaft des Islams mit der Himmelfahrt des Propheten ihren Anfang genommen, sagt er mit verzücktem Gesicht und wendet sich zum goldenen Felsendom um, der sich am anderen Ende des Platzes erhebt und am Freitagvormittag den betenden Frauen vorbehalten ist; von hier aus – und er dreht sich zur silbernen Aqsa-Moschee zurück – sei der Islam mit der Aqsa-Intifada zum endgültigen Sieg aufgebrochen.

Der Funke, den der Prediger mit der kantilenenartig vorgetragenen Liste muslimischer Tragödien schlägt, mit Hinweisen nicht nur auf die eigene palästinensische Situation, sondern auch auf Afghanistan, Kaschmir, Tschetschenien, Zentralasien, Irak, China oder Bosnien, die für ihn Schauplätze eines einzigen Kampfes der Kreuzfahrer und Juden gegen die Muslime sind, der Funke springt nicht über. Nur einzelne Zuhörer signalisieren ihre Zustimmung. Aber auch die übrigen hören sehr genau zu, nachdenklich, noch nicht aggressiv, eher abwartend. Bestimmt würde der Funke überspringen, wenn der Mann nicht hier draußen auf der Mauer stünde, sondern mit dem Gewicht eines Freitagspredigers in der Aqsa-Moschee zu den Gläubigen spräche. Allein, der Freitagsprediger will oder darf die Rolle des Einpeitschers nicht spielen, sondern beharrt auf dem, was er ein Leben lang gepredigt hat. Deshalb spürt er die Einsamkeit seiner Jahre. Endlich wird er abgelöst vom Rezitator, der die Verse des Korans betörend schön vorträgt.
Wieviel Meter Luftlinie sind es von hier, dem dritten heiligen Ort des Islams, zur Klagemauer? Fünfzig? Siebzig? Gestern hat mich der Indologe David Shulman dorthin mitgenommen. Eine halbe Stunde unterhielten wir uns unmittelbar hinter den ultraorthodoxen Juden, die mit der Hand an der Mauer die Thora rezitierten. Niemand regte sich darüber auf, daß am Heiligsten Ort des Judentums ein offensichtlich Ungläubiger stand, noch dazu ein Orientale, ein mutmaßlicher Muslim also – ein Feind. Niemand warf uns einen grimmigen Blick zu. Viele Gesichter waren versunken in die bezaubernden Verse, andere schienen es eher pragmatisch zu sehen. Bei einem klingelte das Handy. Der Mann fuhr fort zu rezitieren, während er telephonierte. Niemanden kümmerte das. Jeder ging seinem Glauben nach.
David übersetzte mir die Inhalte einzelner Verse, die er besonders liebt, und erklärte, was ihn vor dreißig Jahren in

den Vereinigten Staaten zum Judentum zurückgebracht hat. Er erzählte mir von der Anmut der Rituale und den Werten, die er gerade in den Geschichten der jüdischen Mystiker vermittelt sah, von der Gastfreundschaft, der Toleranz, der Barmherzigkeit. Ich weiß um die Anmut der rezitierten Schrift und kenne die Werte. Es sind die gleichen der islamischen Mystik, und zwar nicht zufällig: Beide Traditionen sind historisch, geographisch und sprachlich so eng miteinander verwoben, daß sie eher zwei Fäden eines gemeinsamen Stranges sind als die beiden unverbundenen Linien, als die sie heute wahrgenommen werden. Ähnlich wie arabischsprachige Muslime und Juden des Mittelalters eine wenngleich nicht identische, aber durchlässige, gemeinsame Philosophie hervorgebracht haben, nimmt die islamische Mystik immer wieder Motive der jüdischen Kabbala auf, die wiederum ohne den Einfluß des Sufismus nicht zu denken ist. Eine Geschichte, die ich ihm an der Klagemauer erzählte, gefiel David besonders. Ein Palästinenser hatte sie mir – als Vorbild der Ethik, der er sich verpflichtet fühlte – ein paar Tage zuvor in Erinnerung gerufen. Sie handelt von einem Sufilehrmeister namens al-Asamm, dem «Tauben», wie sein Name übersetzt heißt. Er heißt so, weil einmal eine Frau von weither zu ihm gekommen war, um ihn nach Rechtleitung zu fragen. Als sie endlich vor ihm Platz genommen hat, entfährt ihr vor lauter Aufregung ein Furz. Damit die Frau nicht beschämt ist, tut der Weise so, als sei er taub. Er tut so bis zu seinem Tod, dreißig Jahre lang.
David antwortete mir mit Geschichten aus der jüdischen Tradition, die exakt von derselben Ethik künden. Ich sah die friedvollen Gesichter der Betenden, die meisten von ihnen freundlich wirkende, weißbärtige Männer, wie ich sie auch in der Aqsa-Moschee treffe. Ich sehe den pummeligen Mann in der Kunstlederjacke, der den Haß auf die Juden schweißnaß predigt. Dann gehe ich in das Viertel der ultra-

orthodoxen Juden in Jerusalem und finde auf vielen Wänden den Tod, der den Arabern gewünscht wird. Daß auf anderen Wänden vereinzelt noch «Tod dem Zionismus» steht, erinnert an den weiten Weg, den die Mehrheit der Ultraorthodoxie seit der Gründung des Staates Israel gegangen ist. Lehnte sie die Idee, die Heilserwartung des Gelobten Landes realpolitisch zu verwirklichen, lange Zeit ab, kämpfen heute ultraorthodoxe Rabbiner an vorderster Front dafür, die verbliebenen Palästinenser aus ganz Eretz Israel, also auch aus den Besetzten Gebieten zu vertreiben. Ein Staat, der sich durch seine Religion definiert, scheint in allen Fällen das zuverlässigste Mittel zu sein, deren heiligste Werte zu vernichten. Im Islam ist das nicht anders, aber immerhin finden sich in einer Islamischen Republik wie Iran deutliche Anzeichen innerhalb der schiitischen Orthodoxie selbst, also im Innersten der Theologie und nicht nur bei religiös gestimmten Intellektuellen, daß die Theologen sich wieder auf die eigentliche Bestimmung der Religion besinnen, die ähnlich wie im Judentum über Jahrhunderte eben nicht in der Staatlichkeit des Glaubens gesehen worden ist. Es ist der gesellschaftliche Druck, der in Iran viele Theologen zur Besinnung bringt: der simple Umstand, daß ihnen die Gläubigen davonlaufen, von denen sie dank dem *Chums*, dem Fünften der Schiiten, auch materiell leben. Daß innerhalb der jüdischen Orthodoxie parallele Tendenzen nur mit der Lupe zu finden sind, hat vielleicht damit zu tun, daß dieser gesellschaftliche Druck in Israel kaum existiert. Der Islam in Iran knechtet die eigenen Leute, die neue Gewaltsamkeit der jüdischen Theologie richtet sich zuerst gegen ein anderes Volk, auch wenn sie zugleich dem säkularen Israel ein Ende bereiten möchte.

Jerusalem ist *al-Quds*, «das Heilige», wie die Stadt auf Arabisch heißt. Man geht durch eine unscheinbare Gasse und steht plötzlich vor der Grabeskirche. Der Grabeskirche! Keine Absperrungen sind dort, kein Strom von Pilgern, man geht in dieser Zeit des Krieges einfach hinein in die fast leere, unscheinbare Kirche und findet sich unversehens in der winzigen Kammer wieder, die der Christenheit als der Ort gilt, an dem ihr Erlöser auferstanden ist. Und dort oben, wo die Brüstung steht, soll Jesus am Kreuz gestorben sein. Man tritt aus der Kirche heraus und kommt durch den Basar der Souvenirhändler und Kunsthandwerker, in dem nur zwei von fünfzig Geschäften offen sind, zur Klagemauer. Zur Klagemauer! Und gleich am Ende der Mauer geht es hoch zum Tempelberg, auf dem der Felsendom steht, zum *Haram asch-scharif*, «dem ehrwürdigen Bezirk». Mit jedem Schritt durch die Altstadt steigert sich mein Staunen darüber, daß das Metaphysische so faßbar sein kann, wie in den braunen Stein der Häuser und Gassen gemeißelt. Es ist eine geweihte Erde. Sie bleibt es wie vor zweitausend Jahren, obwohl jeder Tag des Hasses sie ein weiteres Stück entweiht. Wahrscheinlich mußten die Werte, die wir gelernt haben, so hoch stehen, die Verheißung der Religionen so sehr verzücken, daß daraus dieser Albtraum werden konnte. Nirgends fällt es sich tiefer als von einem Himmel.

Mit meinem jüdischen Freund David stehe ich auf dem hohen Turm der Erlöserkirche, der den besten Ausblick auf Jerusalem bietet. Die ersten Besucher seit mehr als einer Woche seien wir, sagt der Wärter, der uns zwei Tickets verkauft. Beinah gespenstisch ruhig breitet sich die Stadt vor uns aus. David zeigt mir, wo die Grenze entlanglaufen würde, wenn man die Stadt endlich teilte. Ja, inzwischen sind die Grenzen, die Zäune zu einer Verheißung geworden. Ich hatte das nicht geglaubt, bevor ich hierhin kam; ich dachte, es muß doch für Juden, Muslime und Christen möglich sein, gemeinsam ihre heilige Stadt zu bewohnen, in einem Staat, der ihnen allen eine Heimat ist. Man kann doch den Irrtum des zwanzigsten Jahrhunderts, die Welt nach Ideologien und Lehren zu trennen, nicht einfach fortsetzen, habe ich gedacht. Man muß etwas aus der Geschichte ge-

lernt haben. Jetzt stehe ich mit David auf dem Turm der Erlöserkirche und denke wieder, wie absurd es ist, durch diesen kleinen Flecken Erde, in dem die verschiedenen Religionen, Völker und Sprachen so dicht beieinander wohnen, so ineinander verwoben, Schneisen für die Reinheit der Rasse und des Glaubens zu schlagen. Wo sollen denn da Grenzen verlaufen, die nicht neuen Haß gebären?
Die beste, die friedlichste Zeit habe Jerusalem ausgerechnet unter den Osmanen erlebt, sagt David, wahrscheinlich weil ihnen die Heilige Stadt nicht wirklich wichtig gewesen sei. Ja, wahrscheinlich ist das der Schlüssel, denke ich: Das Heilige war dem Staat nicht wichtig. Man muß die damalige Koexistenz der Religionen nicht verklären, aber immerhin haben die Menschen Gasse an Gasse miteinander gelebt, ohne sich die Köpfe einzuschlagen oder auf den Gedanken zu kommen, den Nachbarn zu vertreiben. Seither hat es eine Aufklärung gegeben, ist die Welt modern geworden und hat die Allgemeine Erklärung der Menschenrechte verfaßt, und am Ende ist die Trennung der Ethnien und Religionen nicht einmal zur Realität, sondern zur Hoffnung geworden. Jerusalem ist *al-Quds*, «das Heilige», der Ort, an dem Gott die Menschen lehrt, ihren Himmel zu begraben.

6 Iran
Herbst 1995 und Herbst 2002

Eine Gruppe jugendlicher Skateboarder in Ekbatan, einer Hochhaussiedlung im Südwesten Teherans. Es dürfte kein Land auf der Welt geben, in dem sich das politische System so weit von der gesellschaftlichen Entwicklung gelöst hat wie Iran 23 Jahre nach der Revolution. Während sich das reformorientierte Parlament und der konservative Wächterrat noch darüber streiten, ob die Steinigung von Frauen abzuschaffen ist, breiten sich Drogen, Gewalt und Prostitution in Teheran epidemisch aus. Zugleich birgt die Hauptstadt der Islamischen Republik eine ausgedehnte Subkultur aus Dancefloor und Ecstasy, aus Alternativrock, Rap und Techno. – Foto: Kai Wiedenhöfer/Lookat

Die halbe Welt 1 Isfahans Wege beginnen am Sabbath. Vor genau 2534 Jahren, so schreiben die Geschichtsbücher, soll der Perserkönig Kyros II. die Juden aus babylonischer Gefangenschaft befreit haben. Auf der Suche nach einer neuen Heimat zogen sie nach Norden, bis sie an der Stelle des heutigen Isfahans die Erde und das Wasser fanden, das die Sehnsucht nach Jerusalem zu lindern vermochte. Sie gründeten Jahudiya, das heute Dschubare heißt und noch immer das jüdische Viertel der Stadt ist. So entstand Isfahan.

Es ist ein früher Samstagmorgen. In der Molla Nejsan-Synagoge haben sich etwa vierzig meist ältere Männer sowie einige Frauen und Kinder zum Gottesdienst versammelt. Abwechselnd lesen die Männer aus der Thora, wobei jeder Versprecher mit nörgelnden Zwischenrufen der Ältesten bedacht wird. Mitunter entsteht ein rechtes Palaver um die richtige Aussprache, an dem sich die gesamte männliche Gemeinde mit vergnügtem Ernst beteiligt. Wären der Dekor der Synagoge nicht so orientalisch und die Gesichtszüge der Beteiligten nicht so typisch persisch, man wähnte sich eher im New York Woody Allens als im Iran der Islamischen Republik. Die Lust am Kritteln und der Haarspalterei, getragen vom Bewußtsein der menschlichen, also auch der eigenen Hinfälligkeit, so gegenwärtig in den Komödien des Amerikaners – in Dschubare begegnet sie mir wieder. Vielleicht kehrt sie auch an ihren Ursprung zurück. Und wie im Ritual das Kollektive einhergehen kann mit dem Beharren auf Individualität, lehrt kein Tag besser als der Sabbath in Isfahan.

2 Isfahan, das Multikulturelle: Unübersehbar ist das Bröckeln im Gemäuer. Auf den ersten Blick mögen die kaputten Lampen, die nicht reparierten Sessel, die unsorgsam übertünchten Risse an den Wänden der Synagoge, wie aller Verfall und jedes Verschwinden, romantisch wirken. Im Dezember 1995 jedoch, kurz nach dem Abkommen von Dayton und dem Ende eines europäischen Vielvölkerstaates, verbietet sich das Schwelgen in der «Ästhetik des Verfalls» angesichts der Gefahr, daß Isfahan das vielleicht Wichtigste verlieren könne, was es der Welt zu geben hätte: die Utopie des friedlichen Zusammenlebens von fünf Religionen.
Daß viele Juden nach der Revolution Isfahan verließen, hatte in den wenigsten Fällen unmittelbar politische Gründe. Juden haben in der Islamischen Republik, ebenso wie Christen und Zoroastrier, den Status einer geschützten Minderheit. Sie dürfen ihre Religion frei ausüben, ihre Vertreter sitzen im Parlament. Aber das Umfeld hat sich für sie verschlechtert. «Wir haben keine Probleme mit unseren muslimischen Nachbarn und auch nicht mit dem Staat als solchem», sagt einer der Juden, ein etwa sechzigjähriger Stoffhändler, nach dem Gottesdienst. «Aber leider meinen bestimmte Leute in den Verwaltungen oder den Revolutionskomitees – unter dem Vorwand, wir Juden seien alle Zionisten –, mit uns umspringen zu können, wie es ihnen gefällt.» Ähnliche Klagen über behördliche Willkür hört man von Muslimen zwar ebenso, aber gegenüber den Juden – und den anderen religiösen Minderheiten – wird sie von korrupten oder hartköpfigen Funktionären auch noch ideologisch gerechtfertigt. Insbesondere unter den Jugendlichen, die Iran nur als Islamische Republik kennen, ist daher das Gefühl verbreitet, in einem fremden Land zu leben. «Die Kinder sagen, daß man uns Juden hier wie Gäste behandelt, mal gut, mal weniger gut, aber immer als Gäste», klagt der Stoffhändler. Die Verlockungen von Radio Israel

im Ohr, die Briefe von den Verwandten in Amerika vor Augen, drängen sie nach draußen. Mit jedem von ihnen geht ein Stück jüdischer Zukunft in Iran und verliert Isfahan ein Stück seiner Vergangenheit. «Dabei waren es doch unsere Vorfahren, die diese Stadt gegründet haben», sagt der Stoffhändler. «Wir haben uns unsere alte persische Sprache und unsere Sitten aus der vorislamischen Zeit erhalten, wir sind iranischer als alle anderen zusammen.» Dann hält er inne, schaut mich an und lächelt verschmitzt: «Und die echten Isfahanis, das sind doch wir.»

3 Die Auswanderungswelle hat alle religiösen Minderheiten Isfahans erfaßt, am schlimmsten jedoch trifft sie die zoroastrische Gemeinde Isfahans. Aufgrund der Übergriffe zur Zeit der Isfahaner Safawidenkönige sind die meisten Zoroastrier bereits im 16. und 17. Jahrhundert in andere Städte Irans oder nach Indien gezogen. Heute leben von den einst fünfzigtausend iranischen Zoroastriern gerade zweihundertfünfzig in Isfahan, und die Gemeinde sieht ihrem Verlöschen entgegen.
Die zwei Stunden, die ich gemeinsam mit dem Gemeindevorsteher Kohzad Bonshahi und dem Priester Ardeshir Namir vor dem Gasofen in einer Ecke ihres neuen, nach der Revolution eingeweihten Feuertempels verbringe, gehören zu den traurigsten meines diesjährigen Aufenthaltes. Weil Zoroastrier grundsätzlich nicht missionieren und auch keine Konvertiten anerkennen, selbst aber immer mehr Angehörige durch Emigration oder Austritte verlieren, lösen sich die Gemeinden allmählich in Luft auf. «Es scheint keinen Ausweg zu geben, wir sind bald am Ende unserer zweieinhalbtausendjährigen Strecke angelangt», meint Kohzad Bonshahi. Kleinere zoroastrische Gemeinden wie die isfahanische hätten kaum eine Chance zu überleben, und im Ausland, fern der Gemeinde, ginge in der zweiten, spätestens dritten Generation die Verwurzelung in der ei-

genen Tradition verloren. Zudem stünden die Zoroastrier seit dem 19. Jahrhundert unter starkem Missionsdruck von protestantischen Gruppen und von Baha'is. «Wir können und wollen niemanden mit Zwang bei uns behalten», sagt der Gemeindevorsteher. «Eher wird die älteste monotheistische Religion der Welt aussterben.»
Die politische Situation nach der Revolution habe sich für die Zoroastrier nicht wesentlich verschlechtert. Die ausdrückliche Anerkennung ihrer Glaubensgemeinschaft in der iranischen Verfassung habe sich sogar positiv auf das Verhältnis zu den örtlichen muslimischen Geistlichen ausgewirkt. «Früher geschah es», berichtet Bonschahi, «daß einfache Muslime sich weigerten, uns die Hand zu schütteln, weil man ihnen erzählt hatte, wir seien unrein; das kommt heute nicht mehr vor.» Verwerflich seien allerdings die mittelalterlichen Scharia-Gesetze zum «Blutgeld» (*dije*), die nun wieder angewendet werden. Sie legen die Summe fest, die Angehörige von Mordopfern erhalten. Einen Muslim zu töten, kostet danach achtmal so viel wie der Mord an einem Juden, Christen oder Zoroastrier. Einen Baha'i zu töten, ist in der Logik dieses Gesetzes nicht schlimmer als das Ausschütten eines Wassereimers. Es kostet gar nichts.

4 Unterhält man sich mit Angehörigen der religiösen Minderheiten, kommt das «Blutgeld» immer wieder zur Sprache. Mehr noch als die Berufsbeschränkungen, denen sie im öffentlichen Dienst ausgesetzt sind, erregt es Juden, Christen, Zoroastrier und Baha'is gleichermaßen. «Das Blutgeld ist unsere größte Qual», ruft der armenische Landwirt Zadur Stepanian. «Es geht nicht um die Geldsumme; es geht um unser Selbstwertgefühl als Iraner; darum, daß wir von unseren Kindern gefragt werden, weshalb sie weniger wert sind als ihre muslimischen Freunde.»
Von fünfzehntausend christlichen Armeniern in Isfahan sind knapp die Hälfte nach der Revolution ausgewandert.

Einstmals waren es bis zu sechzigtausend Christen, die in Isfahan lebten. Ebenso wie bei den Juden hegen insbesondere die Jugendlichen kaum noch Heimatgefühle. «Die jungen Leute wollen alle weg», meint Stepanians Freund Herach Gharibian, ein Automechaniker von vierzig, fünfundvierzig Jahren, dessen Familie seit Generationen einen der vielen wunderschönen Altbauten von Dscholfa bewohnt. «Diese brennende Liebe für diese Stadt, wie wir sie haben, ist ihnen fremd. Dabei sind wir noch die Vorzeige-Minderheit. Wir haben ja im täglichen Leben kaum Probleme. Aber wenn das so weitergeht, stirbt das Isfahan der vielen Religionen aus. Und es gibt nicht wenige in diesem Staat, die darüber nicht unglücklich wären.» Immerhin, so berichten die beiden Armenier, habe sich die Lage für sie in den letzten Jahren spürbar entspannt. Während es in den Anfangsjahren der Revolution immer wieder Übergriffe der Komitees und Pöbeleien einzelner Muslime gegeben habe, würden sie nun im Privaten und im Rahmen ihrer religiösen und kulturellen Gemeindeaktivitäten in Ruhe gelassen. Auffallend ist auch, daß sie vom neuen Verantwortlichen für religiöse Minderheiten innerhalb der Isfahaner Kulturverwaltung mit Hochachtung sprechen. Anders als seine Vorgänger setze er sich für die Belange der Armenier wirklich ein. «Ich kann nicht sagen, daß wir frei sind – denn wer ist schon frei in diesem Land? –, aber man muß fairerweise sagen, daß wir in manchen Bereichen größere Spielräume haben als die Muslime», meint Zaven Ghokasian, der zu den berühmtesten Filmkritikern des Landes gehört. «Es ist für Armenier zum Beispiel leichter, die Genehmigung für ein Konzert zu erhalten. Andererseits denke ich: Weshalb muß man überhaupt eine Genehmigung einholen, um ein Konzert zu veranstalten?»

Unerträglich ist die Situation nach wie vor für die Baha'is. Daß Religionen frühere Offenbarungen als göttlich anerkennen, spätere jedoch vehement ablehnen, zumal wenn diese mit dem expliziten Anspruch auftreten, jene zu vollenden, ist religionsgeschichtlich die Regel. Die Juden konnten Jesus nicht als Messias, die Christen Mohammed nicht als Propheten akzeptieren. Während die Nicht-Anerkennung in einem säkularen Staat weitgehend folgenlos bleibt, hat sie in einer Theokratie wie Iran dramatische Konsequenzen. Von allen öffentlichen Positionen, sogar aus den Hörsälen der Universitäten sind Baha'is ausgeschlossen. Noch immer ist von Verhaftungen und Ermordungen zu hören, die der Staat regelmäßig als gewöhnliche Verbrechensbekämpfung deklariert.

5 Während der iranische Staat nach der Revolution dazu übergegangen ist, seine Bürger in vielen Bereichen wieder nach ihrer Religionszugehörigkeit zu trennen – im Familien- und Wahlrecht beispielsweise oder in der Hochschulzulassung –, ist die Bewegung in der Bevölkerung gegenläufig gewesen. So ist den letzten Jahren das Christen-Viertel Dscholfa zum bevorzugten Wohngebiet Isfahans avanciert, und zwar nicht trotz, sondern wegen seiner armenischen Bewohner. Die Atmosphäre in Dscholfa ist freier und entspannter als in anderen Stadtteilen; hier treiben es die Sittenwächter nicht ganz so schlimm mit ihren «Islam-Spielchen» (*eslâmbâzihâ*), die genuß- und vergnügungssüchtigen Muslimen regelmäßig den Spaß verderben. Daß sich, wie in Unterhaltungen mit nicht-muslimischen Freunden immer wieder zu hören ist, das Verhältnis zu den muslimischen Nachbarn seit der Revolution eher verbessert hat, dürfte seinen Grund auch in den Erfahrungen mit einem «islamischen» Staat haben. «Früher war es bestenfalls gleichgültig, ob man Jude oder Christ war», sagt ein jüdischer Freund, der bis zu seiner Pensionierung Leiter einer Versicherungsfiliale war. «Aber heute erleben wir häufig, daß Muslime uns mit demonstrativer Freundlichkeit begegnen, als ob sie beweisen wollten, daß nicht alle Muslime so

sind wie die da oben.» Dazu passe auch, daß die muslimischen Jugendlichen ihrer Religion immer gleichgültiger gegenüberstünden, während ihre jüdischen Altersgenossen gerade jetzt ihren Glauben praktizierten, um sich ihre Identität zu bewahren: «Verheerend ist die Islamische Republik für den Islam, der für alles Unheil verantwortlich gemacht wird, nicht für das Judentum.»
Wenn sich die religiösen Gruppen in der Stadt auch kaum durch Ehen vermischt haben, so gehört es doch zu den Selbstverständlichkeiten des bürgerlichen Lebens in Isfahan, Freunde und Bekannte aus verschiedenen Religionen zu haben. Eben weil es selbstverständlich ist, gelangt es kaum einmal ins Bewußtsein der Isfahanis selbst. Der Besucher aus Deutschland ist es, der registriert, daß christliche und zoroastrische Mädchen zu den besten Freundinnen seiner kleinen Cousine gehören oder sich der freundliche Tischnachbar beim Abendessen bei einer jüdischen Familie als Baha'i entpuppt. Und alle geraten sie ins Schwärmen, wenn er sie nach *ihrem* Isfahan befragt. Nirgends sind Muslime und Nicht-Muslime der Stadt so einig wie im Lokalpatriotismus. Wenn sie nicht gerade in dieser Stadt leben würden, hätten sie vielleicht über das Auswandern nachgedacht, meint zum Beispiel der armenische Automechaniker Herach Gharibian, nachdem er bei Wein und Wurst einen ganzen Abend über die Verhältnisse geklagt hat – aber dieser Fluß und die vielen alten Bäume, der singende Ton des Isfahaner Dialektes, das gute Essen und das Isfahaner Obst seien einmalig auf der Welt, die Kuppeln der Moscheen schöner als alle Kirchtürme Europas, und Dscholfa, ihr armenisches Viertel, sei nun einmal der beste Platz der Erde. Und auch bei ihm dieses Lächeln auf den Mundwinkeln, eine Mischung aus Stolz und Spitzbubentum, wenn er hinzufügt: «Was Isfahan betrifft, sind wir Fundamentalisten.»

6 «Wenn man die Stadt betritt, erweckt sie völlig den Eindruck eines riesigen Dorfes in Südfrankreich», schrieb der Amerikaner Robert Payne in den vierziger Jahren, «die Liebenden wandeln im Schatten der Bäume. Man geht an den schimmernden Silbertoren einer Moschee vorbei, und der Schatten senkt sich wieder herab. Es ist keine große Stadt – nur eine Moschee, sagt man sich: Und dann kommt man zu einem großen, offenen gelben Platz, und diesen Platz umgeben die vollkommensten, die unglaublichsten Kleinodien der Baukunst, die man je sah. Der Platz heißt *Meydan-e Schah*, der Paradeplatz des Schahs, doch es gibt kaum genügend Worte, seine erlesene Schönheit zu beschreiben, die Kunst in der Anordnung von Palästen und Moscheen und Basaren ringsherum, das Entzücken, das einen überkommt, wenn man ihn zum ersten Mal erblickt. Die ungeheure Moschee am anderen Ende des Platzes leuchtet wie blaue Diamanten, eine zweite, dunklere Moschee von sanfterem Blau beruhigt dann die geblendeten Augen, und schließlich bleibt der Blick an dem anmutigen Palast gegenüber hängen, einem Palast, der sich in Galerien auftürmt und von den großen Türmen von Babylon abzustammen scheint.»
Reisende aller Epochen und Länder haben Isfahans Glorie besungen. Schon 1052 schrieb der Dichter Naser Khosrou in sein Reisetagebuch: «Ich habe niemals, soweit die persische Zunge reicht, eine schönere und reichere Stadt gesehen.» Dabei hat Isfahan seine eigentliche Pracht erst über fünfhundert Jahre später entfaltet, unter den Safawiden-Königen. Allein der Schah-Platz, der Anfang des 17. Jahrhunderts angelegt worden und heute nach Ayatollah Chomeini benannt ist, kann einen tagelang beschäftigen. Fünfhundert Meter lang, hundertfünfzig Meter breit, wird er ringsum von zweistöckigen Arkaden begrenzt, hinter denen sich sich die Läden des Isfahaner Basars anschließen. Die vier Gebäude auf jeder Seite des Platzes, die Schah-

Moschee, die Lotfollah-Moschee, der kaiserliche Palast Ali Qapu sowie das Eingangsportal zum kaiserlichen Basar gehören zu den großartigsten Zeugnissen orientalischer Baukunst. Den «weitläufigsten, elegantesten und aromatischsten Platz auf der ganzen Welt» nannte ihn der englische Reisende Thomas Herbert im 17. Jahrhundert. Den Juwelier Tavernier erinnern das Treiben auf dem Platz, die Marktverkäufer aus aller Herren Länder, die Akrobaten und die tanzenden Mädchen, der Duft der Kaffehäuser, die Stimmen der Märchenerzähler und der Gesang von Koranrezitationen an den großen Jahrmarkt von Saint Germain, während der Neapolitaner Pietro della Valle staunte, daß selbst die Piazza Navona nicht eine solche Augenweide biete. In diesem Jahrhundert, genau gesagt 1932, notierte der iranische Schriftsteller Sadeq Hedayat: «Soviel Pracht, soviel Schönheit! Sie macht den Verstand starr vor Staunen.» Über die Schah-Moschee schrieb er: «Ihre blaue Kuppel kämpft mit dem Ultramarin des Himmels, und jemandem, der sie zum ersten Mal sieht, kommt sie vor wie ein Wunder, eine unfaßbare Zauberei.»
Aber das Isfahan, das ich von klein auf liebe, das sind nicht nur der Schah-Platz und die weltberühmten Moscheen, nicht nur der Zayenderud, der «gebärende Fluß» und seine historischen Brücken, die Paläste und die großen Alleen. Mein Isfahan, das ist noch viel mehr in den Gassen und Gäßchen der alten Viertel zu finden, den *kutschehâ wa-paskutschehâ*, wie es auf Persisch heißt, in den über dreitausend denkmalgeschützten Wohnhäusern aus safawidischer und kadscharischer Zeit, jedes davon mit Bäumen und einem Wasserbassin im Innenhof, und natürlich im Basar, der über zwölf Kilometer langen, ineinander verschlungenen Lebensader der Stadt mit ihren über hundert Karawansereien, den Teehäusern, zahlreichen gedeckten Hallen, Kuppelbauten und theologischen Hochschulen. Daß Isfahan nicht nur alt, sondern eine ewige Stadt ist, läßt das Stadtbild

kaum erkennen; schließlich haben sich fast nur Gebäude aus den letzten vierhundert Jahren erhalten. Trotzdem spürt man es, wenn man durch die Stadt streift. Jede Epoche ihrer Geschichte hat Spuren hinterlassen, jede scheint sich eine Ecke gesucht zu haben, in der sie fortlebt: Nun sind sie auf engstem Raum versammelt: Dschubare, das jüdische Viertel, die Wiege der Stadt; der zoroastrische Feuertempel im Westen, Überbleibsel aus sassanidischer Zeit; die Gegend um den «Alten Platz» und die Freitagsmoschee, das Zentrum der Stadt im Mittelalter, als Avicenna hier die Kranken heilte; das safawidische Isfahan rund um den Schah-Platz; das Christenviertel Dscholfa, entstanden im 16. Jahrhundert, als Schah Abbas die Armenier hier ansiedelte. Isfahan ist eine Manifestation der größtmöglichen Divergenz, ein Triumph der Singularität: das Nebeneinander von fünf Religionen und vier Sprachen, die Koexistenz von Dutzenden verschiedener Weltanschauungen, die Gleichzeitigkeit von Prähistorie, Tradition und Moderne in einer Stadt.
Das Leben in Iran spielt sich hinter den Mauern ab, heißt es, im privaten Raum, nicht auf der Straße. Wer wie die meisten Touristen außen bleibt, sieht davon nichts und lernt zum Beispiel von der iranischen Küche ausschließlich jenen kleinen Teil kennen, für den auch die Iraner selbst eigens ein Restaurant aufsuchen. Gilt die strikte Trennung von privatem und öffentlichem Raum für ganz Iran, ist doch keine Stadt eine solche Schatzkammer wie Isfahan. Öffnet sich eine ihrer zahllosen, immer unscheinbaren Türen, tritt man mit einem einzigen Schritt in eine neue, unerwartete Welt ein, eine mittelalterliche Werkstatt vielleicht, die jahrein jahraus eine bestimmte Kachelart, die man nur in Isfahan findet, auf eine Weise zu bearbeiten weiß, wie man sie nur in Isfahan beherrscht, so daß ein geometrisches Muster entsteht, das nur in Isfahan vorkommt. Vielleicht öffnet sich die Tür zu einer der vielen Dichterversammlungen oder einer privaten Filmvorführung von Theo Angelopoulos' neuem

Film, der soeben als Video in Isfahan angelangt ist. Hinter der Tür könnte auch eine Greisin sitzen, die zwischen den Zügen an ihrer Wasserpfeife die Zukunft des Besuchers vorhersagt, oder ein Bankmanager, der, zurückgekehrt aus Kalifornien, in Isfahan das *New Age* einleiten möchte; vielleicht trifft man auf das Vereinsbüro der isfahanischen Rennradfahrer, die von den Pyrenäen träumen, oder einen frommen Mullah, der für alle Kranken und Verzweifelten dieser Stadt, alle liebestollen Jünglinge und ungewollt schwangeren Mädchen ein offenes Ohr und ein großes Herz hat. Oder die Tür geht auf, und man ist auf einer Party, die Kids streiten sich, ob Madonna, deutscher Techno oder US-iranischer Softpop aufgelegt wird, auf dem Bildschirm läuft – dank der gerade eingetroffenen, kleinen Satellitenschüssel, die von den Sittenwächtern nicht auszumachen ist – *MTV* (und später am Abend führen drei Jugendliche ihren neuesten persischen Rap vor). Möglicherweise befindet sich die Tür auch in Dscholfa mit seinen vielen alten Wohnpalästen, die sich durchweg hinter hohen, schmucklosen Mauern verbergen. Ohnehin gehört es zum schönsten in Iran, den Abend im Kreise einer Großfamilie zu verbringen, zu beobachten, wie fünfzehn, zwanzig Menschen jeglichen Alters, Kinder und Greise eingeschlossen, ein gemeinsames Gespräch führen: Einzelne Grüppchen bilden sich hier und da, aber dann fügen sich die einzelnen Fäden der Unterhaltung wieder zueinander, und alle, wirklich alle reden miteinander, das ist das Erstaunlichste. Daß sich Alte und Junge in Deutschland wenig zu sagen haben, daß es kaum Orte gibt, an denen sie sich treffen, Folge oder Ursache der gesellschaftlichen Trennung der Generationen, erscheint einem hinter Isfahaner Türen ein sehr exotisches Phänomen zu sein.

Oder es sind Türen zu Moscheen, Feuertempeln, Kirchen, Synagogen, die sich öffnen; vielleicht auch wird einem die Gunst gewährt, eines jener Klöster zu besuchen, die einen jeden Glauben gelten lassen, die Klöster der Derwische.

7 Revolutionen lassen sich als Werkzeuge des Allgemeinen beschreiben. Nach den mörderischen Kapriolen des gestürzten Autokraten und seiner Clique von korrupten Lebenskünstlern gilt alles Individuelle als verdächtig. Deshalb führen Revolutionen fast immer zu erzwungener Gleichheit. Der Mao-Anzug ist dafür ebenso ein Sinnbild wie die gesetzlich verordneten Modeideale des real existierenden Islamismus.

Von der Macht des Allgemeinen betroffen sind zuallerst diejenigen, deren Lebensstil, Weltanschauung oder äußere Erscheinung von der revolutionären Norm abweichen, religiöse Minderheiten ebenso wie Nomadenstämme oder verwestlichte Jugendliche. Doch die Schwere des Konfliktes ist jeweils unterschiedlich, und der Grad von Freiheit in einem Land läßt sich nicht immer nur durch die Freiheit des Andersgläubigen bestimmen. Bedroht von der Islamischen Republik ist auch die Freiheit der Muslime selbst. Am schlimmsten trifft der Islamisierungsprozeß diejenigen Gruppen, die mit ihrer bloßen Existenz die ideologische Legitimation seiner Protagonisten in Frage stellen, in diesem Falle: deren Alleinvertretungsanspruch für die islamische Lehre. So ist es weitaus beschwerlicher in der Islamischen Republik, Führer eines mystischen Ordens zu sein als beispielsweise zu den säkularen Intellektuellen oder den Christen des Landes zu gehören. Diese können sich in ihre Nischen zurückziehen, Kulturzeitschriften gründen, Traditionspflege betreiben und dabei Kritik offen aussprechen. Dagegen ist der Islam der Sufis, ohne von ihnen selbst politisch gedeutet werden zu müssen, eine brisantere, weil arteigene Anfechtung der Staatsideologie – mit seiner Betonung von Nächstenliebe und Toleranz, seinen ekstatischen Praktiken, welche der individuellen Glaubenserfahrung dienen und sich von der Buchstabenfrömmigkeit der Orthodoxie abheben. Für die traditionell zahlreichen Isfahaner Derwische hat das zur Folge, daß ihre Versammlungen immer wieder behindert werden, daß sie sich häufig überhaupt nicht oder nur an geheimen, regelmäßig wechselnden Orten treffen können; daß sie jedoch gleichzeitig in den letzten Jahren einen enormen Zulauf aus der Bevölkerung hatten.

Die Mystiker des Neymatollahi-Ordens, an deren Ritual in einem ärmeren, traditionellen Viertel ich teilnehmen darf, sind einfache Menschen, Handwerker, Studenten, Arbeiter, kleine Basarhändler. Mönche sind sie nicht: Bis auf die Ordensführer führen sie ein gewöhnliches Leben aus Familie und Beruf, ein Zölibat kennen die Sufis nicht. Auch Frauen gehören dem Orden an, doch versammeln sie sich in einem anderen Raum, der mir verschlossen bleibt. Nachdem die Derwische den Abend mit der Rezitation des Korans und gemeinschaftlichen Gebeten begonnen haben, spricht der *Pir*, der Ordensführer, über die Liebe zu Gott und die Liebe zu den Mitmenschen. Mit seinem festlichen Gewand, dem Rauschebart und den langen weißen Haaren sieht er aus wie ein etwas zerzauster orientalischer Nikolaus, und so zärtlich lächelt er auch. Als er die Predigt mit Bittgebeten hat ausklingen lassen, reichen ihm einige kräftige Männer eine Schüssel von etwa zwei Metern Durchmesser, die von einem imposanten Berg Lubya-Polo bedeckt ist, einem Gericht aus Reis, Bohnen und Fleisch. Die Sitte verlangt es, daß der *Pir* das gesamte Essen eigenhändig verteilt, um seine Demut gegenüber seinen Schülern sowie den Bedürftigen, die an der Speisung teilnehmen, zu bezeugen. Bei der Anzahl der Anwesenden dauert die Speisung fast eine Stunde und treibt dem Greis den Schweiß auf die Stirn und unter den weißen Turban. Während die einen noch essen, werden den anderen schon Datteln, Süßigkeiten und Tee gereicht, es wird mit leiser Stimme geschwatzt, auch Alltägliches berichtet und gelacht, ohne daß der Grundton aus Ehrfurcht und Andacht gestört würde.

Nach neuerlichen Gebeten verabschieden sich die Mystiker

von den Bedürftigen und Gästen, um sich in einem fensterlosen Saal zu versammeln. Ich nehme an der Wand Platz, während sie im großen Kreis gegenüber sitzen und die Tür geschlossen, das Licht gelöscht wird. Arabische Gebetsformeln werden im Chor gesprochen, persische Verse gesungen, die ersten Trommeln geschlagen. Zunächst einzelne, dann nach und nach immer mehr Stimmen scheren aus dem Chor aus, um sich immer wieder im Refrain zu treffen. Einige der Männer, vielleicht auch alle sind aufgestanden und bewegen sich, der Klang der Fersen, ihr Atem und das Rauschen der verdrängten Luft verraten es. Das Tempo steigert sich, immer ekstatischer klingen die Trommeln, die Gesänge verwandeln sich zu einzelnen Rufen, die in der raschen Aufeinanderfolge selbst etwas Trommelartiges annehmen: Spannung in dem Sinne, daß alle Anwesenden in einem Zustand höchster, selbstvergessener Erregung und gleichzeitig alle füreinander vorhanden sind, wie mit einem unsichtbaren Band verbunden (aber was ist schon unsichtbar in der Dunkelheit?), eine Spannung, die auch mich ergreift und trotz der physischen Reglosigkeit zu einem Teilnehmer verwandelt, in Fühlung mit ihnen, mit sich, mit einem Höheren. Nach ein oder zwei Stunden ist das Ritual, ohne daß jemand ein erkennbares Stichwort gegeben hätte, beendet. Das Licht fällt auf abgekämpfte, selige Gesichter. Die Männer umarmen und küssen sich.

Es ist wie mit aller mystischen Erfahrung: Über sie zu sprechen ist ein Widerspruch in sich selbst. Zudem war es einfach dunkel, alle Beobachtungen (ganz zu schweigen von den daraus gezogenen Schlüssen) waren schon daher spekulativ. Aber ich wußte, als ich spätnachts nach Hause fuhr, daß ich eine solche Gleichzeitigkeit von Individualität und Gemeinschaft schon einmal, aber völlig anders erlebt hatte, in der Molla-Neysan-Synagoge von Dscholfa. Diese Menschen brauchen weder psychoanalytische Selbsterfahrung noch den kathartischen Vorgang des Schauspielens, um zu sich zu finden oder so etwas wie Erfüllung zu erreichen, und auch keine theologischen Autoritäten, die ihnen Gott erklären.

8 Besonders zur Zeit des ersten Golfkrieges, als Isfahan von Saddam Husseins Raketen beschossen wurde und die Herrscher die schiitische Volksfrömmigkeit mit ihrem Märtyrer- und Leidenskult als mythologisches Reservoir zur Mobilisierung der Massen gebrauchten, wurde nichtkonformes Verhalten leidenschaftlich bekämpft. Ein allzu lautes Lachen auf der Straße, die falsche Musik im Auto, ein religiöses Ritual mit Musik, wie es die Sufis seit jeher praktizieren, das Tragen einer Krawatte, Nagellack auf den Fingern war den Revolutionswächtern ausreichender Grund, die Abweichler abzuführen und notfalls mit Peitschenhieben auf den einen Weg der Tugend zurückzuführen. Vermutlich ist die Bedrohung des Partikularen im Zuge des revolutionären Prozesses ohne den Verlust an Individualität nicht zu erklären, den die Vorherrschaft des Westens dem Land gebracht hat. Sechzig Jahre verordnete Modernisierung unter Schah Mohammad Reza Pahlawi und seinem Vater haben das Land zwar in vielem vorangebracht, aber auch zu verlassenen Dörfern, gesichtslosen Städten, zivilisatorischer Verarmung geführt: Jahrhundertealte Traditionen des Theaters, der Musik, der Caféhauskultur brachen von einem auf das andere Jahrzehnt weg. Einzelne Denker wie Dschalal Al-e Ahmad, Ali Schariati, Mehdi Basargan analysierten diese Entwicklung bereits früh. Ihre Kritik an der Verwestlichung wurde in den siebziger Jahren zum Allgemeingut der kritischen Intelligenz Irans. Sie trafen sich darin mit den Führern der schiitischen Geistlichkeit, die den Verfall der Sitten und die Ausbeutung des Landes durch einen vom Westen eingesetzten Monarchen anprangerten. Ein explosives Gemisch entstand: Die Intellektuellen schrieben die Manifeste, die Geistlichen mo-

bilisierten die Massen. Im nachhinein erscheint die Revolution als das natürliche Fiasko am Ende eines dialektischen Prozesses. Als Schah Reza 1936 das Kopftuch verbieten ließ und seinen Ordnungskräften befahl, Frauen auf der Straße den Schleier vom Leib zu reißen, hätte man sich ausrechnen können, daß in diesem Land einmal eine Regierung herrschen wird, die das Kopftuch zur gesetzlichen Pflicht macht. Ein paar Jahre früher hatte der Schah von einem auf den anderen Tag alle Männer gezwungen, westliche Straßenanzüge zu tragen; nur die Theologen durften das traditionelle lange Gewand mit dem Turban behalten. Damit hat der Schah entscheidend dazu beigetragen, daß sich der Klerus als Institution überhaupt erst herausgebildet hat, denn zuvor waren Laien und Geistliche gar nicht so einfach voneinander zu unterscheiden, war doch das Studium an den Theologischen Seminaren nicht bloß den Mullahs vorbehalten und trugen auch manche Angehörige weltlicher Berufe den Turban. Manche Menschen mußten sich überhaupt erst entscheiden, ob sie sich als Theologen betrachteten oder nicht. Weil er es ablehnte, zu einer Entscheidung gezwungen zu werden, zog es einer meiner Vorfahren vor, das Haus bis zu seinem Tod nicht mehr zu verlassen.

Isfahan hat in seiner Geschichte Plünderungen, Brandschatzungen, Massenmorde und militärische Debakel erlebt. Mehr als einmal wurde es bis auf die Grundmauern zerstört. Immer wieder ist die Stadt neu errichtet worden und erstrahlte hernach in noch größerem Glanz, weil sie die neuen Einflüsse letztendlich zu assimilieren verstand. Das deutlichste und zugleich schauerlichste Beispiel sind die turkstämmigen Timuriden, die 1386 Isfahan belagerten. «Als Timur in Sichtweite der Stadtmauern war», berichtet der Hofbiograph Ebn-e Arabschah, «befahl er den Soldaten ein Blutbad, Schändung der Moscheen, Schlachten und Plündern, Verwüstung und Verbrennen der Ernte; den Frauen sollten die Brüste abgeschlagen, Kinder geschlachtet, den

Toten die Glieder abgehackt, die Ehre beschmutzt werden, Angehörige sollten betrogen und verlassen werden, der Teppich des Mitleides sollte zusammengefaltet und trotz allen Flehens die Decke der Rache ausgebreitet werden. Für keinen in der Stadt hatte er Gnade.» Zweihunderttausend Isfahanis sollen Timurs Grausamkeit zum Opfer gefallen sein. Als er abzog, ließ er eine Pyramide aus siebentausend Schädeln aufrichten. Aber nur zwanzig Jahre später leiteten seine Nachfolger die letzte Blüte mittelalterlicher Kunst und Kultur in Persien ein. Die Moscheen und Paläste, die in Isfahan in jener Zeit errichtet wurden, stehen denen der Safawiden an Originalität und Pracht kaum nach.

Der Siegeszug der Moderne, eingeleitet von Naser ad-Din Schah im 19. Jahrhundert, begann unscheinbarer: die ersten Schauspielhäuser, die im Laufe einiger Jahrzehnte die traditionellen Theaterspektakel, die Passionsspiele und die iranische Variante der Commedia dell'Arte, das *Ruhouzi*, verdrängten; die ersten Autos in den zwanziger Jahren, die mehrstöckigen Gebäude, die bald errichtet wurden, die westlichen Anzüge, die zu tragen den Männern zur Pflicht gemacht wurde: Das alles kam tröpfchenweise. Aber es hat die Stadt in ihrem Lebensnerv getroffen, zielsicherer als alle Invasoren zuvor, weil es zu einem Bruch mit der eigenen Vergangenheit führte, die eigenen geistigen und ästhetischen Traditionen aushöhlte. Wer heute nach Isfahan kommt, wird immer noch, wie in kaum einer anderen Stadt des Mittleren Ostens, das Wunschbild vom Alten Orient entdecken, seine Bauwerke und Straßenzüge, seine Kultur und seine Gerüche, die Rosengärten und Springbrunnen inmitten der Wüste. Aber er wird auch nicht verkennen können, daß Isfahan kein Museum ist, sondern eine heutige Großstadt voller Bausünden, heruntergekommenen Vororten, großen sozialen Problemen, Verkehrschaos, Smog. Viele Sehenswürdigkeiten existieren nur noch als Straßennamen und in der Erinnerung der alten Leute. Für den

Besucher sind die Schätze der Stadt immer noch überwältigend. Für ihre alten Bewohner lassen sie allenfalls erahnen, wieviel verlorenging.

9 «Isfahan ist nicht mehr», schließt Mohammad Mehriar, und er sagt es mit der klaren und nicht mehr zu erschütternden, der objektivierten Verzweiflung, wie sie alten Männern eigen ist, zum Beispiel wenn sie über die seit langem tote, eine und einzige Geliebte ihres Lebens sprechen. Herr Mehriar ist das lebende Gedächtnis der Stadt, ihr Gewissen, ihre Seele, ihr ältester Sohn und zugleich ihr größter Liebhaber. Er ist eine Institution. Die Stadtoberen achten den Vierundachtzigjährigen heute ebenso wie zu Zeiten der Monarchie, die Kunstschaffenden und Kulturinteressierten bemühen sich, ihre Initiativen von ihm absegnen zu lassen, um sie bei den Behörden durchzusetzen, die jungen Dichter lesen ihm ihre Werke vor. Der Historiker, der sich auf Arabisch ebenso fließend unterhalten kann wie auf Englisch, ist einer von jenen greisen Gelehrten, wie es sie in Städten wie Isfahan immer zu geben scheint: wandelnde Enzyklopädien und begnadete Erzähler zugleich.
Wenn Herr Mehriar über alte Zeiten spricht, wird das Isfahan von heute ganz grau. Damals muß, glaubt man Herrn Mehriar, jeder Dachdecker ein Künstler, jeder Rohrverleger ein Physiker gewesen sein. Alte Männer soll man erzählen lassen:
«Als wir vor 70 Jahren auf den Berg im Süden der Stadt stiegen, sahen wir, wie die schönen Haine die Stadt wie ein Ring umfaßten und wie in der Mitte der Zayanderud wie eine silberne Schnur gespannt war. Nicht umsonst nannte jeder, der nach Isfahan kam, es die Stadt des Türkis. Ja, genau das war es. Diese grünen Haine rund um Isfahan, und alle Häuser waren groß und hatten in ihren Gärten viele Bäume, und inmitten der braunen Gebäude strahlten die blauen Kacheln der Moscheenkuppeln. Schon aus der

Ferne nahm Isfahan die Herzen aller für sich ein. Ich erinnere mich, als ich Schüler in der Theologischen Hochschule war, daß uns der Gesang der Nachtigallen nachts nicht schlafen ließ. Das klingt jetzt wie ein Märchen, aber das war wirklich so: Die Nachtigallen haben so herrlich und hell gesungen, daß wir einfach nicht einschlafen konnten. Gewöhnlich hatte jedes Haus ein großes Wasserbassin, und auf jeder Seite des Hauses war ein Garten. Über uns war der Himmel voller Sterne, das haben Sie nicht mehr erlebt. Das war eine hinreißende, eine herzbetörende Atmosphäre. Die Leidenschaft der Isfahanis für Wasser und Pflanzen ist unbeschreiblich. Sie war es, die das schöne, überall grüne Isfahan entstehen ließ, mit seinen Bäumen und seinem Wasser, egal, wo man hinblickte.

Die Besonderheit von Isfahan war, daß sich in allen Bereichen des Lebens die alte Zivilisation manifestierte, in der Wasserversorgung ebenso wie in der Kochkunst, im Umgang mit dem Feuer ebenso wie in den Heizungsanlagen, in der Gartenkunst nicht weniger als in der Architektur. Wer die Augen öffnete, konnte sehen, wie diese Blutader des Alters und der Geschichte ihrer Zivilisation durch die Köpfe und Herzen der Isfahanis reichte. Heute sehen Sie ein großes Gebäude wie die Schah-Moschee oder die Scheich Lotfollah-Moschee. Sie können sich zurecht verwundert fragen, wie so etwas entstehen konnte. Aber ist Ihnen bewußt, daß jene Architekten, die sie entworfen, und jene Maurer, die sie gebaut haben, auf dem Boden einer alten Zivilisation standen? Diese Zivilisation war es, die ihre Ideen in ihren Köpfen überhaupt entstehen ließ, damit sie diese Kuppeln in dieser Form, ohne technische Hilfsmittel und ohne Wissenschaft im modernen Sinn, errichten konnten. Ihr Wissen reichte wahrscheinlich zurück zu jenen persischen Stämmen, die ihre Zelte kuppelförmig errichteten.

Einer der Fehler des früheren Schahs war, daß er Zwang

und Gewalt gebrauchte, um die moderne Zivilisation durchzusetzen. Der Boden der alten Zivilisation ist der Stadt entzogen worden, und es wird sehr lange dauern, bis die Menschen die neue Zivilisation so verinnerlicht haben, daß sie Gebäude mit der gleichen Schöpferkraft wie früher errichten können. Wieviel Mühe machte man sich früher mit einer einzigen Holztür, einer einzelnen Wasserleitung, welch handwerkliches Geschick und künstlerische Kreativität kam da zum Ausdruck! Das haben Sie nicht mehr gesehen, denn das jetzige Isfahan ist westlich geworden; die Rohre sind aus Beton, die Türen aus Eisen.
Ja, das Symbol der importierten westlichen Zivilisation sind Eisenträger und Eisentüren. Das ist nicht mehr die alte Isfahaner Kunst, als man noch die schönen Holztüren mit ihren Verzierungen zimmerte. Das ist nicht mehr die präzise und weitblickende Architektur, die sich die Mühe macht, eine schöne Kuppel zu bauen. Sie ziehen vier Pfeiler hoch aus Ziegeln, darüber werfen sie ein Eisengerüst, und das soll dann eine Schule sein oder eine Moschee. Keines dieser neuen Gebäude hat ‹*character*›, wie die Westler sagen. Wenn ich dann manchmal zu Besuch in einem dieser alten Häuser bin, dann labe ich mich förmlich an diesem Anblick. Ich will dann gar nicht mehr gehen. Das nimmt mich sehr mit. In den alten Palästen ist es ebenso, auf dem Schah-Platz, im Basar von Isfahan. In der Stadt ist ja kaum noch etwas übrig von diesen herzerfrischenden Orten. Das meiste ist vernichtet worden. Isfahan hat seine Vergangenheit vernichtet.»

10 «Es ist, als ob in der heutigen Architektur, trotz aller Mittel, über die sie verfügt, Geschmack und Wohlgefallen verschwunden sei», schrieb Sadeq Hedayat 1932 in seinen Reisenotizen, die als *Esfahân nesf-e djahân* («Isfahan ist die halbe Welt») veröffentlicht wurden und zu den kaum bekannten Schmuckstücken seines Œuvres gehören: «Die Ge-

bäude, die man jetzt baut, sind dem Stil nach weder iranisch noch europäisch. Jedes Gebäudeteil verkündet etwas anderes. Die Säulen, zum Beispiel, sind nach griechischer Manier, die Gewölbe iranisch und die Fenster eine Imitation des englischen Stils; so entsteht der Eindruck, die verschiedenen Teile wollten sich alle verselbständigen und man müsse das Gebäude fest umarmen, damit sie nicht voreinander fliehen. Wie beschämend ist es, daß die Architektur-Studenten zwar die Baumeister des Louvre oder der Pariser Oper kennen, nicht aber die des Taj Mahal, des Schlosses von Jaldiz und der Schah-Moschee, die doch Iraner waren.»

Meine Cousine ist Architektin, kennt die Baumeister des Louvre ebenso wie die der Schah-Moschee und ist – der Hinweis dürfte angesichts von Vorurteilen nicht überflüssig sein – als fünfundzwanzigjährige junge Dame Chefin einer ganzen Abteilung männlicher Architekten, Ingenieure und Zeichner. Ihr Büro befindet sich in einem alten, denkmalgeschützten Haus, von denen es in Isfahan noch etwa 1600 gibt, jedes ein Museum, Zeugnisse einer Epoche, in der die Menschen (die Reichen zumindest) zu leben verstanden: Miniaturen, Stuckarbeiten, Iwane, Kuppeln, riesig hohe Decken, Wandgemälde, Glas- und Spiegelarbeiten, Einlegearbeiten – und immer ein Innenhof mit Bäumen, mit Grün und mit einem Brunnen. Man spürt auf solchen Grundstücken die Sehnsucht der Menschen nach dem Paradies. Man kann solche Häuser, von denen allerdings viele bereits im Stadium des fortgeschrittenen Verfalls sich befinden, heute in Isfahan für einen lächerlichen Betrag kaufen. Der Erwerb eines großen alten Hauses mit Garten, Innenhof und Brunnen ist in der Regel billiger als der eines durchschnittlichen Appartements. Die Schätze einer anderen Zeit werden verschleudert, da sie nichts mehr wert sind, da sich ihr Erhalt nicht rechnet in dieser Zeit.

Es gibt durchaus eine Rückbesinnung auf die eigene Kultur, sagt der Chef des Büros, Dr. Ghane'i, doch kratze sie häufig nur an der Oberfläche. Man baut ein Gebäude komplett in einem billigen westlichen Stil und setzt oben drauf eine Kuppel oder verziert es mit einem Mosaik. Man übernimmt Formen der iranischen Architektur, ignoriert aber deren Inhalte, die Philosophie und Weltanschauung, die in eben dieser Form ihren Ausdruck gefunden hat. So wie man den Gedanken eines Teppichs vergessen hat – daß ein Teppich zunächst eine Fläche ist, auf der man sitzt, liegt, spielt, schläft und ißt, daß er so geknüpft ist, damit er allein eine Wohnung mit Farben versorgt, daß man ihn nicht beliebig mit Möbeln und Farben kombinieren kann, ohne seine Idee zu verraten –, hat man den Gedanken der iranischen Architektur vergessen, den Gedanken eines Lehmgebäudes ohne Ecken, das im Sommer kühl und im Winter warm ist, den Gedanken einer Kuppel, den Gedanken eines Atriums, den Gedanken eines Brunnens, den Gedanken der nach innen gekehrten Bauweise, die nach außen nichts ist und deren Leben und Pracht sich ausschließlich im Innern entfaltet und zeigt. Und ebenso wie man die Gedanken vergessen hat, hat man die Techniken vergessen. Es heißt, daß ein iranisches Haus Bögen haben solle, also meißelt man Bögen in den Beton. Ein Bogen setzt eine bestimmte Technik voraus, eine bestimmte Art mit Lehm oder mit Ziegeln umzugehen. Ein Bogen in einem Bürogebäude, dessen Stil und Bauweise sich ansonsten vollkommen nach westlichen Mustern und Techniken richtet, ist ein Witz. Man sollte Techniken der Tradition übernehmen und nicht ihre Formen, aber leider ist es umgekehrt. Eine Postmodernität zeichnet viele neue iranische Häuser aus, im denkbar negativsten Sinne: Weil alles möglich ist, übernimmt man aus allen Kulturen das Billigste, Oberflächlichste und Häßlichste, wirft es zusammen, schüttelt es kräftig, und heraus kommt moderne iranische Gebrauchsarchitektur. Schon anhand der iranischen Wohnungseinrichtung im Verlauf der Jahrhunderte ließe sich eine Geschichte Irans schreiben, eine Geschichte vom Aufstieg, Glanz und Niedergang einer Nation, die alle Invasoren iranisiert, alle Fremdeinflüsse integriert hat – bis auf die letzten, die aus dem Westen kamen. Diese ästhetische Geschichtsschreibung könnte allein über die Einrichtungstradition des Landes ganze Bände füllen und sie zugleich in einem Satz zusammenfassen: Teppiche und sonst nichts; keine Möbel, keine Dekoration, keine Bilder. Leere Wände, weiß oder lehmbraun. Aber wunderschöne Teppiche. Heute stehen in vielen Wohnungen Louis-XV.-Möbel, an den Wänden hängen Stilleben nach europäischem Vorbild in schweren goldverzierten Rahmen, dazwischen – legt die Familie Wert auf Verbundenheit mit der eigenen Kultur – Kunsthandwerksplunder vom Bazar. Alles ist hoffnungslos überladen, überfüllt, übertrieben und hilflos. Die Farben, die einem entgegenschreien, betritt man eine solche Wohnung, wecken die Sehnsucht nach weißen Wänden, nach Wüste, nach den formvollendeten, ausgewogenen Farbengemälden iranischer Landschaften, iranischer Teppiche.

Vielleicht ist es den heutigen Stadtvätern Isfahans nicht zu verdenken, daß sie sich um den Feinsinn der ästhetischen Tradition nicht allzusehr scheren, schließlich haben sie mit ganz anderen Problemen zu tun, mit drohender Verslummung, mit Verelendung, Verschmutzung, Verkehrskollaps, Verbrechen. Nicht ohne Erfolg kümmern sie sich um den öffentlichen Nahverkehr, die Müllentsorgung, die Erweiterung der wunderschönen Parkanlagen, um Sozialeinrichtungen, die touristische Infrastruktur und Freizeitmöglichkeiten. Vor die Wahl gestellt, werden sie immer der Schnellstraße den Vorzug vor der Restaurierung eines alten Bades geben. Daß, wie es vor einigen Wochen nach der Zerstörung des historischen Khosru-Aqa-Bades geschah, die lokale Denkmalschutzbehörde sogar gerichtlich gegen nächtliche Abrißaktionen der Stadtverwaltung vorgeht, nehmen sie in Kauf. Die meisten Isfahanis werden es ihnen danken.

Angesichts der Wohnungsknappheit dürfte auch ihnen der Gedanke äußerst verlockend vorkommen, daß auf dem Grundstück eines dieser alten, weitläufigen Häuser aus dem achtzehnten Jahrhundert, mit sechs oder acht Zimmern und einem malerischen Garten in der Mitte, ein Wohnblock mit vierzig oder fünfzig Wohneinheiten gebaut wird. Immerhin kümmert sich die Stadtverwaltung, angetrieben von der UNESCO, die Isfahans Altstadt zum Weltkulturerbe erklärt hat, inzwischen intensiv um den Erhalt zumindest der wichtigsten historischen Stätten, nicht zuletzt weil sie ein bedeutender Wirtschaftsfaktor für die Stadt sind. Wenn man weiß, daß es noch immer Kräfte in Isfahan gibt, die in den Palästen und prachtvollen Moscheen Denkmäler der Monarchie und Perversionen des islamischen Geistes sehen, ist man darüber schon erleichtert.

11 Die politische Stimmung ist angespannt in diesen Dezembertagen des Jahres 1995. Wie überall im Land nehmen auch in Isfahan die Übergriffe der islamistischen Schlägertrupps zu; zuletzt haben sie einen Vortrag des Teheraner Philosophen Abdolkarim Sorusch gestürmt. Vor zwei Monaten wurde der Übersetzer Ahmad Miralaí, der bekannteste Intellektuelle der Stadt, tot in einer Seitenstraße aufgefunden, vor dem Haus des Filmkritikers Zaven Ghokasion. Eine Wodkaflasche in der Hand der Leiche sollte den Eindruck erwecken, Miralaí habe sich im Hause seines armenischen Freundes zu Tode gesoffen, aber die Version nimmt den Behörden niemand in Isfahan ab. Die Repression, zu der das Regime in den letzten Monaten wieder verstärkt Zuflucht nimmt, ist ein Zeichen seiner Angst, nicht seiner Stärke. Ein grundlegender Wandel der politischen Verhältnisse scheint auf Dauer nicht abwendbar zu sein. Hier weiß man von der Gültigkeit des neunhundert Jahre alten Vierzeilers von Omar Khayyam:

Geschlechter sind erglüht wie helle Funken,
Haben gelebt, geliebt, gehaßt, getrunken.
Sie leerten hier ein Glas und sind verlöscht,
Sind in den Staub der Ewigkeiten versunken.

Man schöpft Hoffnung, man relativiert, man atmet tief durch, wenn man in Isfahan ist. An manchen Tagen, an guten Tagen denkt man in Epochen. War Isfahan nicht schon unter Darius und Xerxes eine königliche Residenz? Ist nicht schon Alexander der Große hier vorbeigekommen? Wie oft ist die Stadt zerstört worden, welche Massaker hat es gegeben, das Wüten der Mongolen allein, Berge aus abgeschlagenen Köpfen. «Gestern klagten noch zweihundert Menschen um einen Toten, heute gibt es niemanden mehr, der um Hunderte von Toten klagen könnte», notierte der Dichter Kamal Ismail in seinem Versteck, bevor die Mongolen auch ihn aufstöberten und seinen Kopf auf den Berg warfen.

Und doch sind es nicht die Knochen und das Blut, deren Überbleibsel und Spuren überdauert haben, sondern die Pracht und die Würde eines Ortes, an dem seit Jahrtausenden Menschen ihrem Tagwerk nachgegangen sind und andere danach getrachtet haben, Monumente für das nächste Jahrtausend zu erschaffen. Wenn es klug ist, wird auch das zukünftige Iran seine Inspirationen aus Isfahan empfangen.

«Die lobenswerteste ihrer Eigenschaften», schrieb der Franzose Jean Chardin im 17. Jahrhundert über die Isfahanis, «ist ihre Güte Fremden gegenüber; der Empfang und der Schutz, den sie ihnen gewähren, ihre umfassende Gastfreundschaft und ihre Toleranz in bezug auf die Religion.» Das Staunen über die Glaubensvielfalt, den «besondern Freisinn in Religionssachen», wie Goethe im West-östlichen Divan schrieb, findet sich in zahlreichen Reiseberichten jener Zeit.

«Diese Stadt gibt mir eine Ruhe, die ich an keinem Ort der Welt finde», sagt Zaven Ghokasian, und daß am Ende dieses Berichtes noch einmal ein armenischer Isfahani und christlicher Iraner zu Wort kommen, ist mit Bedacht gewählt. «Es gibt eine besondere Art der Freundlichkeit in dieser Stadt, bei den alten Leuten, eine Zärtlichkeit, mit der ich groß geworden bin. Wegen dieser menschlichen Wärme liebe ich Isfahan.» Daß Isfahan die halbe Welt ist, wie das berühmte Sprichwort es will (*Esfahân nesf-e dschahân*), mag im Sinne der Fülle von Lebensentwürfen gedeutet werden, welche es beherbergt. Isfahan ist keine multi-kulturelle Idylle, ist es nie gewesen. Aber wenn die Stadt ihren kulturellen Reichtum und ihre religiöse Vielfalt bewahrt, wenn sie allen Bewohnern die Achtung entgegenbringt, die sie verdienen, dann wird Isfahan auch für die andere Hälfte der Welt viele Wege weisen.

Sex and Drugs in der Islamischen Republik

Die Freundin, die eben nach Deutschland zurückgekehrt ist, hat Angst davor, daß ihre Tante Ghazale aus dem Krankenhaus entlassen wird. Die Tante will zurück in ihre Wohnung, wo ihr Sohn Parwiz eingezogen ist, nachdem ihn seine Frau mitsamt der Kinder verlassen hatte. Das war vor drei oder vier Jahren. Parwiz war ständig betrunken gewesen und hatte auch angefangen, Drogen zu nehmen. Danach ging es, wie Geschichten eben gehen, die mit Sucht beginnen und damit enden, daß die Frau sich mitsamt den Kindern in Sicherheit bringen muß. Nicht einmal Tante Ghazale hatte widersprochen, als ihre Schwiegertochter ankündigte, zu ihren Eltern zurückzukehren. Die Freundin sagt, daß ihre Familie Parwiz viel zu lang in Schutz genommen hatte. Sie hätten sich für Parwiz geschämt und dafür, daß sie nicht entschlossener eingeschritten waren.

Parwiz fühlte sich von der Familie im Stich gelassen und blieb fern, wenn sie sich freitags oder zu einem Fest trafen.

Nur zu seiner Mutter hielt er Kontakt. Vor einem Jahr zog er bei ihr ein, weil sein Ingenieurbüro pleite war und die Gläubiger ihm auf den Leib rückten. Wenig später fing er an, im Rausch auch sie zu beschimpfen und zu schlagen. Heraus kam das erst, als Tante Ghazale ins Krankenhaus eingeliefert wurde, mehr als nur die Nase gebrochen, mehr als nur ihr Gehirn erschüttert. Die Freundin sagt, daß sie zum ersten Mal in ihrem Leben nicht mehr nach Iran zurückkehren möchte. Dort müsse sie sich den ganzen Tag mit den Katastrophen in ihrer Familie herumschlagen, dazu habe sie keine Lust. Aber sie sagt auch, daß ihr das Land fremd geworden sei. Wenn etwas Iran noch vom Westen unterschieden habe, dann sei es *Ehterâm* gewesen, der Respekt, den man Älteren und zumal der Mutter entgegengebracht hat. Gewalt, Betrug, Haß, Promiskuität, Drogen – immer schon kam in iranischen Familien vor, was in den besten Familien vorkommt, das weiß auch die Freundin. Aber daß ein Sohn seine eigene Mutter verprügelt, das hat in ihrem Weltbild keinen Platz.

Die Werte der Religion, die sozialen Bindungen, die zirzensischen Riten der Höflichkeit, die alltäglichen Abläufe in einer gewöhnlichen Familie des Mittelstands – all das ist aus den Fugen geraten, durcheinandergewirbelt in zwei Jahrzehnten aus Revolution, Krieg, ideologischer Zwangsherrschaft, politischer Isolation, wirtschaftlichem Niedergang, Landflucht, Massenflucht in das Land, Massenflucht aus dem Land. Die grassierende Korruption, die Allgegenwart des Zynismus, die Schnelligkeit der Bewegungen und Abläufe, die Ausbreitung von Drogen und Verbrechen, auch die um sich greifende Areligiosität, sie waren nicht mehr zu übersehen: Man sah die jungen Heroinsüchtigen – auffallend viele von ihnen Mädchen – in den Parks, man hörte die Verachtung, mit der Jugendliche vom Islam sprechen, man hatte täglich zu tun mit der Korruption, die alle Bereiche der iranischen Gesellschaft erfaßt hat. Die Zeitun-

gen schrieben darüber, die Filmindustrie und das Theater fanden darin ein brisantes Thema, selbst die Herrschenden begannen, sich über die Ursachen Gedanken zu machen. «Das iranische Volk steht am Rande einer sozialen Explosion», warnte in Ghom der konservative Ajatollah Emini, Vorsitzender des sogenannten «Expertenrates», der den Revolutionsführer ernennt. Aber zugleich blieb die Veränderung vor der Haustür, jedenfalls empfand ich es so: In der Familie, unter Freunden, bei Bekannten unterhielten wir uns über die sozialen Verwerfungen, wie man sich als Werktätiger in Deutschland über die steigende Arbeitslosigkeit unterhält oder die Bedrohung durch Krieg und Umweltverschmutzung. Man schimpfte über den Staat oder die Gesellschaft, man fürchtete, daß es einen selbst oder einst die Kinder treffen wird. Aber daß uns längst erreicht hat, wovor wir uns sorgen, das rückte mir erst ins Bewußtsein, als die Freundin mir von ihrer Tante Ghazale erzählte und ihrem Cousin Parwiz.
Gewiß belegt ein einzelner Vorfall in der Bekanntschaft nicht den allgemeinen Verfall der Sitten. Doch sind es viele Vorfälle: der dreizehnjährige Sohn, den die Verwandten in Deutschland zu sich holen wollen, weil seine Eltern zwischen Drogen, Partys und Fremdgehen keine Zeit mehr finden, sich um ihn zu kümmern; die Frau, die in der Nachbarschaft am hellichten Tag vergewaltigt worden ist, weil niemand sich die Mühe machte, ihren Schreien nachzugehen; der Frauenarzt, der von den immer zahlreicheren und immer jüngeren Mädchen erzählt, die ein Kind abtreiben wollen; die ältere Cousine, die abends nicht mehr allein durch die Straßen von Teheran geht, weil sie es satt ist, daß Autos halten und Männer ihr Geld anbieten für Sex; der inzwischen normale Umstand, daß man aus Angst vor Einbrüchen in den Großstädten abends sein Haus nicht mehr unbewacht läßt. Gewiß sind es Geschichten. Doch hat man sich in Iran früher unter Verwandten andere Geschichten

erzählt. Und außerdem sind es mehr als nur Geschichten. Über *sex and drugs* in der Islamischen Republik gibt es Zahlen, sogar von offiziellen Stellen.

Nach Angaben der «Organisation für soziales Wohlergehen», die Drogensüchtige betreut, sitzen drei Viertel aller iranischen Häftlinge im Zusammenhang mit Rauschgiftdelikten im Gefängnis. Vor allem in den östlichen Großstädten ist der Scheidungsgrund inzwischen zu 70 Prozent Drogensucht. Im letzten Jahrzehnt ist die Zahl der Verbrechen um 130 Prozent, die der Drogendelikte um 280 Prozent gestiegen. Die Teheraner Polizei gab bekannt, daß im Jahr 2001 35 Prozent aller Kriminellen, die verhaftet werden konnten, jünger als 25 Jahre waren. Allein im April 2002 wurden in Teheran 50 000 Menschen wegen Drogendelikten festgenommen. Ähnlich rasant steigt die Zahl der Aids-Infizierten. Das staatliche Institut gegen Drogensucht geht von zwei Millionen Drogenabhängigen im Land aus und schätzt angesichts der Steigerungsrate, daß die Zahl innerhalb der nächsten fünfzehn Jahre auf neun Millionen anwachsen wird. Zum Vergleich: Großbritannien mit einer ähnlich großen Bevölkerung hat etwa 200 000 Drogensüchtige. Das gleiche Institut gibt die Zahl der psychisch Kranken in Iran mit zwölf Millionen an. Die Teheraner Stadtverwaltung hat in einem Bericht aus dem Jahr 2000 allein von 1998 auf 1999 einen Anstieg der Prostitution unter Schülern um 635 Prozent errechnet. Die Zahl der Suizidtoten in Iran soll im gleichen Jahr um 109 Prozent gestiegen sein. An den iranischen Schulen hätten sich Drogen epidemisch ausgebreitet: Fünf Tonnen Opium würden dort täglich konsumiert.

Gewiß wirkt sich die Nähe zu Afghanistan, dem weltweit wichtigsten Opiumproduzenten, verheerend aus: Obwohl sie einen verlustreichen, selten gewürdigten Kampf gegen die hochtechnisierten, hochgerüsteten Schmugglerbanden führen, die auf ihrem Weg nach Westen die Wüste im iranischen Osten durchqueren, können die Behörden nicht verhindern, daß ein Schuß Heroin in Teheran billiger und nicht viel schwerer zu haben ist als ein Liter Milch. Aber der Bericht der Teheraner Stadtverwaltung sagt ausdrücklich, daß die leichte Verfügbarkeit von Drogen und die Armut – inzwischen leben offiziellen Angaben zufolge zwölf Millionen Iraner unter der Armutsgrenze und sind zwanzig Prozent der Bevölkerung ohne Arbeit – nur ein Teil des Problems sind. Viele junge Leute würden sich den Drogen aus purer Langeweile zuwenden, weil ihnen keine anderen Möglichkeiten der Unterhaltung zur Verfügung stehen.

Enorm hoch ist dem Bericht zufolge auch die Zahl der jungen Mädchen, die aus ihrem Elternhaus fliehen. Durchschnittlich dreißig Mädchen werden jeden Tag allein in den vier großen Busterminals von Teheran aufgegriffen, verängstigt, verwirrt und verzweifelt. Meist sind sie fünfzehn, sechzehn Jahre alt, aber auch zwölfjährige Kinder finden sich unter ihnen, wie die Frauenaktivistin Mabobeh Abbasglizadeh erzählt. Die typischen Gründe für die Flucht seien sexueller Mißbrauch, Gewalt und Drogensucht der Eltern. Häufig würden sich auch Mädchen aus entlegenen Dörfern in die Großstadt durchschlagen, angezogen von den blinkenden Lichtern im Fernsehen, der Aussicht auf ein selbstbestimmtes Leben oder um einer arrangierten Heirat zu entkommen. Wenn die Mädchen Glück haben, bekommen sie einen der wenigen Plätze in einem Heim, wo Wohlfahrtsorganisationen und Sozialarbeiter sich um sie kümmern; ansonsten werden sie nach Hause geschickt oder landen wieder auf der Straße. Von dort führt der Weg zu neunzig Prozent in die Prostitution, wie es im Bericht der Teheraner Stadtverwaltung heißt, der weiter ausführt, daß durch die extrem jungen Mädchen, die von zu Hause weglaufen, das Durchschnittsalter der Prostituierten in den letzten Jahren von siebenundzwanzig auf zwanzig gesunken sei. In Interviews schätzen Vertreter iranischer Wohlfahrtsorganisationen die Anzahl der Frauen, die allein auf den Straßen dem ältesten Gewerbe nachgehen, auf dreihunderttausend. Kürzlich erregte eine Meldung Aufsehen, wonach die Polizei ausgerechnet in einer Theologischen Hochschule der Heiligen Stadt Ghom ein Lager für pornographische Videos und CD-Roms entdeckt hat.

Es wäre ungerecht zu sagen, daß der Staat überhaupt nicht auf die sozialen Probleme reagierte. Zaghaft zwar, aber immerhin hat er Programme eingeführt zur Betreuung Drogenabhängiger und Kampagnen gestartet, die der Prävention von Sucht und Aids dienen. Gemessen an dem puritanischen Bild, das man sich von der Islamischen Republik macht – und das sie selbst ständig von sich produziert hat –, ist die Islamische Republik immer schon zu einem erstaunlichen Pragmatismus fähig gewesen. Das hat sich unter Präsident Mohammad Chatami noch verstärkt. «Manche Leute halten bestimmte Themen für tabu», sagte die stellvertretende Innenministerin Aschraf Borudscherdi gegenüber der Presse. «Aber sie sind Bestandteil der realen Gesellschaft, und sie zu verschweigen löst die Probleme nicht.» Hatte die Islamische Republik schon vor einigen Jahren die Ideen der Familienplanung entdeckt und bis in abgelegene Dörfer getragen, so gewöhnt sie sich mittlerweile sogar an die Legalisierung der Prostitution. «Anstandshäuser» heißen die Bordelle, die der Staat eingerichtet hat, weil er dem ausufernden Gewerbe auf den Straßen allein mit Repressionen nicht mehr Heer wird. Auch um die Ausbreitung von Aids zu verhindern, wird den Frauen dort eine medizinische Minimalbetreuung und Beratung gewährt. Im staatlich festgelegten Preis inbegriffen ist ein Mullah, der den Vertrag über eine «Ehe auf Zeit» besiegelt. Unumstritten sind die Anstandshäuser nicht: Außer erzkonservativen Geistlichen zetern auch manche Feministinnen gegen die Einrichtung staatlicher Stundenhotels, da sie nur der Ausbeutung der Frauen dienten.

In den Städten und speziell in der bürgerlichen Mittelschicht gilt die Zeitehe, eine Besonderheit des schiitischen Rechts, als der Inbegriff überkommener Traditionen. Die Islamische Revolution verhalf ihr – wenn auch in geringem Ausmaß – zu einer Wiederbelebung in eben jenen Kreisen, die der Tradition am entferntesten stehen: Junge Pärchen nämlich, die ohne Trauschein von den Revolutionswächtern aufgegriffen wurden, redeten sich gelegentlich damit heraus, auf Zeit miteinander verheiratet zu sein. Daß ausgerechnet sie, die nichts anderes wollen und nicht sehr viel anders denken als ihre Altersgenossen in Europa, auf einen Passus aus dem schiitischen Recht zurückgreifen, der für ihre Eltern ungefähr so viel Bedeutung hatte wie für einen Protestanten das Kanonische Recht, bezeichnet die Groteske, die in Iran heute aufgeführt wird.
Die Ideologie der islamistischen Gralshüter, der kleinkarierte religiöse Zwangsmantel, den sie den gesamten Land gleich dem Tschador übergestülpt haben, wirkt zwanzig Jahre nach der Revolution wie aus einer anderen Welt. Es ist ein Kostüm, das der Gesellschaft um so zwanghafter umgebunden wird, je weniger es paßt. Da gelingt es dem reformorientierten Parlament kaum, die archaischsten Neuerungen der Islamischen Republik zu beseitigen – die Steinigung von ehebrüchigen Frauen etwa oder die strenge Geschlechtertrennung selbst in den Krankenhäusern und Arztpraxen (die viele Ärzte und Schwestern einfach ignorieren) –, und zugleich ist Iran ein Land, in dem nach Meinung internationaler Kritiker und Juroren die avanciertesten Filme der Gegenwart produziert werden. Teheran ist nicht nur die Hauptstadt eines «Gottesstaates», sondern birgt auch eine ausgedehnte Subkultur aus Dancefloor und Ecstasy, aus Alternativrock, Rap und Techno. Die Zensur mag Wörter wie «Busen» oder «Lust» aus der iranischen Literatur verbannen, aber daß die Teenager sich auf persischsprachigen Chatkanälen ausgiebig über die besten

Stellungen beim Geschlechtsakt, Verhütung und die sichersten Orte für gelegentliche Treffs austauschen, kann sie nicht verhindern. Besonders jungen Mädchen, denen noch weniger Freizeitmöglichkeiten zur Verfügung stehen als ihren männlichen Altersgenossen, ist das Internet zur Fluchtburg in einem Staat geworden, der Sinnlichkeit und Vergnügen unter Pauschalverdacht stellt. Meist wissen sie mehr über Sex als ihre Eltern, und in ihren Vorstellungen von Moral hat Jungfräulichkeit keinen Platz. So ist es unverheirateten Pärchen in der Islamischen Republik erst im November 2002 erlaubt worden, in der Öffentlichkeit Händchen zu halten, aber sobald sie einmal für eine halbe Stunde ungestört sind, kommen sie oft ohne Umschweife zum Sex. Eine Abtreibung kostet 500 Euro, und für 50 Euro können sich die Mädchen operativ der Sorge entledigen, daß Revolutionswächter sie bei einer Party erwischen und eine Polizeiärztin ihre Jungfräulichkeit testet – ein blühendes Geschäft.

Hört man den Reden der Prediger beim zentralen Teheraner Freitagsgebet zu, befindet man sich in allen möglichen Zeiten: in einem Mittelalter aus Scharia und Kreuzzügen, in einer Moderne aus Klassenkampf und Kolonialismus, im apokalyptischen Kampf gegen das Böse. Die Gegenwart jedoch, die sich ein paar Autominuten vom Campus entfernt in den Seitengassen und Hochhaussiedlungen auszubreiten droht, kenne ich anderswoher: aus den Zentren von Karatschi oder Colombo, aus den Randvierteln von New York oder Paris.

Vielleicht gibt es Herrscher, in Nordkorea zum Beispiel, in Bhutan oder im Irak, die noch weniger von der Welt wissen als die Konservativen in der Islamischen Republik, aber sie regieren nicht über eine Gesellschaft, die dank Satellitenschüsseln, Internet und einer zwar unterdrückten, aber dennoch sich Bahn brechenden Gegenöffentlichkeit von der Welt alles wissen kann. So zwanghaft verschließen die Konservativen in Iran die Augen vor ihrem eigenen Land, daß sie im Oktober 2002 kurzerhand den Leiter eines Meinungsforschungsinstituts verhaften ließen, nur weil dessen Umfrage, die das reformorientierte Parlament in Auftrag gegeben hatte, nicht das gewünschte Ergebnis erbrachte. In diesem Fall ging es um das Verhältnis zu den Vereinigten Staaten: Siebzig Prozent der iranischen Bevölkerung wünschen sich, daß es normalisiert wird. Genausogut hätte die Justiz auch jene Meinungsforscher belangen können, die – ebenfalls von den Reformern im Staat beauftragt – herausgefunden haben, daß vierundneunzig Prozent der Bevölkerung unzufrieden sind mit der Islamischen Republik und sich dringend Reformen wünschen. Oder aber die Umfrage zur Frömmigkeit: Sie ergab, daß nur noch fünfundzwanzig Prozent der Iraner und vierzehn Prozent der iranischen Studenten die religiösen Gebote wie das Beten oder Fasten befolgen. In der laizistischen Türkei halten nach einer repräsentativen Erhebung der «Türkischen Stiftung für Wirtschaftliche und Soziale Studien» einundneunzig Prozent der Bevölkerung das Fasten im Ramadan ein, und sechsundvierzig Prozent verrichten das tägliche Gebet.

Es dürfte kein Land auf der Welt geben, in dem sich das politische System so weit von der gesellschaftlichen Entwicklung abgekoppelt hat wie Iran dreiundzwanzig Jahre nach der Revolution. Daß dieser Zustand sich auf Dauer nicht aufrechterhalten läßt, weiß jeder, wissen wahrscheinlich auch die Machthaber, schließlich ist nicht einmal mehr Ghom, das geistige Zentrum der klerikalen Herrschaft, von den Widersprüchen ausgenommen: In den Theologischen Seminaren hat neben dem rückständigsten auch das progressivste Denken der islamischen Gegenwartstheologie seinen Ort, häufig Tür an Tür. Anders als vor der Revolution von 1979, als einer relativ ideologiefreien Diktatur eine Opposition entgegenstand, die sich aus vielen widerstreitenden politischen Heilslehren zusammensetzte, ist es heute der Staat, der eine strenge Ideologie vertritt, während die meisten Menschen in Iran heute einfach nur frei leben wollen, ohne doktrinären Zwang. Eben weil sie nicht auf die Veränderung der Welt hinauslaufen, sind ihre Forderungen nicht illusionär, und es gibt sehr viel Gründe dafür, zu hoffen, daß sie sich langfristig, spätestens mit dem Abtritt der jetzigen Generation konservativer Geistlicher, durchsetzen werden. Die Frage stellt sich nur immer dringlicher, welches Land Iran dann sein wird, wenn es einmal Freiheit gefunden hat. Und wer dann überhaupt im Land sein wird: 230 000 Iraner, darunter überdurchschnittlich viele Akademiker, kehren ihrer Heimat jedes Jahr den Rücken, und wenn es einfacher wäre, ein Visum für den Westen zu ergattern, wären es noch viel mehr. Im internationalen Vergleich nimmt Iran die erste Stelle im «brain drain» ein. Allein in den Vereinigten Staaten soll sich das Kapital der iranischen Exilanten auf zweihundert Milliarden Dollar angehäuft haben.

Als im Frühjahr 2002 der iranische Theologe Mohammed Modschtahed Schabestari zu Besuch am Berliner Wissenschaftskolleg war, unterhielten wir uns lange über die Repressionen, die schwierige Situation an den Universitäten, die notwendige Reform des religiösen Denkens. Aber dann schüttelte Schabestari den Kopf und sagte: Ach, worüber wir reden, worüber ich mir als Theologe den ganzen Tag den Kopf zerbreche, das ist nur ein kleiner Ausschnitt unserer Realität. Er zitierte gerade erschienene Zeitungsmeldungen, wonach innerhalb von zwei Wochen zweihundertfünfzig Leichen von Drogensüchtigen in Teheran gefunden worden seien und schon die Zahl der offiziell registrierten Prostituierten in Teheran zweitausend betrage. «Das ist aus unserer Islamischen Republik geworden», sagte Schabestari, «das ist es, was mich zur Verzweiflung treibt, weil niemand weiß, wie wir da wieder rauskommen.»

Daß die iranische Gesellschaft sich in den letzten Jahren rasant säkularisiert und modernisiert hat, ist ein Befund, der so ambivalent ist wie die Moderne selbst. Die Freundin, die um ihre Tante Ghazale fürchtet, hat Iran verlassen, weil sie nicht in einer Theokratie leben wollte. Wie die meisten Iraner wünscht sie sich ein «westliches» System, also eine parlamentarische Demokratie, soziale Marktwirtschaft, Gewaltenteilung. Wenn die Freundin aber beklagt, daß Iran «westlich geworden» ist, meint sie damit «verdorben» oder «unzivilisiert». Sie will nicht, daß Tante Ghazale in ihre eigene Wohnung zurückkehrt, solange Parwiz sie dort erwartet. Mit ihm hat die Familie endgültig gebrochen. Und doch traut sich niemand, der Tante zu widersprechen, die Parwiz nicht vor die Tür setzen mag. Längst nimmt er harte Drogen. Die staatlichen Entzugsprogramme sind überfüllt. Ihn für teures Geld in eine ausländische Klinik zu schicken übersteigt die Mittel der Familie und fiele auch schwer nach allem, was er getan hat. Auf sich gestellt, würde Parwiz aber unweigerlich in der Gosse landen. «Was sollen wir bloß tun?» fragt die Freundin. Sie meint das im emphatischen Sinne: Nicht nur, was sie, sondern was man mit ihrem Land tun solle, in dem es Drogen gebe, aber keinen *Ehterâm*. Als die Iraner für die Revolution auf die Straße gingen, hatte jeder von ihnen eine Antwort, auch die Freundin, die damals für den Sozialismus kämpfte. Daß sie heute niemand mehr weiß, auch das macht die iranische Gesellschaft modern. Ist das gut?

Epilog:
Vor dem Fernseher

Etwa einen Monat nach den Anschlägen des 11. Septembers mußte ich zum ersten Mal vorm Fernseher weinen. Bei Arte sah ich eine Reportage über Schah Massoud, den afghanischen Widerstandskämpfer, der zwei Tage vor den Anschlägen ermordet worden ist. Da war dieser ältere Mann, dem die Taliban das Haus zerstört hatten, seinen einzigen Besitz, er stand neben den Resten, der Ruine seines Lebens – und lachte. Der Mann war nicht irre, er hatte nur seinen Humor bewahrt und damit das einzige, was ihm das Überleben noch ermöglichte. Wie er vor der Kamera sein Elend konstatierte, war klar, daß er nur zwei Möglichkeiten hatte, wollte er nicht sein restliches Leben in der Wehklage versenken: Entweder schießt er sich eine Kugel in den Kopf, oder er lacht. Was soll man mit diesem Leben auch sonst machen, als darüber zu lachen? Der Mann hätte eine Figur sein können aus einem Beckettschen Stück. Ich hätte lachen mögen, wie ich bei Beckett lache – aber ich mußte weinen.
Ich war nie in Afghanistan, aber ich war in Pakistan und vor allem in Tadschikistan, als Iraner spreche ich die Sprache. Die Menschen, die in dieser Reportage gezeigt wurden, afghanische Tadschiken, Hazara-Schiiten, Usbeken, waren vom gleichen Schlage, trotz aller Armut, trotz der jahrelan-

gen Kriegserfahrungen waren sie so unglaublich, so unvorstellbar freundlich, witzig, bescheiden, ich erkannte es sofort wieder, ziemlich rauh, diese Kerle, hartgesotten, aber von einer Herzlichkeit und unmittelbaren menschlichen Wärme, wie ich sie nur in Tadschikistan erlebt hatte. Besonders der Humor ist phänomenal: Man sitzt auf dem Boden im Kreis, hat vielleicht zu Abend gegessen, die etwas weniger Frommen unter ihnen rauchen Opium oder trinken Wodka, was die etwas Frommeren nicht weiter stört, und dann erzählt jemand eine Begebenheit, etwas ganz Alltägliches, der Gesichtsausdruck von dem Soundso, als die Kuh ihm auf die Füße kackte zum Beispiel, oder vom Besucher aus dem Ausland, der nachmittags beim Fußballspiel mit den Dorfkindern gestolpert und in den Schlamm gefallen ist, und dann fangen sie einer nach dem anderen an zu lachen, es nimmt gar kein Ende, nie habe ich Menschen so lange lachen sehen wie in Tadschikistan, es ist völlig egal, worüber sie lachen, sie vergessen den Anlaß, glaube ich, noch während sie lachen. Das kann zwanzig Minuten so gehen, eine halbe Stunde, eine ganze Stunde, man kann nicht mehr aufhören, man hat überhaupt keinen Grund, man lacht einfach nur über das Leben, weil es so schrecklich ist, aber doch auch so absurd, und weil es noch im Schrecken so viel Lustiges bereithält, daß man Freunde hat, zum Beispiel, und zusammenhält, daß es Musik gibt und den Tanz, Hochzeiten, die eigenen Kinder, den Bolzplatz und die derben Spiele wie das traditionelle Polo mit einer toten Ziege.
Das war eben das Schöne und Seltene an diesem Film, der bei Arte lief, daß er auch den Spaß dieser Menschen zeigte, den sie verzweifelt vor dem Krieg und den heranrückenden Taliban zu bewahren versuchten. Noch einmal wurde mir deutlich, wie fern dieser Kultur, diesen bärenstarken, verzweifelt lachenden Männern und bei allem Patriarchat zugleich selbstbewußten und koketten Frauen der puritanisch-totalitäre Geist der Taliban war, die sie als Ausländer betrach-

teten (nicht wenige ihrer Soldaten waren es tatsächlich), als Vasallen Pakistans und der Vereinigten Staaten. Daß ausgerechnet dort nun, in Afghanistan, bei den Verratenen und Elendsten der modernen Geschichte, das neue Reich des Bösen angesiedelt wurde, war ein grotesker Albtraum, von dem ich jeden Morgen hoffte, daß er nicht wahr ist.

Inzwischen ist beinah ein Jahr vergangen. Ausgerechnet der 11. September hat den Afghanen die Befreiung von den Taliban beschert. Westliche Fernsehteams haben Afghanistan binnen Tagen überrannt und herausgefunden, daß niemand über den Sturz der faschistoiden Milizen froher war als die Afghanen selbst. Aus den gemeingefährlichen Barbaren, aus der «Kriegerrasse», wie sie ein führender Nahost-Experte zur Hauptsendezeit unwidersprochen nannte, wurden freundliche Opfer, die das Mitleid auch der deutschen Fernsehprominenz verdienten, die gleich der Prominenz anderer westlicher Länder in Scharen nach Kabul pilgerte, um Krankenhäuser zu eröffnen und Babys zu streicheln. Von der einen auf die andere Woche war Afghanistan auf der guten Seite der Welt angekommen. Die Fratze des Bösen bekam ein anderes Land verpaßt, der Irak des Saddam Hussein. Und wieder fürchte ich mich vor dem Militärschlag und würde mich doch freuen, wenn die Fernsehprominenz demnächst auch die Krankenhäuser von Bagdad wiedereröffnete.

Natürlich wäre es ein Segen, wenn Saddam Hussein gleich den Taliban stürzte. Aber es ist ein makabres Schauspiel geworden, daß der Westen eine Diktatorensau nach der anderen mästet, nur um sie am Ende in einem riesigen Militäreinsatz zu schlachten. Saddam Hussein ist einer der finstersten, brutalsten Politiker der Welt – nur wußte man das bereits, als der Westen ihn 1980 anstiftete, Iran zu überfallen. Acht Jahre hat man Saddam Hussein unterstützt, und zwar nicht nur die bösen Amerikaner – bekanntlich haben deutsche Firmen Saddam Hussein mit dem Giftgas ausge-

rüstet, das er gegen Kurden und Iraner einsetzen ließ. Wenig später tappte Saddam Hussein in die Falle, auch den zweiten Nachbarn anzugreifen, nachdem er beim ersten Mal so prächtige Unterstützung erfahren hatte, und der Westen zog es vor, sich diesmal auf die andere Seite der Front zu stellen. Aber statt dem Schrecken nun wirklich ein Ende zu bereiten, beendeten die Vereinigten Staaten den Krieg im denkbar schlechtesten Moment, nämlich gerade, als sie die Schiiten im Süden des Landes zum Aufstand aufgerufen hatten. Die Folgen sind bekannt und waren keineswegs nur der Zögerlichkeit des damaligen amerikanischen Präsidenten geschuldet, sondern kalt kalkuliert: Zehntausend Schiiten wurden niedergemetzelt oder in die Sümpfe des Schatt el-Arab getrieben, Saddam blieb an der Macht und der Irak als Spielball westlicher Politik erhalten. Daß der Diktator ein ganzes Volk zur Geisel seiner Machtgier nahm und Hunderttausende Kinder an den Folgen des Embargos starben, durfte als Kollateralschaden abgebucht werden. Auch wenn sie längst schon gemästet ist, läßt man die Sau so lange im Stall, bis man ihr Fleisch braucht.
Man mag einwenden, der Westen sei doch nicht an allem schuld. Ist er auch nicht. Nimmt man allein den Raum, den ich für meine Reportagen bereist habe, so läßt sich ohne weiteres sagen, daß die Eliten, die Gesellschaften, die politischen Systeme, mehr noch: daß eine gesamte Kultur versagt hat, die Kultur des Islams nämlich, die sich ohne Zweifel in ihrer tiefsten Krise befindet, seit es sie gibt. Aber es sind nicht die einzelnen Menschen. Es sind nicht die Opfer. Es ist nicht die Flüchtlingsfamilie aus dem Süden Tadschikistans, die mich mit ihrer aus dem Nichts gezauberten Gastfreundschaft, ihrer aller Erfahrung trotzenden Toleranz beschämt. Wenn ich an ihrem Schicksal etwas ändern oder dazu beitragen möchte, daß morgen in anderen Ländern ähnlich liebenswürdigen Familien nicht das gleiche Schicksal geschieht, nützt es nichts, an eine Kultur zu ap-

pellieren («Der Islam muß sich ändern!») oder an einen Diktator («Lieber Saddam!»). Das sind Phrasen. Die aufklärerischen Schriften islamischer Gelehrter werden Extremisten nicht davon abhalten, sich dennoch auf den Islam zu berufen, und Saddam Hussein wird sich um unsere Aufrufe zur Mitmenschlichkeit nicht scheren. Ich schreibe für eine westliche Öffentlichkeit, die sich anders als Tyrannen und Terroristen den Humanismus auf die Fahnen geschrieben hat. Also ist es selbstverständlich, daß ich den Anteil – egal wie groß oder klein er im Vergleich zu den übrigen Anteilen ist – erwähne, den der Westen am Elend der Menschen hat, die ich beschreibe. Daß die muslimischen Gesellschaften, in denen sie leben, nicht das bloße Opfer westlicher Ränke sind, dürfte in dem Buch hinlänglich deutlich geworden sein.

Vielleicht ist es merkwürdig, daß ich das erste Mal seit den Anschlägen geweint habe, als ich jenen afghanischen Familienvater habe lachen sehen. Mir ging es wie so vielen anderen: Die Bilder vom World Trade Center gingen über mein Fassungsvermögen hinaus, so oft auch ich mich ihnen, wie in der Endlosschleife eines Albtraums, ausgesetzt habe. Aber auch während meiner Reisen als Berichterstatter habe ich nie geweint, obwohl es Anlässe genug gab. Kollegen werden das kennen: daß man während der Recherche seine Emotionen schützt, um sie in die Texte einfließen zu lassen. Gerade um es seinen Lesern später begreiflich machen zu können, darf man nicht zu schnell begreifen, sondern saugt zunächst nur wie ein Schwamm die Eindrücke auf. Wenn ich mir schon Gedanken über das Leben und die Weltpolitik machen würde, während ich vor der Flüchtlingsfamilie im Süden Tadschikistans stehe, bräche ich an Ort und Stelle zusammen. Mein Gemüt zwingt sich, die je spezifische Logik nicht zu bedenken, die hinter einem jeden vertriebenen, gemarterten, hungernden Menschen steht, die rational nachvollziehbaren – also nicht zwangsläufigen – ökonomischen und politischen Interessen für den Moment unberücksichtigt zu lassen, die zu dem ebenso vermeidbaren wie umfassenden Elend der freundlichen Familie geführt haben, die mir in einer Babynahrungsdose von Nestlé Tee bereitet. Allein wenn ich an das wohldokumentierte Elend dächte, das Nestlé über ganze Erdteile bringt, in dem es sie mit Produkten überschwemmt, die hierzulande keine Abnehmer finden, brächte ich keinen Schluck von dem Tee hinunter, den die Mutter mit so viel Wärme in den Augen bereitet hat. Ich muß mich wehren, den Sinn des Elends zu begreifen, weil der Sinn allzu banal, allzu offenkundig ist. Das unsäglich verzweifelte Lachen des afghanischen Familienvaters hingegen, so widersinnig es erscheinen mochte, das konnte ich gar nicht anders als sofort zu begreifen. Ich begriff es, eben weil es keinen Sinn ergab, weil eine letztmögliche Reaktion auf das Leiden das Lachen über dessen Sinnlosigkeit ist. Das ist natürlich Beckett, aber Beckett läßt es irgendwelche Schauspieler sagen – hier war weder das Leiden abstrakt noch der Lachende ein Schauspieler. Er war ein Mensch, wie ich viele von ihnen kennen- und liebengelernt habe, ein Mensch, von dem ich zu wissen meinte, über welche Witze er früher gelacht hatte, bevor die Taliban in sein Dorf einfielen. Deshalb mußte ich vor dem Fernseher weinen, als der Afghane lachte.

Ein Wochenende später sah ich bei Phoenix eine andere Reportage. Sie zeigte das Geschehen in einem Krankenhaus im Norden Afghanistans. Da lachte niemand mehr. Es wurde auch selten geweint. Es kam mir vor, als konvergiere der Schrecken, nachdem er zunächst am Weinen und dann am Lachen vorbeigezogen ist, zur Reglosigkeit. Wenn ich das Lachen die letztmögliche Reaktion genannt habe, dann waren diese Verwundeten und ihre Mütter, Väter, Kinder oder Frauen nicht einmal mehr imstande, auf das Leiden zu reagieren. Dafür sagte immer wieder jemand, daß Sterben besser sei als dieses Leben.

Dankwort

Dieses Buch handelt vom Zerfall, vom Extremismus, von Kriegen. Nach den Reisen, die ich unternommen habe, damit es entsteht, hätte ich ein zweites Buch schreiben können: Über die Freundlichkeit der Welt. Aus keinem der Länder, über die ich berichte, bin ich zurückgekehrt, ohne beschämt zu sein über die Herzlichkeit und Hilfe, die mir zuteil wurden. Man merkt das den Texten wahrscheinlich nicht recht an, weil sie lauter Katastrophen zum Thema haben, aber es ist wirklich so: Ausnahmslos alle Länder, die ich für dieses Buch bereist habe, haben mich beglückt und verzaubert, so freundlich sind mir deren Menschen begegnet. Das ist der Grund, warum ich trotz ihrer Alltäglichkeit jedesmal zusammenzucke, wenn ich bestimmte Formulierungen lese oder höre: «die Araber sind ...», «die Indonesier haben ...», «die Pakistanis denken ...» oder gar «die Juden müssen ...», die Muslime kennen nicht ...» und so weiter. Die Menschen, die ich kennengelernt habe, die sind, haben, denken, müssen nicht, was über sie gesagt wird, und Güte und Toleranz kennen sie sehr wohl.

Unterstützung habe ich jeden Tag erfahren, ich möchte aber wenigstens diejenigen Freunde und Kollegen nennen, die für die Entstehung dieses Buches am wichtigsten waren, sei es vor oder während meiner Reise:

Für Ägypten: Ivesa Lübben & Hissan Fauzi, Professor Hamdi Zakzuk, Nawal el-Saadawi, Professor Hassan Hanafi, Professor Nasr Hamid Abu Zaid, Hisham Qishta, Heiko Flottau, Karim el-Gawhary, Samih Ashur, Ahmad Fouad Nigm, Mahmud el-Wardani, Ahmad Abdallah, die Mitarbeiter des staatlichen Kulturzentrums von Assuan (*al-Hai'a al-âmma li-qusûr al-thaqâfah, fr'a Aswân*), Ayman Hamid Muhammad und vor allem Ahmad & Muna el-Shurbaghi.

Für Pakistan: Dr. Jochen Hippler, Hans Joachim Daerr, Professor Hassan Arif, Aamer Ahmad Khan, Rehana Hakim, Ruth Pfau, Seema Malik, Zaigham Khan, Dr. Hein Kiesling, Mudarris & Tracy Rizwi und vor allem Dr. Harris Khalique.

Für Tadschikistan: Tomas Avenarius, Johannes Reissner, die Mitarbeiter des BBC-Büros in Duschanbe, Marcus Bensmann, Hakim Feerasta, Mahmoud Osmanzai, Khalil Tetlay, Mirzo Gulomov und vor allem Ali Attar und Dr. Hamze Kamal.

Für Indonesien: Dr. Goenawan Mohammad, Ayu Utani, Dr. Ulil Abshar-Abdalla, Dr. Rainer Adam und vor allem Professor Hasballah M. Saad , Natalia Hera und das Goethe-Institut in Jakarta mit Dr. Peter Bumke.

Für Israel/Palästina: Professor Yehuda Elkana, Dr. Natan Sznaider, Professor Ruth HaCohen & Professor Yaron Ezrahi, Professor Beshara Doumani, Abed Othman, Professor Galit Hasan-Rokem, Eliyahu McLean, Professor Daniel Boyarin, Dr. Almut Sh. Bruckstein, Dr. Ghassan Khatib, Dr. Amnon Raz-Krokotzkin, Etgar Keret, Professor Yehouda Shenhav, Gideon Levy, die Bir Zeit-Universität mit Professor Raja Bahlul und Professor Hisham Ahmad Fararje, Rabbi Menachem Forman, Gadi Algazi und vor allem David Shulman, Michel Warchawski sowie das Van Leer-Institut mit Tali Bieler, Zippi Hecht und Professor Shimshon Zelnicker.

Für Isfahan: Herr Mazaheri, Herr Mehriar, die Freunde sowie meine gesamte Familie in Isfahan und hier insbesondere Yussuf & Sherwin Shafizadeh, Jaleh Oreizi, Bahareh Oreizi.

Rudolf Chimelli danke ich für die Unterstützung, die Ermunterung und die gelegentliche Seelsorge, mit denen er meine Bemühungen als Berichterstatter begleitet hat. Zu danken habe ich auch den Redaktionen, die meine Texte veröffentlicht haben, sowie dem *Wissenschaftskolleg zu Berlin* für einzigartige Arbeitsbedingungen. Mein Dank geht auch an den Verlag C. H. Beck für die wieder einmal hervorragende Zusammenarbeit und hier vor allem meinem Lektor Dr. Ulrich Nolte. Andreas Jacobs danke ich für wertvolle Hinweise, und meiner Frau Katajun Amirpur danke ich für alles.

Textnachweise

Die einzelnen Kapitel des Buches sind – in anderen, meist kürzeren Fassungen – an folgenden Orten erstmals erschienen:

1. Ägypten
Café Freiheit: Frankfurter Allgemeine Zeitung, 10. April 1999; *Wiedersehen mit Baschir:* Frankfurter Allgemeine Zeitung, 14. Mai 1999; *Der Minister und sein Scheich:* Frankfurter Allgemeine Zeitung, 1. September 1999; *O Mubarak!:* Frankfurter Allgemeine Zeitung, 16. Juni 1999; *Tanz die Tradition:* Die Zeit, 7. Dezember 2000

2. Pakistan
Die Zukunft der Stadt: Frankfurter Allgemeine Zeitung, 8. April 2000; *Das große Nationalmuseum:* Frankfurter Allgemeine Zeitung, 9. März 2000; *In Würde korrumpiert:* Frankfurter Allgemeine Zeitung, 19. Januar 2000

3. Tadschikistan
Stille Tage in Duschanbe: Frankfurter Allgemeine Zeitung, 9. Mai 2000; *Krieg ohne Grund:* Frankfurter Allgemeine Zeitung, 27. Mai 2000; *Kapitalismus als reale Utopie:* Frankfurter Allgemeine Zeitung, 26. Juni 2000

4. Indonesien
Eis in Jakarta: Neue Zürcher Zeitung, 30. September 2002; *Die Blumenkinder von Banda Aceh:* The Times Literary Supplement, 1. November 2002

5. Israel und Palästina
Das doppelte Lachen: Süddeutsche Zeitung, 4. März 2002; *Frontwechsel in Akko:* Süddeutsche Zeitung, 11. März 2002; *Frage einer jungen Siedlerin:* Süddeutsche Zeitung, 14. März 2002; *Stop Apartheid vor Ramallah:* Süddeutsche Zeitung, 16./17. März 2002; *Am Strand von Haifa:* Süddeutsche Zeitung, 22. März 2002; *Der Himmel in Jerusalem:* Süddeutsche Zeitung, 3. April 2002

6. Iran
Die halbe Welt: Du, März 1996; *Sex and Drugs in der Islamischen Republik:* Originalbeitrag